U0001749

作手

獨自徘徊天堂與地獄，一個操盤手的告白

壽江——著

THE
TRADER

Contents

Contents

前言
投機者的試煉

企圖一夜暴富，投機者往往是在自找麻煩，甚至是自掘墳墓。

隨著中國加入世貿組織，中國金融業開放步伐的加快，沉寂了近七八年之久的期貨市場，又開始呈現勃勃生機，散發出誘人的魅力。風雨送春歸，飛雪迎春到。2004年，商品期貨的新品種，燃料油、棉花、豆粕等在全球經濟日益聯動的市場壓力下，終於衝破了長期禁錮的牢籠，在投機者面前閃亮登場。最近，股指期貨、國債期貨等金融衍生品的呼聲也一浪高於一浪，似乎呼之欲出。

盼望已久的期貨的春天也許真的要來了！

桃李春風一杯酒，江湖夜雨十年燈。

作為一個與中國期貨市場生死與共多年，經歷過異常艱難歲月的期貨操盤手，我的內心無疑充滿了激動和興奮。醉裡挑燈看劍，夢回吹角連營。為了姍姍來遲的這一天，我等待了多久，付出了多少令常人難以想像的慘痛代價啊！

與此同時，中國各大報紙、雜誌也不甘示弱，頻頻推出期貨

交易暴富的神話故事。說浙江的某先生投入5萬元，很快就賺到了2000萬元，後來又變成1.8億元。另一位南京的投機者也是用很少的一點錢，短時間內在期貨市場掙了成百上千萬元。期貨交易的誘惑力被誇大到無以復加的地步，令人怦然心動、難以抵擋。

面對傳說中這一個個奇蹟般的故事，作為一個有著十多年交易經歷的期貨炒手，我無言以對。我並不懷疑這種事情的真實性，就像買彩票，因為偶然性、運氣的幫助，總有可能使某個人突然中了大獎。在期貨交易中，連續幾次判斷正確的重倉交易，也確實有可能讓投機者把一筆小錢變成數目驚人的財富。但是，這不是大多數人可以仿效的榜樣，這種「成功」更不可能簡單的複製。儘管在1995年2月23日，我也在上海國債期貨327的交易中，重倉出擊，一夜之間賺了690多萬元，我也曾經親自創造過類似的暴富神話。

往事如夢，宛若隔世。那一天，我確確實實打敗了市場，做了一回市場的國王；那一刻，我也真真切切地體驗到了自己人生中那極為絢麗的輝煌。其情其景，至今依然歷歷在目。

這一切是真實的嗎？十年前確確實實曾經發生在我身上，是真實的。然而，從另外某種意義上說，這一切又是不真實的。

短暫的成功就像天上的流星，耀眼、明亮的光芒，美則美矣，卻轉瞬即逝；或者像春天的櫻花，姹紫嫣紅的色彩，驚人淒豔的美麗，一場大雨過後，「零落成泥碾作塵」，煙消雲散，徒然令人感傷、嘆息！

企圖一夜暴富，投機者往往是在自找麻煩，甚至是自掘墳墓。在我十多年的期貨操作生涯中，我從來沒有見到通過這種方式最後走向成功的人，而這樣的情形倒是見得不少：滿懷希望地

進入期貨市場，因為無法抵擋內心的貪婪和市場的誘惑，利令智昏、孤注一擲，最後卻落個悲涼、淒慘的結局。

二十世紀初，美國的投機大師傑西·李佛摩（Jesse Livermore）有一句話，我認為是對這種現象最貼切的描述——「這種事與其說是由於心切而被蒙住雙眼的貪婪，還不如說是由於不願動腦筋而被捆綁住的希望。」

令人遺憾的是，相信這種神話故事的人，並非全是無知大眾。我有個大學同學是中國人民大學金融方面的博士，有一天他興沖沖地跑來找我，向我了解期貨交易上的一些問題。他對一位朋友的說法深信不疑，那位朋友告訴他，2003年有人在期貨市場投入300萬，結果賺了1.5億。面對這個朋友充滿希望的目光，我又不忍心迎頭澆上一盆冷水，只有苦笑。我能說什麼，我只能說我沒有能力創造這樣的奇蹟。

回憶十多年以前，我不也是抱著這樣的希望和目標，投身於股票、期貨交易嗎？帶著過分的自負和對自己會有好運的愚蠢偏見，憑著一點粗陋的市場知識，興致勃勃地加入這一場遊戲，從此欲罷不能。結果是什麼呢？

滾滾長江東逝水，浪花淘盡英雄。是非成敗轉頭空，青山依舊在，幾度夕陽紅。

期貨交易是一個危險的遊戲

十年期貨交易經歷中，我接觸了大大小小成百上千名投機者，真正從這個遊戲中賺到大量金錢，最終瀟灑退場的高手微乎其微，而其中讓我有幸親眼目睹的屈指可數。95％以上的投機者

難以擺脫失敗的命運，成為市場波動的犧牲品，這很殘酷，卻是事實。所以，關於期貨遊戲，最好的忠告還是那句老話：在開始之前就停止行動。每一個想一試身手的新手對此必須有清醒的認識。

《孫子兵法》云：「兵者，國之大事，死生之地，存亡之道，不可不察也。」期貨市場也是一個戰場，它是一個沒有硝煙的戰場，它當然不會在肉體上消滅你，卻對參與者的金錢構成巨大的威脅。

華爾街流傳著這麼一個故事，對每一個試圖進入市場進行投機的人都是一個嚴肅的警告：

有一個小伙子覺得股票市場是賺大錢最快的地方，他一心想去華爾街，但自己沒有足夠的本錢。他估計大約只要2萬5000美元，就能在華爾街起家。於是，他找到了一個放高利貸的傢伙，希望能借一筆本錢。當然，他對此並不抱太大希望。令人意外的是，那位放高利貸的傢伙立刻爽快地答應了他的要求，並且當場把錢借給了他。小伙子非常感激這位幫助他實現夢想的救世主，使勁地向他保證，自己一定按時還款。

那位放高利貸的傢伙把錢給了小伙子以後，又領著他來到了地下室的一個冰庫。然後，他從冰庫裡取出了一塊冰，小伙子仔細一看，嚇得目瞪口呆。冰塊裡竟然冷凍著一條人的胳臂！放高利貸的人說，上一個來這兒借錢的投機商，也向他保證一定按時還款，後來卻一直未還。

市場交易的殘酷、險惡和結局的悲慘給這位小伙子留下了深刻的印象。據說，這位小伙子進入華爾街以後，一直小心謹慎，沒有賠過大錢，後來也確實及時還了款。

如果你不以一種謹慎、保守的態度，認真思考和評估投機成功的可能性，確認自己在心理和錢財上做好可能失敗的精神準備，倉促而一廂情願地參與市場交易，將使你的命運充滿可以預見的悲劇。

當然，例外總是存在的。在毀滅了大多數市場參與者的期貨投機領域，也確實存在著極少數超凡脫俗、出類拔萃的成功者，傑西·李佛摩、威廉·江恩（William Dilbert Gann）、喬治·索羅斯（George Soros）等等，這些不同凡響的交易高手，僅僅憑藉一筆微不足道的起始資本，憑藉著他們的天賦稟性，頑強的意志、智慧和策略，都取得過輝煌的成功。他們有的在極短的時間裡贏得了幾何級數般的財富增長，有的在長達幾十年的交易生涯中持續不斷地賺錢，成為金融領域的魔術大師。有人最終積累了大量的財富，有人得而復失。不管最後結局如何，他們確實在期貨投機領域創造出了人間奇蹟。

在中國期貨市場，我也曾經親眼目睹過一位傑出交易員的風範。1995年上半年，他在一個月時間，把投入國債期貨市場的600萬元炒成了1800萬元。同樣是他，1995年下半年，在中國商品期貨交易中，僅僅幾個月的時間，又用300萬元本金賺了2000多萬。其敏銳而果斷的行動方式，靈活而機智的操盤風格，談笑間，檣櫓灰飛煙滅的氣勢神采，多年以後我仍記憶猶新。

我以為，這些成功者並非偶然的運氣使然。深刻的市場認識、合理的交易策略、良好的心理素質以及超然的人生境界，使他們的成功帶有極大的必然性。

投機的一體兩面

有人說：「華爾街的一端是天堂，另一端是地獄。」

大多數投機者滿懷希望進入股票、期貨市場，整天在人性的貪婪和恐懼的支配下，匆匆忙忙地買進賣出，自以為正在奔向天堂的路上。可悲的是，我們往往只有在事後，甚至連事後也不知道，天堂在另一個人煙稀少的地方，我們不知不覺走的其實是通向地獄之路。在這個令人窒息、讓人氣餒，大多數投機者永遠將以失敗者的身分悄然退出的領域，閃爍著耀眼光芒的金融明星的存在，也許是我們堅持冒險的最後希望。

深夜，捫心自問，1994年到2005年，十多年期貨投機生涯留給我最有價值的東西是什麼？

當年那種意氣風發、激揚江山，「橘子洲頭，看萬山紅遍」的樂觀心境和豪邁氣概，在一年又一年、一次又一次詭譎多變的市場風雲的沖刷洗禮之後，是不是顯得幼稚和可笑？

十年一覺揚州夢，夢醒以後，我還有勇氣或者還願意說，「數風流人物，還看今朝」這種豪言壯語嗎？

用青春的熱血和生命的痛苦換來金錢的收穫，是不是人生的最大意義所在？

欲說還休，卻道天涼好個秋！

壽江

第一章　命運之門

人的命運可以自己選擇嗎？可以，你可以走你願意走的路。
但是，一旦你上了路，回頭恐怕就沒有那麼容易了，
人生的許多事情無法再來一次。

生命的全部奧祕就在於為了生存而放棄生存。
　　　　　　　　　　　　　　　　——歌德

　　我是個天性散漫的人，從上學、工作到進入投資市場相當長一段時間，都不太願意受過多的約束，也討厭那些讓人規規矩矩的條條框框。年輕、單純和有些自以為是的人，本質上都對人生持有一種理想的浪漫主義態度。那時候的我也一樣，顯然不認為一個人不可能完全以自我為中心，獨來獨往，像英國作家狄福（Daniel Defoe）筆下的魯賓遜那樣，過一種與世隔絕的自由生活。

　　對於年輕時我那種不加克制的言語習慣和個性特徵，一位前輩曾經善意地警告我說，你不能去做飛行員，如果你開著飛機到了國境邊上，可能會因為好奇、隨心所欲，不知分寸地跑到國外去轉一圈才回來，因而闖下大禍。

　　很長一段時間，我都沒有意識到自己的這種性格有什麼不妥。大學期間，我本來學的是理工科，因為受一位同學的影響，開始痴迷於玄虛而又充滿魅力的哲學和美學。上世紀八〇年代中

期，博古通今、學貫中西的李澤厚先生是許多青年學子的偶像，他寫的《美的歷程》風靡大學校園，也讓我對中國古代哲學、文學、藝術史有了強烈的興趣。我不但對《美的歷程》愛不釋手，而且也找來了他的古代、近代、現代思想史論等書，一遍又一遍反復閱讀。

在那個充滿激情、幻想和期待的啟蒙年代，這些書就像久旱之甘霖，對我這個剛剛從偏遠、閉塞的鄉村走進城市文明的心靈帶來了巨大的震撼，讓我受到了深刻的啟迪和洗禮。

因為李先生的書和同學的影響，大學二年級，我決定放棄理工科，改學哲學。

剛剛脫離十年文革的非理性宗教狂熱，人們的思想逐漸開始走向務實的八〇年代，當時我的這個舉動完全是離經叛道和令人難以接受的。包括我家人在內的很多人堅決反對我的選擇，覺得我放棄自己的正業，跑去學習聲名不佳的哲學，簡直荒唐透頂。這一次事件中，我把自己性格中不顧一切、固執己見的一面發揮得淋漓盡致。最後，終於如願以償，我走上了自己喜歡的哲學之路。

在中外哲學史中，我無意中發現，無論是古希臘還是中國古代，都有這樣一些知識分子：不拘小節、自由曠達、蔑視禮教。中國哲學史還用一個專門的詞彙——魏晉風度，來形容古代某些士大夫這種令人神往的精神氣質和個性風采。

我彷彿為自己的言行找到了哲學根據，對自己天馬行空、一意孤行的行為舉止更加不以為忤。

人生就像一個怪圈。有些年輕時候認為無足輕重的問題，年齡大了以後可能覺得很重要，比方說一個人的修養、個性、習慣

等；有些年輕時候認為很有意義的事情，以後看來往往並沒有當初想像的那麼有價值，比方說年輕時某種特別的興趣、愛好等等。

就我的性格而言，有時候回頭反省，我似乎不知不覺地在走一條和自己年輕時候志趣完全背道而馳的路。待人、接物、做事的態度逐漸從原來的漫不經心、孤傲、激進，變得相對嚴謹、穩健、保守，而這一切都是我以前很瞧不起的，年輕的我覺得這種生活拘謹無趣，一點意思也沒有。

交易受挫後，開始自我探索

一個人年輕時候桀驁不馴，到了不惑之年逐漸變得循規蹈矩，可能是大多數人的必經之路，也可能是人生的某種必然吧。

就我而言，這種個性上的巨大改變，一方面固然是隨著歲月的流逝，人的年齡、閱歷增加的緣故，就像魯迅先生說的：「一個人撞牆次數多了，自然鼻子就會變矮。」更為直接的原因則是，1993年初，我進入了股票市場，1994年，我又誤入中國期貨市場。十多年股票、期貨的投資生涯中，我原來的個性習慣、行為方式暴露出巨大的弱點，並因此身受其害。市場這個嚴厲的監工頭一次一次狠狠地折磨，把我教訓得鼻青臉腫，迫使我不得不在缺乏別人監督的環境裡開始痛苦的自我約束。

投機大師索羅斯曾經說過一句很貼切的話：「你不可能隨心所欲，又在市場中有良好的表現。」為了成功地投資，我在研究市場、理解市場的同時，被迫開始深入的自我了解，自我超越，把原來的我殺死，在煉獄中重生。

1985年，我從東南沿海的一個偏僻鄉村考入了北方交通大

學。1992年，獲得北京師範大學哲學碩士學位。畢業時，本來被分配到北京的一所大學當老師。因為我在校園裡待得太久，很想體驗一種新的生活，所以我想盡辦法掙脫了「教書匠」的命運，自己找了一份工作。

人的命運可以自己選擇嗎？可以，你可以走你願意走的路。但是，一旦你上了路，回頭恐怕就沒有那麼容易了，人生的許多事情無法重來一次。

如果當初我老老實實地做一個大學教師，現在我的生活會是怎樣呢？我的導師是中國哲學界頗有名望的學者，我可能會在他的提攜下，走在一條學術研究的道路上，做一個哲學領域的教授、學者。我的同學早已當上了哲學教授、研究員，有的還帶了碩士生、博士生。估計我的情況和他們差不多，也可能是這個樣子。其實，這樣的人生也是不錯的，穩健、安定、平淡卻踏踏實實。

但是，現在呢？我過的卻是另外一種完全不同的生活，和大學教授有著天壤之別。說得好聽點，我是股票、期貨市場中的專業投資家，本質上其實更像個職業賭徒。唯一聊以自慰的也許是，因為我在股票、期貨市場中比大多數參與者多吃了一些苦頭，多交了一些學費，所以對自己所幹事情的性質可能也比一般人了解得透徹一點，算是一個比較明智的賭徒。

作為一個投機者，為了在市場波動中賺取利潤，每天早上到下午，我一直盯著期貨市場的價格變化，忙忙碌碌地買進賣出。晚上，也不敢放心地大膽睡一覺，我需要關注芝加哥、紐約、倫敦市場各個商品的走勢。偶爾，當外盤暴漲暴跌，市場走勢對我極為有利時，真想把已經酣然進入夢鄉的朋友們吵醒，與他們分

享快樂；當外盤走勢出現不測，和我的預期背道而馳之時，卻只能獨自苦笑，無奈地痛罵自己一頓：為何做了這麼多年期貨還像個白痴，竟然會持有這麼愚蠢的頭寸！

哎，看來明天開盤又得手忙腳亂地忙一陣子，實在不行就狼狽逃命吧！

投機者的宿命

我的團隊中有好幾個清華、北大畢業的高材生，我常常和他們開玩笑說，在不可捉摸的偶然性面前，天才和笨蛋的差別並不像看起來那麼大，投機者永遠擺脫不了孤獨、渺小和無奈的窘境。

現代都市人的生活是緊張而忙碌的，每天都處於早出晚歸的機械重複之中，沒有盡頭。這種生活確實有令人生厭的一面。我倒是不用受這種外在時間的束縛，但是，作為一個期貨交易員，看似悠閒自在的另一面，是我必須時刻面對市場神祕莫測的不確定性以及由此帶來的巨大金錢輸贏，不得不忍受很多常人難以想像的精神壓力。

每天交易結束以後，我常常獨自一人在花園裡轉悠，平息著一天中因為帳戶資產快速盈虧而激起的巨大心理波動。期貨是濃縮的人生，槓桿操作經常讓期貨交易員的命運短時間大起大落，在天堂和地獄之間來回徘徊。如果說一般人的情感變化和人生故事像一部長篇電視連續劇，從容不迫的慢節奏往往讓人感到平淡乏味，期貨投機者的情感變化和人生故事就像舞臺上演出的悲喜劇，短短兩個小時就能夠讓你體驗到主人公一生的悲歡離合、生離死別；如果說日常生活類似於現代散文，那麼期貨交易就像是

一首中國古代的五言絕句。

交易世界和世俗生活的巨大反差，常常讓我感慨自己人生荒誕的一面，我怎麼會選擇這樣的一條人生之路？幸運還是荒誕？也許，人生也好，世上其他事情也罷，本來就是由一連串極為偶然的事件構成，命運的陰差陽錯很多時候往往讓你無可奈何。

我沒有去大學教書，而是費盡周折選擇了北京的一家商業公司工作。其實，這和我所學的哲學專業一點關係也沒有。

我的妻子是我在證券方面最早的啟蒙老師。最初我對股票、債券、基金的了解，完全得益於她。不過，造化弄人，命運輪回。十多年前，她不甘寂寞，不願意做一名薪金微薄的普通教師，十多年來轉了一大圈，和命運開了一個玩笑以後，她還是回頭操起了原來的老本行。

炒股初體驗

1992年下半年，我妻子在北京東四的一個債券營業部從事國債櫃檯交易。我剛到單位上班就被分配到基層鍛煉，工作枯燥而乏味，和債券、股票沒有任何關係。每天晚上回家後，我妻子就會和我說一些發生在她們營業部中的奇聞趣事，我聽後感覺非常新鮮。

她所在的營業部剛好在北京人藝劇院附近，有一些人藝的老藝術家經常到她們那兒去買賣國債。有一天，她對我說，她見到了老舍先生《四世同堂》中演「大赤包」的著名話劇演員李婉芬；後來，她又遇見過歌星蔡國慶的爸爸和大藝術家于是之等名人。

人藝的老藝術家我是非常敬重的。在我的想像中，這些藝術

家似乎是不食人間煙火的，他們應該出現在銀屏、舞臺上，而不是現實世界的任何地方。他們怎麼會對我妻子她們那兒交易的債券感興趣呢？我聽了以後有些納悶。

　　剛出校門，孤陋寡聞，我還遠遠沒有擺脫學生時代的幼稚氣息，對社會生活的方方面面一竅不通，近乎白痴。大藝術家也有正常人的七情六欲，也要生活，也可能為錢煩惱，我竟然連這些都覺得奇怪。不過1992年的時候，投資理財的觀念對一般人，包括我在內，確實還很陌生和遙遠。大多數人連基本的生存問題都沒有解決，更沒有多少餘錢需要考慮投資增值。現在想來，可能那時北京人藝的藝術家經濟條件好一些，已經有了投資理財的需要，他們的思想觀念因此也比一般人超前一些。

　　1992年下半年，因為一個偶然原因，我聽說有一家證券公司在北京工人體育館開通了上海股票交易所的股票代理業務，開戶資金50萬。顯然，這可不是為尋常百姓服務的。對我來說，當時這麼大的一筆錢，就像一個天文數字，不可想像。每次路過工人體育館，因為不能進入交易大廳看看真實的股票交易，只能在很遠的地方對那座神祕又充滿誘惑的黃樓多看幾眼，感覺人生總是缺了點什麼。

　　因為家裡經常談論債券、股票，耳濡目染，我逐漸對投資有了一定程度的了解。有一天，我妻子單位裡的一個同事捷足先登，開始炒股票，我心裡非常羨慕，也想找個機會試一下。但是，投資需要一筆不小的本錢，我上哪兒找去呢？

　　1993年初，我終於湊了幾千塊錢，和一位朋友合夥，跑到離家很遠的一個營業部開了個股票交易帳戶，在充滿激動和憧憬的期待中，我踏進了股票市場之門。

記得我進入股票市場的第一天，上海證券交易所綜合股價指數（簡稱上證指數）是1300多點。營業部裡人頭攢動，根本沒有立足的地方。作為一個小散戶，我只能擠在滿滿的人群之中，睜著大眼睛盯著牆上大螢幕裡迅速變化的股票價格，看看熱鬧。一些股票取的名字稀奇古怪，讓我感到莫名其妙，愛使股份、龍頭實業、三愛富等等，以前我從來沒有聽說過，更不知道這是什麼意思。

那時，我對股市的歷史、股票交易的知識基本一無所知。之所以進入股市，無非是因為聽說有人炒股賺了大錢，自己也因此滿懷希望，一種投機、賭博的發財欲望罷了。

這樣的一種無知狀態，這樣的一個交易環境，我會怎麼做？我又能做出什麼令人覺得聰明的舉動呢？可想而知，當時我的買賣毫無章法，絕對是胡亂瞎做，瞎碰運氣。

站在股票營業部的大廳中，一會兒工夫，我就被周圍人們忙忙碌碌的氣氛感染了，心中的那種奇妙感覺，就像劉姥姥進大觀園，眼花撩亂，看什麼都新鮮。我的內心開始充滿幻想，身體也有一種熱血沸騰的衝動。看著周圍的人好像都已經買好了股票在那等著上漲，我還像傻瓜一樣，手裡什麼股票也沒有，萬一市場現在就漲起來，怎麼辦？我在盤面上看不出來市場接下去是該跌還是該漲，也不知道自己應該怎麼做，但是，內心深處卻有一股強烈的交易衝動，很想試試自己的手氣。我不願意一直站在那看著行情變化，像個不懂的外行看客，時不待我，我覺得現在最重要的是立刻行動！在上證指數1390多點的位置，我急切地買了兩檔股票：豫園商場和龍頭股份。

進行股票投資，按理說應該要有一定的心理及知識準備，但

是，中國證券市場成立的早期，大多數股民的情況和我差不多，都是因為一些偶然的原因，先猛一頭栽進水裡，嗆幾口水，然後才開始了解股票交易的基本知識。幸虧那時股市比較單純，沒有現在那麼凶險複雜，所以對投資者的傷害也沒有那麼大。

1993年到1996年，中國股票指數頻繁地大起大落，股票價格普漲普跌，無論多麼傻的股民，即使買進的股票價格很高，若是被套牢了，只要有一定耐心，不胡亂割肉，時過境遷，定有解套的機會。

那時的市場參與者，很少懂得股票交易的技巧、策略，更不用說有什麼系統的投資理念了，只要頭腦稍稍靈活一點，精明一點，就有可能從股市中賺到錢。而現在的股民，整體素質比當初不知提高了多少倍，說到炒股個個都能講得頭頭是道，像個經濟學家，但卻很少聽說誰因為炒股賺到了錢，這幾年熊市更是十有八九虧得一塌糊塗。

上海股票市場從1992年的300多點開始上漲，到1993年初，攀上了1500多點的高峰。此後見頂回落，走上了一年多漫長而慘烈的下跌之路。很多年以後我才知道，我第一次買進股票的位置——1390多點，剛好是在市場下跌的初期。

進入股市以後的一個多月，上證指數一天天地下滑。這讓我第一次的股票炒作很不順利，從股票成交那一刻起，市場就沒讓我有贏利拋出的機會。我被牢牢地套在那兒，動彈不得。過了一段時間，市場在跌到1200點以後出現了一波反彈行情，上證指數又回到了1390點。豫園商場從我買進的46元跌到32元以後又漲了上來，到了47元；龍頭股份也走了一個來回。這次交易一度浮動虧損很大，讓我很擔心，好不容易市場給了我一個不賺不賠的

賣出機會，我不敢心存僥倖，很快就把手中的股票拋掉了。

當時，上海、深圳股票市場開業已經一年多了，有很多人開始加入炒股行列，我不知道別人是怎麼炒股票的。反正，那次炒股的經歷讓我非常失望。我覺得自己在市場交易中一點賺錢的把握也沒有，純粹是個外行，我想通過炒股發大財的熱情，在第一次交易結束以後，就逐步消失了。

人生第一桶金

就在我慢慢遠離股票市場的時候，一件意外事件的發生，又重新激起了我投資股票的強烈興趣。

有一天，我妻子興沖沖地回家說：「我們要有錢了！」我從來沒想過會有天上掉餡餅的事，但這樣的事還真發生了。原來，我妻子所在的部門為了給職工謀福利，準備將原來公司一塊錢買的一批法人股，以每股2.8元的價格賣給內部職工，那個股票目前在全國證券交易自動報價系統（簡稱STAQ系統）上的買賣價格已經到了4.6元，而且還在強勁地上漲。按照她在公司的資歷，最多可以買兩萬股，前提是我們必須在兩天之內把買股票所需要的錢交到公司。

聽到這個意外的好消息，我既感到高興，也非常為難。我擔心的是，兩天之內我到哪兒去籌出5萬多塊錢呢？弄不到這筆投資的本錢，我們還是空歡喜一場。那一個晚上，我翻來覆去地想，誰能給我幫這個忙呢？我的老家在農村，一是遠，遠水解不了近渴；二是窮，不要說5萬多元，就是5千多元，那時他們也沒有。我妻子家也是工薪階層，幫不了我們多少忙。我的同學和我

一樣，也都是剛剛從學校出來，工資很低，生活清苦，情況不比我好到哪兒，甚至可能還不如我。

最後，我終於想起了一個並不是太熟悉的朋友——老郭。老郭是個商人，在北京王府井有一家服裝店，生意做得不錯，錢肯定有，但是，他怎麼可能一下借給我這個關係並不是很近的朋友這麼大一筆錢呢？在1993年那時，5萬多塊錢可不是小數目。

唯一的辦法是和他利潤分成。

第二天，我跑到老郭那兒和他商量合作賺錢。這麼好的事，精明的老郭肯定是不會拒絕的。結果，當天我們就把買股票的錢送到了我妻子的公司，位於東四十條的亞洲大酒店。

沒過幾天，我們的股票就漲到了7元多。因為害怕到手的錢得而復失，我們很快就把股票賣了，賣出價大約是7.6元。這是我人生中賺到的第一筆大錢。顯然，這一次並不是我們憑自己的本事賺到錢，而是那個年代某種奇特的機遇讓我們發了財。後來聽人說，與此類似的股票交易中，有幾家大證券公司的交易員賺了好幾百萬，完成了資本的原始積累。

我並沒有把賺到的錢從股市取出來，而是繼續留在STAQ市場炒作。像大多數剛剛涉足股市的新手一樣，只要在股票上賺過一次錢，即使是碰巧，也會被股市的魅力吸引住，從此欲罷不能，沉迷上癮。

輕輕鬆鬆地賺了這麼一大筆錢，有誰還會願意回到單位做那些單調、瑣碎的日常工作，再對那份可憐的工資感興趣呢？我開始不專心在工作上，整天琢磨著怎樣買賣股票賺大錢。

二十世紀九〇年代初期，一大批早期擁有原始股的投資者，在上海、深圳股票市場公開流通以後，一夜之間賺了成百上千

倍，獲得了令人豔羨的暴利。當時，整個社會都在流傳這些神話般的故事。金錢的示範效應使很多人因此躍躍欲試，辭職下海，投身股市。

我妻子由於工作之便，知道的股票消息很多，我就讓她打聽哪兒還有買原始股發財的機會。她在天津證券交易中心認識的一位交易員告訴我們，天津市場上還能買到一些內部職工股。聽到這個消息以後，我非常激動，覺得這是一次發大財機會。我不但自己湊了一筆錢，還動員我的朋友一起去買，和我共同分享這條「脫貧致富」的好消息。

幾天後，我就準備好了錢，坐火車到了天津，在天津證券交易中心找到了那位朋友。那是我第一次去天津，證券交易中心所在的那條金融街給我留下了深刻的印象。古典的西洋建築顯得高貴、優雅而充滿情調，感覺非常和諧、親切，完全不同於北京皇城的風格，高高在上，嚴肅冷漠，遠離普通人的日常生活。

在朋友的幫助下，我們來到了附近的一家債券營業部。讓我感到奇怪的是，營業部的櫃檯前冷冷清清，並沒有我原來想像中人山人海的排隊場面。難道天津人的投資觀念這麼落後，都不知道這近在眼前的大好機會？我只用了不到五分鐘時間就買到了我想要的股票，總共1萬多股。匆匆謝過我的朋友，我就帶著這些價值不菲的股票回到了北京。

此後很長一段時間，我和朋友們閒聚在一起時，都會熱切地談論自己買進的股票，想像著一旦我們的股票公開上市，市場價格會漲到多少，我們的投資能夠翻多少倍等等。

然而，最終我們並沒有從這些股票上賺到任何錢，實際上毋寧說是損失了一大筆錢。十多年以後，我和我的朋友們手中還拿

著這些股票的股權證，像一堆廢紙。原來，當時天津有十多家公司改制成股份公司，後來，只有其中三、四家在上海、深圳掛牌上市，持有那些公司內部職工股的人賺了不少錢。而我們買的那家企業，並不在幸運兒之列。像大多數國有企業一樣，這個公司的業績也不好。十多年來，只記得1995年它分過一次紅利，當我和朋友們大老遠跑到天津，知道只有這一點少得可憐的紅利時，簡直哭笑不得。

在買內部職工股這件事上，我還上過一次當，也是1993年。當時，北京有一家證券投資公司，把北京旅行車股份公司的法人股份開來賣給了個人，我是飢不擇食，也沒有弄明白這些股票的性質，就托朋友買了2500股，結果，北旅上市交易以後，我的股票不能上市流通，只能眼看著那些買到真正內部職工股的人高價拋出。後來北旅破產了，公司改名為航天長峰，至今我還拿著北旅的這些股權證，也不知道現在算不算航天長峰的股東。

那一段時間，我整天不務正業，倒騰股票，在我們單位，從領導到普通職工，對我的炒股舉動褒貶不一。有人因為我遲到早退，耽誤工作，對我頗有微詞；有人則想從我這兒了解有關股票方面的知識，對我很感興趣。畢竟在1993年初，有關股票和上海、深圳股市，對大多數人來說，還是新生事物，有著巨大的吸引力。一般人並沒有獲得這類資訊的管道，我不但做過上海市場的股票，而且又熟悉STAQ市場，看起來的確像是這方面的專家。從我口中冒出的股票交易專業用語，他們可能從來沒有聽說過。時間久了，我們公司的老總們對我的事情可能也略有耳聞。

命運轉折點

從1992年下半年研究生畢業到單位工作，時間已經過了大半年，我還是和大多數本科生、專科生一樣，一直在基層鍛煉，從事一些非常單調、乏味的簡單勞動。

因為接觸到了股票市場，讓我的眼界、思路大開，使我再也不願意回到那種無趣之至的工作之中。我已經下定決心，一旦和單位發生衝突，我將把炒股作為自己的職業。

一件意外事件的發生，改變了我一生的命運。

有一天早上，我們公司的老總對我說：「你不要個人去炒股票，我們單位將成立一個證券投資部，你有這方面的優勢，你到那裡去做具體的投資操作，把你的聰明才智應用到公司的業務上去。」

1993年初，大多數國有企業的領導對股票市場還知之甚少，更不要說拿出一筆錢來，冒著風險親自下海去嘗試一下。因此，我們公司老總們的舉動確實讓我感到非常意外。

就這樣，因為一個非常偶然的原因，我突然從一個股票市場的小散戶轉變成了一個替大公司負責投資決策、執行實際操作的職業操盤手。回想起來，如果那時有人問我：「你的投資理念是什麼，你的交易策略是什麼？」我肯定是茫然地不知所措。特殊的時代和環境，無意中把我推到了市場經濟的前線陣地 —— 股票市場。在給了我一個巨大發展機會的同時，也使我今後的人生之路充滿跌宕起伏，承受了許多常人無法體會的坎坷磨難。有人說，曲折的經歷是一筆寶貴的人生財富，我想說的是，平淡的生活也是人生的一種幸福。

以後幾年，因為我作為大公司操盤手，手握重金，在股票、期貨交易中大手筆進出，很快成為證券、期貨公司爭相邀請的大客戶，成為大戶室的貴賓。

對我來說，這次角色的轉換是我的人生中一件意義重大的事情。福兮？禍兮？至今我也說不清楚。

第二章

一個與眾不同的

賭徒

如果股市波動是迴圈的，比如說早期上證指數，
從 1992 到 1996 年，一直在 300 多點到 1500 點來回
波動；或者像美國股票市場，從上世紀五○年代開
始，從長遠看，股票指數一直在穩步上漲。那麼，
投機者只要稍稍聰明一點，不幹太愚蠢的事，一定
意義上，股票長線投資其實一點風險也沒有。

股票市場的投機成敗，不但要靠知識，更要靠信念；
不但要靠智慧，更要靠膽量。不賭就不會贏，你敢賭嗎？
這取決於你對股市的信心。

　　經歷了個人的第一次炒股以後，我很快發現，我對上海、深圳股票市場很不了解，對股票價格的走勢一點把握也沒有。相對地，因為我對北京STAQ市場的情況熟悉一些，根據我的建議，我們公司決定先在STAQ市場投資100萬元，由我負責具體操作。

　　記得老總讓財務部門安排資金時，還發生了一件有趣的事情。財務處長顯然對股市投資的風險意識比較強，他開玩笑地對我們老總說：「這100萬拿出去了以後，就有可能打水漂」。

　　我們老總聽了這句話後很不高興，可能是還沒有出師，就說這樣喪氣的話，覺得不太吉利。

　　他說：「賣針頭線腦沒有風險，但永遠也不會有大出息。」

　　財務處長一看老總的臉色不對，再也不敢吭聲。後來很長一段時間，只要看到老總過來，他大老遠就開始閃躲，生怕再遭一頓訓斥。因為我們之間關係不錯，我們開玩笑時，也常常拿這件事挖苦他兩下，弄得他哭笑不得。

成為歷史的STAQ市場

　　STAQ市場，就是原來的「聯辦」。它是二十世紀九〇年代初，一幫留學海外、了解美國華爾街和納斯達克（NASDAQ）股票市場的早期海龜們回國後籌建的一個交易中心。最初由北京十家大型證券金融機構聯合發起，為財政部承銷國債，所以叫「聯辦」。後來，隨著上海、深圳兩大股票交易所在中國證券市場主體地位的確立，「聯辦」獨樹一幟，想把自己建成和美國納斯達克類似的二板市場，這就是「聯辦」又簡稱STAQ市場的原因。這個理念在當時其實是非常先進、超前的，可惜從上到下，真正理解的人沒有幾個。

　　由於中國上市公司的股權有國有股、法人股、個人流通股之分，在上海、深圳股票市場交易的都是流通股。STAQ市場1993年進行了法人股流通的試點，當時在這個市場交易的股票有：海航、長白、海國投、五星啤酒、蜀都、玉柴、大自然、華凱、恒通等九支法人股。由於STAQ市場上市的股票數量少，場內許多金融機構實力強大，稍稍一炒作，股價就容易出現暴漲行情。這自然會吸引全國各地許多不明就裡的投資者。1993年和1994年，STAQ市場有一段時間行情非常火爆，簡直能和上海、深圳的股票市場並駕齊驅。當時，全國有三個大城市（杭州、長沙、成都）的股民，熱衷於炒作STAQ市場的股票。遺憾的是，後來隨著這個市場的消亡，這幾個城市的股民受到的傷害也最重。

　　往事如夢。當初STAQ市場上這些炙手可熱、牽動著無數人心弦的上市公司，現在卻是命運迥異，各歸東西。恒通的老總在坐牢，公司早已經名存實亡；業績好一點的玉柴已經越洋東渡，

在美國市場上市；海航、蜀都則轉移到上海、深圳股票市場。1993年和1994年，我青春歲月中最美好的一段時間，都在工人體育場──STAQ市場所在的地方度過。雖然這個市場早已經成為歷史，但對我來說，那一個地方、那一段歲月，永遠是我人生中不可缺少的一頁。

從投資的安全性、可靠性而言，當時我以為把我們公司的100萬元資金投到STAQ市場，而不是上海、深圳股票市場，是一種明智的選擇──做自己最熟悉、最有把握的事情。但是，後來隨著國家政策的變化，STAQ市場日漸蕭條，毫無生機，我感到股票投資還是應該選擇流通性好的上海、深圳市場：行情活躍、機會多，表面看風險很大，實際上卻不盡然。STAQ市場最大的問題是流通性嚴重不足，對投機交易來說，這是非常忌諱的。

1993年初，STAQ市場的指數最高曾經漲到過240多點，當時，好幾個股票的價格都漲到了10元以上，最低的也有6、7元。到7、8月份，我們公司的100萬元資金到帳時，因為參與者很少，人氣不足，STAQ市場的股價已經跌得一塌糊塗。最高的4、5元，最低的2元多，市場指數跌到了90點附近。

在STAQ市場指數90點到100點之間，我把我們單位的100萬元資金全部買成了股票。我感覺當時的股價和年初的最高點相比，確實太低了，所以，一上來就滿倉操作。

新手的運氣往往很好，我們剛好買在STAQ市場一個階段性的歷史低點。後來一個多月，許多人也看到股價實在太低了，覺得這是一個獲得暴利的機會，紛紛入市抄底，在極短的時間內，STAQ市場就掀起了一波上漲行情。大約一個月左右，股票指數就反彈到了147點。

第一個月，我們單位的股票交易做得非常漂亮，獲利47萬多，碰巧和指數的漲幅差不多，也是47％。

作為一個市場新手，由於當時沒有多少交易經驗，我對自己的交易結果也沒有太大的奢望。讓我感到高興的是，這次交易竟然取得了這麼好的回報。

現在看來，當時我做出重倉買進股票的投資決策，並沒有什麼可靠的依據。既不是基本分析派，也不是技術分析派，而是生活和市場的一般常識，外行的某種內在本能、直覺、信念：相信股票價格從高處跌下來以後，肯定還會漲上去。

顯然，我沒有考慮過，萬一判斷失誤，我這樣一上來就大膽出擊，像個大賭徒，很可能出現巨大虧損。

後來看到的一本有關交易的書中，有這樣一個觀點：「對於一個新手來說，要想在投機市場中賺一筆錢，最佳策略就是找機會大賭一次。而對一個投機經驗豐富，在市場交易中有勝算、有優勢的人，每次下注反而應該小一點，以減少偶然性運氣的影響程度，讓概率法則為操作成功發揮出應有的作用。」

為什麼重倉對新手來說是一種聰明的選擇呢？

投機交易是一個大多數人最後必然失敗的遊戲，長炒必輸，這幾乎已經成為市場的一個規律。所以，作為一個新手，與其頻繁交易在市場中慢慢耗死，還不如畢其功於一役，然後離開市場，贏的機率還有可能達到50％。

在我的股票操作生涯中，無論是早期還是現在，為公司還是為自己，一向下手比較狠，喜歡重倉進出。這倒並不是因為進入投資市場的早期，我對股市的風險一無所知，也不是因為後來在期貨交易中經歷過更大的風險，股市的風險對我來說已經不足掛

齒，而是因為我是學哲學出身，對中國股市和社會政治、經濟之間的關係有一點自己的看法。

中國股市的特色

在西方發達國家，證券市場從幾百年前誕生的那一刻起，其存在的價值以及意義，就不是出於某種外在的需要，而是來自於經濟發展的內在動力。有人需要籌集資本，有人有錢想要投資，一個公正、高效的市場為人們提供一個互惠互利、各取所需的場所。

與西方國家相比，不同的政治、經濟制度決定了中國早期股市的自身特色，我們的股票市場從誕生的那一刻起，就深深地打上了中國特色的特殊烙印──為國有企業融資解困。所以，中國股市帶有比較濃厚的外在政治色彩，而非完全遵循內在市場運行的規律，也就是說，判斷中國股市漲跌我們既要看內在的市場因素，更要高度關注政治、政策的態度，這樣才能提高投資的勝算。雖然這樣的想法看起來有些荒唐，但是，作為一個投機者，要想在市場交易中取得成功，首先要了解你所參與的這個市場，了解這個市場的本質特點，然後再據此確定自己的操作策略。

因此，在相當長一段時間，我在股票交易中一直遵循著下面三條基本原則：

一、用政治眼光來審視股票市場，抓住市場可能出現的重大變化。中國股票市場不但過去是政策市，我認為，今後相當長時間之內，它依然不能完全擺脫政策市的陰影。這一點意味

著，股票市場一旦出現過於離譜的暴漲暴跌，就隨時有可能出現一種外在的力量來左右市場走勢，使股市回到社會政治所能容忍的範圍以內。一定的政治敏感度，是中國股市投機者抓住戰略性投資機會、獲得暴利的指南針。

二、抓住大行情可能來臨的機會，長線交易、重倉交易，不貪圖小利，迷戀股市，整天在市場中炒來炒去。

三、絕不染指垃圾股，垃圾股即使在大牛市中也可能沒有出頭之日。這樣，即使手中股票暫時被套住，也有翻身的日子。適當的分散投資可能是避免受到垃圾股傷害的一個簡單策略。

第一個月底，我們老總聽到股票投資初戰告捷的消息以後，非常高興，決定獎勵我們。但是，另外一位公司領導卻說了一段意味深長的話：

「這次他們賺錢了公司獎勵他們，下一次如果他們賠錢了，公司又如何處罰他們呢？」

老總聽了以後覺得有理，就取消了這個獎勵計畫。

投資交易畢竟是一件有風險的事情，簡單地把贏利和獎金聯繫在一起，往往有可能產生一些副作用：市場操盤手受利益驅使，很可能做一些過分冒險的交易，增加投資的危險性甚至危及公司的生死存亡。2005年中航油在國際原油投機中損失5.5億美元的事件暴露以後，許多人對中航油集團2003年給陳久霖2000多萬元的獎金頗有微詞，認為這樣做無疑是在慫恿陳久霖冒險賭博。英國百年老店霸菱銀行（Barings Bank）的破產也和這種獎懲制度有關。

這次交易的成功，確實是我獨立決策、獨立操作的結果。

雖然我對交易的結果感到高興,但也並沒有覺得自己有什麼了不起。股市總是潮起潮落,正是市場一次偶然的上漲浪潮把我推向了暫時的成功,而不是那時我有什麼高明的投資理念、操作技巧等等。這一點,即使在當時,我的認知也還是比較清醒的。

收市前積極買單的玄機

我所在的大戶室有位神祕的客戶叫老蔣,開始我以為他和我一樣,也是某一家公司的操盤手,只是覺得他操控的資金量大,實力雄厚。他對STAQ市場中交易的其他股票都不感興趣,只特定跟蹤一檔股票——恒通。

有一段時間,老蔣在市場上的行為讓我覺得非常奇怪,不合情理。平常他很少交易,但是,每天收市前五分鐘,他總是非常忙碌,一直在買恒通這支股票。一般人買股票,報價總是在當時市場成交價格附近,或許還會報低一點,以降低成本。而這老蔣簡直是瘋了,恒通股票的買賣價格明明在5元左右,他卻讓報單小姐以6元,甚至更高的價格買進,而且數量還不小,一出手就是1萬股。恒通股票的價格一整天都在5元上下徘徊,他想買多少股都不會有任何問題。為什麼他一定要等到收盤前五分鐘,以這麼荒唐的高價去買呢?我實在無法理解。

因為STAQ市場的成交清淡,老蔣這麼高價一買,有時候恒通股票的價格一下子就會跳高一塊錢。在日K線圖上看,那一段時間,恒通股票經常收出大陽線,對於一些痴迷於技術分析的股民來說,這檔股票的走勢圖非常好看,後市明顯看漲。

老蔣天天這麼折騰,每天三點前的幾分鐘就把恒通的收盤價

拉上去。但是第二天市場價格又跌回到5元左右時，老蔣卻置之不理，不管盤中股票的實際走勢。

我實在好奇，禁不住問老蔣這是為什麼，老蔣顯得很詭祕，只是笑笑而不願多說。

過了一段時間，我總算弄明白了。原來，老蔣是恒通公司派往STAQ市場的出市代表。恒通公司想要在STAQ市場實施它的配股計畫，它的配股價定的是5元。當時市場形勢不好，眼看恒通公司的股價就要跌破5元，公司圈錢的圖謀即將泡湯。所以，老總命令老蔣每天收盤以前，想辦法把恒通的股價做上去。

恒通公司確實深諳資本市場之道，在那個時候，就懂得在股市玩這種把戲。老蔣的骯髒做法給我好好地上了一課，讓我看到股票市場背後鮮為人知的另外一面。按照我原來的想像，股市應該是一個純潔、公平、光明正大的地方，沒有想到，它的背後竟然藏有這麼無恥的勾當。

恒通公司後來確實如願以償，成功地從STAQ市場騙走了一大筆錢。但是，不知有多少單位和個人因此血本無歸，身受其害。

在STAQ市場上漲到147點的這波行情結束以後，不久，這個市場又回到了半死不活的沉寂狀態。在下跌途中，我貪圖便宜，又買回一部分當初高價拋出的股票，沒有幾天，就被套住了。雖然STAQ市場不是一個規範、活躍的市場，知道的人很少，參與者更少。但是，我在交易上存在的問題並不能推諉於市場，而是源於對投機市場的無知，重價不重勢——一種典型的外行炒股手法。

天天泡在市場之中，從早到晚看著清淡的股票行情，實在是百無聊賴，無所事事。不過，那一段時間我無意中結識了許多後

來在中國證券、期貨市場，呼風喚雨，頗有作為的人物。

「聯辦」其實是一個臥虎藏龍的地方。別看那些年紀輕輕的交易員，他們大多並非出身普通人家，一個個都有頗為深厚的背景和根基。有的來自軍隊大院，有的父母是人行（中國人民銀行，簡稱人行）重要的司、局級領導，有些人的父母是中國大名鼎鼎金融機構的老總等等。

從虧損數千萬到大賺5000萬

那一段時間，我結識了一位朋友，他做股票的膽識和手法讓我大吃一驚，我做夢都想不到會有這樣的人和這樣的炒股手法。

一般公司和個人炒股，因為股市畢竟有風險，肯定不敢冒然把全部資金投進股市，更不會高息舉債到股市去賭博，這是不可想像的瘋狂舉動。而我的這位朋友，恰恰就在做這樣的事情。早在1993年初，他就通過特殊的關係控制了一家金融機構，1993年7月，他在上海股票市場跌到1000點左右的時候，就開始利用那家金融機構無窮無盡的拆解資金，分批投入上海股市抄底。

1993年到1994年7月，上海股市的走勢很不好，上證指數一直在陰跌[1]之中。我的那位朋友，一次又一次把借來的資金投入股市，但是，市場無休止的下跌把他牢牢地套在裡面，浮動虧損驚人。從表面上看，他似乎並不擔心。有時候，我們大戶室中的幾個人因為行情清淡，聚在一塊玩牌，這位朋友也會過來湊湊熱鬧。他在玩牌時表現得若無其事，外人根本看不出來他內心巨大

1.指股價進一步退兩步，緩慢下滑的情況，如陰雨連綿，長期不止。

的精神壓力。我估計，那時他投資的浮動損失至少已經有幾千萬。

　　我非常為他的後果擔憂，這種豪賭一旦失敗，他肯定身敗名裂。不過，後來我才知道，這是杞人憂天。我的這位朋友並非一般人物，他之所以膽大妄為，敢做一些平常人不可想像的事情，是因為他有特殊的家庭、社會背景，出了事有人扛得住。一般人這麼做，稍稍出點意外，很可能就死無葬身之地。

　　中國古代有一個傳奇故事，說東周伍子胥，因無計闖過昭關，一夜之間愁白了頭。以前我總覺得這種說法太誇張了，世上怎麼可能會有這樣的事情？然而，我在股市裡的親眼所見，讓我完全相信這種事情可能是真的。

　　1994年初的一天，我偶然碰到了這位幾個月沒有見面的朋友。我突然發現他的頭髮似乎白了很多，其實那時他才剛剛二十歲出頭，比我還小四、五歲。短短幾個月時間，一個人竟然會發生這麼大的變化，我非常吃驚。後來想起來，那一段時間正好是上海股票市場跌破770點的時候。從1993到1994年，上證指數每當跌到770點附近，市場就會大幅反彈，所以，當時上證指數770點被市場各方看成是鐵底。我的那位朋友本來在市場中的浮動虧損就不小，現在，市場的鐵底被打漏，他更是雪上加霜，巨大的精神壓力終於使他愁白了頭，也就不足為奇了。

　　不過，1994年8月，這位朋友終於時來運轉了。上證指數在跌到325點以後，政府迫於股市崩潰的危險，終於出手干預。短短一個月時間，市場就從325點漲到了1050點，許多股票的價格漲了三、四倍。我的那位朋友因為越跌越買，平均成本已經很低，這一次股票的大漲，不但使他全線解套，而且還獲得了暴利，可能賺了5000萬元以上。

重新看待股市風險

　　我從這位朋友的股票操作經歷中受到了極大的啟發，對中國股票投資開始有了一些自己的想法。

　　首先是對股市的風險觀念有了全新的認識。

　　股市有風險嗎？幾乎沒有人會認為股市沒有風險。但是，如果股市波動是迴圈的，比如說早期上海市場的股票指數，從1993年到1996年，幾年之間一直在300多點到1500點來回波動；或者像美國股票市場一樣，從上世紀五〇年代開始，從長遠看，股票指數一直在穩步上漲，那麼，投機者的操作只要稍稍聰明一點，不幹太愚蠢的事，在一定的意義上，股票交易其實一點風險也沒有。

　　為什麼？

　　你在市場指數700點時買進股票，指數跌到300點時你肯定會有很大的浮動損失，但是，只要沒有誰強迫你在300點的時候把股票賣了，把浮動虧損變成實際損失，如果你堅持下去，也許有一天市場指數會漲到1000點，甚至1500點，這樣你不但不會虧錢，反而能賺錢。

　　所以，我認為對投機者來說，深入透徹地想一想以下幾個問題，對股票投資的成功是很有幫助的：

一、是操作手法問題。大利潤一定來自於大的市場波動。大多數
　　投機者整天在市場中追漲殺跌，希望通過頻繁的短線交易取
　　得成功，根本沒有足夠的耐心去等待永恆的牛熊迴圈，最終
　　在市場的無序波動中迷失大方向，可謂欲速而不達。

二、是投機者的市場信念問題。一個對市場未來沒有堅定信念的人，往往拿不住很有可能給他帶來巨大回報的倉位，不能獲得市場重大波動的利潤，這樣的心態是投資成功的大敵。投資大師巴菲特說得好：「利潤有時候往往來自於對市場的愚忠。」

其次，投機者千萬不要涉足垃圾股，即使在大牛市中，垃圾股也可能和市場走勢背道而馳，使你無法分享市場迴圈波動帶來的巨大收益。

三、參與股票交易的投資者，對市場指數的高低應該有一點基本的常識觀念，不能夠犯太離譜的錯誤。例如，投機者不應該在市場價格已經漲了好幾年以後，因為受到財富效應的誘惑，再匆匆忙忙殺進股市。反之也是。

不過，指數的高低總是相對的，判斷起來也不是一個簡單的問題。即使一些市場老手，很多時候也會神志不清，對市場走勢缺乏宏觀的認識，分不清市場價格是高還是低。

2000年8月，我遇到原來我手下的一位交易員，那時他已經是一個機構的操盤手了，至少掌握著三、五千萬以上的資金。當時，上海指數在2200點左右。

他問我對後市的看法。

雖然自從全身心投入期貨交易以後，我已經不太跟蹤股市的日常波動，但對市場大的走勢方向還是有清醒認識的。也許是我在場外的緣故，沒有自己的利益參雜在裡面，做出的市場判斷相對就比較客觀、超然，也更容易貼近實際。

我說：「上證指數已經漲到了2200點，還有什麼好做的，把

全部股票拋出去。即使市場再漲200點、300點，也沒有什麼可惜的。而且，我認為市場繼續上漲的可能性很小。」

那位朋友對我的話不以為然，還在等待市場漲到2600點呢！

我感覺他整天在市場進進出出，對市場價格的高低明顯心中無數，可能是離市場太近了。

成功的交易需知、情、意，三者配合

從表面看，股票市場和賭場有類似之處。例如，投機本身確實就有某種賭博成分，但是，股票市場畢竟不是真正的賭場，股票的背後有企業資產、業績，和國家政治、經濟的支援。所以，每每股市大跌以後，我總是勸朋友們買進股票長期持有，耐心等待另一個牛市的到來。股市有漲有跌、有牛有熊是一種常識，但是要遵循這個看似簡單之極的真理而行動，在一個充滿悲觀氣氛的市場中做出買進動作並且長期持有，並不是一件簡單的事情。

成功的股票交易需要知、情、意三者的配合，知道和做到之間往往有巨大的鴻溝。所以，我認為，股票市場要賺大錢，不但要靠知識，也要靠信念；不但要靠智慧，也要靠膽量。能不能賭是一個市場大勢、時機的選擇、取捨問題，需要投資者根據知識、經驗來做出概率判斷，這個還相對比較容易；敢不敢賭以及能否長期持有，涉及到投資者對股市的信念、膽量以及自我控制力等很多主觀的因素，這方面的素質要求對投資者的考驗比較嚴峻。

你敢賭嗎？你對股市有信心嗎？有信心，你認為股市不會關門，而且市場指數最終會漲到2000點、3000點，你就可以去賭。沒有信心和耐心持有的意志力，對市場短期走勢過於在意，就不

宜涉足股票市場。

自從2001年以來，股市連續下跌了四年，上證指數從當初最高的2200多點，跌到了現在的1200點以下。這一輪熊市打碎了無數人的夢，無論是機構投資者還是個人投機者，絕大多數都是損失慘重。很多人因為絕望而詛咒、賭氣，並發誓從此遠離市場。

但是，是不是股市從此就沒有希望了呢？

這是一個大是大非的問題。

我不是個預言家，也不想在這裡旁徵博引來證明自己的觀點。根據我的炒股經驗，從長期看，市場經過如此大幅的下跌，再崩潰的可能性極小。信念和膽量告訴我，市場蘊涵著巨大的做多機會。

（補記：時間過去了五、六年，前度劉郎今又來，上證指數從2007年的6000多點跌倒了目前的2300點左右，又是一番哀鴻遍野的景象，從戰略性投資的立場看，股市低點應該不會太遠了，又是一個值得博弈的機會！）

當然，通過抓住市場重大趨勢波動來贏利的交易模式，只是現在我投資股市的一種策略。在早期的股票交易中，我還遠遠沒有這種眼光、膽識、魄力和長線持倉的勇氣。

抄到歷史性的大底

1994年7月底，上證指數跌到了400點左右。有一天，我們單位的一個副總突然給我下了一個命令，讓我帶著500萬元資金，立即飛往上海，去抄上海股市的底。事後看來，這是一次非常英明的判斷和決策。我匆匆忙忙趕到上海，住在新亞大酒店。第二

天，到中創上海浦東營業部，開始買進股票。

當時，上海股市屬於典型的熊市末期特徵，股民惶惶不可終日，市場彌漫著極為恐慌的氣氛。媒體上的觀點也很悲觀，有人預測市場可能會跌到180點，有人認為上證指數甚至有可能跌到80點。偶爾出現一個對市場走勢比較樂觀一點的聲音，往往會受到人們的嘲弄和諷刺。

因為盛情難卻，我們應邀參加了一個由上海著名的股評家忠言主持的討論會。對於這種討論會，我其實一點興趣也沒有。在我看來，上證指數跌到300多點時買進股票，從長遠的角度看，其實一點風險也沒有，這有什麼好討論的呢？我本人早在一個月前，就已經開始大量投資股票，雖然被套牢了，我卻沒有任何恐慌的感覺。

按照我的理解，既然我們老總決定投資500萬元買進股票，我的任務就是具體操作一下，把所有的錢換成股票就行了。

上證指數在跌破400點以後，依然沒有見底的跡象。從盤面看，市場短期還有下跌的可能。所以，第一天的操作中，我只投入了四、五十萬元的資金。第二天，我又買進了大約50萬元的股票。我的想法是，市場越跌，我買進的數量應該越大。不過，因為當時市場下跌的速度太快，剛兩天，我前面投入的資金就有了十多萬元的浮動虧損。

不知什麼原因，有一天晚上，我們老總突然在電話中變得保守起來，讓我們不要再繼續買進股票。我聽了以後，很不以為然，覺得這時候其實應該更加大膽地出擊。按照我的想法，第三天我們就應該把剩下的資金全部買成股票。然後就等下去，直到市場反轉。

當然，我還得聽老總的意見，剛投入了100萬多一點的資金就停止操作。

　　1994年8月1號的前兩天，和我一起去上海的同事因為沒有到過杭州，我們利用週末時間遊了一趟西湖。星期六早上，杭州的各大報紙就刊登了國務院干預股市的三大政策。我立刻預感到自己可能錯過了一次賺大錢的機會，對前幾天過於保守，只買進了這麼少的一點股票，感到非常遺憾。

　　股市暴漲了幾天以後，我們就把手頭的股票全拋了。一個月後，上證指數從最低325點漲到1051點。錢是賺了，但相對於我們準備的500萬元資金，在如此重大的市場機會面前，這一點可憐的利潤，在我看來，非但不是投資成功的證明，而是一次嚴重的失誤。當然，也許對於做出最高決策的領導來說，賺錢就是成功，無論多少。

　　歷史性的大底倒是抄到了，但收穫卻不是太大。

　　對於一個操盤手來說，一兩次交易之中出現虧損，是一件非常普通的事情，不值得大驚小怪。但是，面對重大的歷史機遇，在銳利的趨勢行情中你只賺了點小錢，這種錯誤是無法原諒的。該賺的錢沒有賺到，下面的日子你會很難過。

　　很多年以後，我依然為喪失這次千載難逢的機會而耿耿於懷。

第三章 誤入「期」途

年輕人往往情不由己，難以自扼，
整個品性和涵養還沒到此地步。

——《傅雷家書》

在這個年紀，即使理性上認識到，
也未必能夠心甘情願地接受，只好慢慢磨練。
——《傅雷家書》

　　人生的大部分時間都是在平淡中度過的，單調的日常生活注定不易給人留下深刻的印象。但是，每一個人的生命中總會有難以忘懷的歲月。之所以難以忘記，往往是這一段時間發生了一些很特殊的事情，可能在一個人的一生中影響深遠，不能輕輕地抹去。

獨自徘徊天堂與地獄的歲月

　　在我的記憶中，1994年11月到1995年11月，是我過去的人生經歷中最為驚心動魄、銘心刻骨的一年。

　　1995年春節，我承受著國債期貨交易虧損的巨大壓力，在痛苦、焦慮中憂心忡忡、度日如年。2月份，柳暗花明，絕處逢生。震驚中外的「327」事件中，我一夜之間狂賺了690多萬，偶然性外加運氣的幫助，使我登上了人生的極峰，品嘗到了巨大投資

成功帶來的那種無法言說的狂喜、愉悅和幸福，儘管時間非常短暫。5月，幸運女神又一次光臨。政府停止了國債期貨交易，連續三天，股票市場急劇上漲，我手中原來被套得死死的股票直衝雲霄，一下子從醜小鴨變成了白天鵝。可惜，意外的驚喜還沒有來得及仔細咂摸（編注：思索、尋思之意），又一件突發事件的生現，一切煙消雲散，我猶如紙上富貴一場，從夢中的天國跌回到冰涼的現實。6、7月份，酷熱的夏日，我戰戰兢兢地踏入商品期貨市場冒險，結果卻又是出人意料的幸運。新手單純、謹慎的心態、無意中使用的合理交易策略、技術分析方面一點初淺的知識，外加運氣，我完全依靠自己的力量，獨立操作，在第一個月取得了令人難以置信的成功。8月份，一個我敬重的朋友，一個善意的消息，卻讓我兵敗蘇州紅小豆，出現巨額虧損，無意中把我推進了萬劫不復之地。

此後，很長一段時間，我在暗無天日、絕望、沮喪的心境中掙扎。我又一次背負著沉重的壓力，在與期貨市場搏鬥的同時，更與自我人性中的恐懼、貪婪、焦躁、衝動等等根深蒂固的本能做生死的較量。一次又一次，我企圖用自己的雙手抓住自己的頭髮，脫離地面，結果當然徒勞無益。我被自我一次又一次地打倒，卻不知道敵人在哪裡。

1995年底的那幾個月，因為紅小豆市場上的惡性虧損，我在期貨交易中進了一種迷幻的蠻幹狀態，瘋狂的交易，企圖迅速奪回失去的一切，徹底喪失了作為一個投機者應該具備的最基本的理智態度。我的行為完全像西班牙作家賽凡提斯筆下的那個古代騎士，抱著良好的願望，自以為是地在光天化日之下把客店當作城堡，把風車視為巨人，四處闖禍。

哎，這一年，我的命運就像坐著過山車，上天入地，急速變化，「上窮碧綠下黃泉」。我獨自一人徘徊在天堂與地獄之間。

這一切，皆緣於期貨投機！

涉足國債期貨市場，完全是一個極為偶然的原因。在此以前，我已經有大約兩年的股票交易經歷。

1994年下半年，中國股票市場在經歷了8、9月份短暫的火爆以後，開始慢慢回落，市場行情變得異常清淡，沉悶的走勢讓熱衷於投機的人無所作為，十分無聊。我每天泡在證券營業部裡，無事可做，只是呆在大戶室裡喝茶、看報、玩牌。而這一段時間，上海、深圳股票交易所的國債期貨不知不覺開始火爆起來。雖然我每天都在股市，但對國債期貨這個新東西卻反應遲鈍。很長一段時間，我甚至不知道有國債期貨這回事。這可能和人的性格有關，我一向只注意自己感興趣的東西。

當時，我開戶的證券公司其實早已開通了國債期貨交易，已經有一大幫中小投機者樂此不疲，沉溺其中。雖然只有一牆之隔，我卻完全不知道那一邊發生了什麼事。偶爾路過散戶大廳，看見很多人圍坐在一台顯示器前，神情緊張，還不斷用筆在紙上記錄些什麼，不時地發出一些唏噓聲，我有點莫名其妙，不知道他們在發什麼神經，也沒有興趣去打聽。

有一天，我坐在自己的房間裡看股票行情，突然，外面的大廳裡傳來了一陣震天動地的歡呼聲。我不清楚發生了什麼事，連忙問旁邊的一個朋友。他說：「可能是這幫人做國債期貨賺大錢了。」這時，我才了解到國債期貨原來是一種投機工具。也許是一種職業敏感，我馬上找人了解國債期貨到底是怎麼回事。有一個散戶朋友，我現在已經記不清他的名字了，自告奮勇地向我解

釋了一大堆國債期貨的知識。說做國債期貨比炒股票好得多，每天都有交易機會，又能做多，還能放空，看對方向幾天就能賺幾倍，外面大廳有好多個朋友已經發大財了等等。我似懂非懂，就找來了報紙、雜誌開始研究，大概明白了國債期貨是什麼意思。

第二天一早，我就把國債期貨行情調上了自己的電腦螢幕，只看了一會，就立刻被吸引住了。從表面看來，國債期貨的價格波動和股票行情似乎差不多，也是一會上漲，一會下跌。K線記錄的價格變化圖，圖表下面各種各樣反映市場走勢的技術指標，都是我平時在股票交易中非常熟悉的。

唯一不同的就是國債期貨的利潤和風險比股票大，由於槓桿原理，少量的投入就會產生巨大的盈虧。

看了一兩天行情以後，我自以為有點眉目了，很想入市試試。讓我現在不太理解的是，那時，我的風險意識還是挺強的，知道這玩意和股票不一樣，不能胡來，要小心點。所以，第一次交易，相對於我手中可用的巨額資金，我只投入了很小的一筆錢，大概是4萬元。

我忐忑不安地注視著國債期貨的盤面變化，尋找著自己有把握的交易機會。雖然投入的資金量微不足道，但是，第一次玩這種遊戲，在興奮的同時，還是覺得有一點緊張。那一天下午，我終於看到了一次機會，根據自己的一點盤面感覺，我鼓起勇氣買入了國債期貨314品種（也可能是315）。運氣不錯，一入市我就有了點帳面利潤。

和平時操作股票的方式一樣，我盯著行情變化，沒有馬上平倉。但是，看了一會以後，我就感覺市場有點不對勁，可能是以往炒股的經驗提醒了我，我覺得國債期貨過一會可能要跳水[1]。我

打開日線圖查看前一段時間國債期貨的走勢，發現市場在我買入之前一直在漲，日K線圖幾乎全是大陽線。想到在此以前，我竟然沒有仔細地研究過市場以往的長期走勢，對市場的瘋狂一無所知，我嚇了一跳，立刻把手中的多單平倉了。我可不想自己第一筆交易就遭受損失。

一切都是莊家說了算

令人驚奇的是，在我平倉後不到五分鐘，國債期貨真的跳水了！剎那之間，各個品種直線下跌，有的合約最大跌幅達到4元。市場走勢的驚心動魄讓場內所有人都目瞪口呆。如果我沒有及時平倉的話，我的第一次交易就會陷入爆倉的境地，不但帳面上的資金賠得一乾二淨，還會欠營業部一筆錢。我被市場巨大的短期波動嚇出一身冷汗，切切實實地感受到了國債期貨的風險。我在慶幸的同時，也對自己剛才及時、果斷的行動，自鳴得意。

我的那位散戶朋友可糟透了，當時我還不知道。那天收市以後，我看見他匆匆忙忙地往外走，就問他有什麼事。

他說：「我得回家取6萬塊錢，過一會補給營業部。我穿倉了。」

「穿倉了？」我簡直不敢相信自己的耳朵。我知道上午他的帳戶上最少還有10萬元資金，怎麼這麼快就賠到了回家取錢的地步？看著他轉瞬即逝的背影，我心裡非常難過。十多萬元，那時對一個普通老百姓來說，可不是一筆小數目。從那一天以後，我

1.一般指金融交易市場中，大盤指數或是走勢圖大幅急速下行，在短時間內下跌幅巨大，如同「高台跳水」快速下跌的情況。

再也沒有見過那位朋友。

後來才知道，我入市的那一天，剛好碰上中國幾大機構主力聯手操縱市場、打壓價格，這是國債期貨短命的幾個月牛市行情中，少數幾次大幅下跌走勢之一。

操縱市場的主力們當然知道價格什麼時間開始下跌，會跌到哪兒。就市場短期走勢而言，一切都是莊家說了算。盤面上蜿蜒曲折的走勢圖，本質上是主流資金的願望和實力的體現，也可以說是主力早已畫好的。

在股票、期貨這個弱肉強食的市場，大多數散戶投機者的命運，就像天空中一隻斷了線的風箏，一會兒上升，一會兒下降，根本不由自己決定。散戶的資金、心理承受能力和市場經驗，決定了他們注定是市場波動的犧牲品。在一個不規範的市場中，主力們只要略使小技，一次誘多、一次誘空，上下一震盪，就可以把大多數跟風者趕盡殺絕。當然，這一切是我後來才深刻地體會到，也為此付出了巨大代價。

也就過了一天時間，國債期貨價格就從那一天下午的暴跌陰影中完全走出來。市場價格不但漲回到我入市的點位，而且更上一層樓。一大幫中小散戶在主力的這次清洗行動中命喪九泉，但市場又回到了上升的軌道，若無其事，彷彿什麼也沒有發生。

雖然我的第一次期貨投機並沒有賺到多少錢，但這種事一個人只要幹了一次，就像上了賊船，想下來就不容易了。國債期貨的刺激性、吸引力確實是股票交易遠遠不能比擬的。如果把做股票比作抽菸的話，那麼，做國債期貨就完全是吸毒。一旦上癮，就再也無藥可救了。

我逐漸全身心地投入國債期貨市場，對股票交易再也不感

興趣。剛開始時，還比較謹慎，交易量也不大。過了一段時間，膽子逐漸變大，投入的資金也越來越多。那時候行情波動幅度非常大，加上國債期貨的保證金又低，每天贏虧百分之五六十是極其平常的事。我剛入市投入的那一點錢，不到一兩個星期就賠光了。顯然，我並沒有從這次損失中吸取任何經驗教訓。我滿眼中看到的只是巨大的市場機會，巨大的利潤，相對於國債期貨火爆的行情來說，那點損失算什麼，抓住一次小波動賺的錢就綽綽有餘。

成為行情的俘虜

期貨投機的魅力在於，對於單獨某一次交易而言，即使是一個外行，閉著眼睛進去賭一下，也有50%贏的可能。任何市場新手都有過賺錢的經歷，不會天天輸。儘管從帳戶資金上看，很多人的本金在一天天減少。但是，偶然的幾次交易贏利，會使大多數投機者產生一種幻覺，認為遲早有一天，這些賠掉的錢會重新賺回來，只要堅持下去，還有暴富的機會。

在投機市場，這種心理不但普遍存在於新手之中，即使在市場中摸爬滾打多年的老手，也往往看不清這一點。但這其實是一個邪惡的陷阱。對於大多數人來說，我的體會是，期貨交易的結果——損失，是早晚的事，是一定的，而要把以往賠的錢賺回來，沒有多少人能做到。

但是，有多少人對市場會有如此清醒的認識？在進入市場的初期，我當然也高明不到哪裡去，也是抱著這種不切實際的幻想，在期貨交易這個泥潭中越陷越深，結果難以收拾。這中間當

然也有很多次的贏利交易，否則我也許就不會滿懷希望地堅持下去了。但總的結果是贏少賠多，損失慘重。

在進入國債期貨市場以前，我在股票市場很喜歡從事短線操作。由於股票的風險比期貨小得多，再加上我的短線感覺、技術不太差，偶爾幾次，我就在很短的時間內賺到了不少錢。所以，我在股市的業績相當不錯。

進入國債期貨市場以後，我依然沿用原來短線交易的方法，當然，那時我也沒有其他的交易策略。我每天頻繁地買進賣出，感覺市場要漲就買入，感覺市場要跌就賣出。有時一天可能交易十多次，又買又賣，忙碌不堪。顯然，這種交易方式並沒有什麼道理可言，也不需要對市場長期走勢做仔細、深入的研究分析，只是跟著自己的感覺走，本能地對市場波動做出反應。

當然，每天收市以後，我在家也研究市場的日K線、中長期價格走勢圖。但是，這種研究的目的，也只是為了預測市場第二天的短期走勢到底是漲還是跌，並沒有長遠的打算。

遺憾的是，本來那時候我對交易的認識就很膚淺，所謂的分析和研究也很幼稚，好不容易前一天晚上在家琢磨了半天，對第二天的市場走勢總算有一個稍微客觀、冷靜的判斷，但每每一進入交易大廳，我前一天想得好好的交易計畫立刻被拋到九霄雲外。

行情顯示器就像有一股魔力，我一坐到那兒，立刻就被上面閃爍不定跳動的數字牢牢抓住，完全失去自我，成了市場短期波動的俘虜。行情上漲時，在樂觀、狂熱的市場氛圍的支配下，我的思維、情緒也跟著看漲，彷彿市場會無休無止漲下去，一直漲到天國；行情下跌時，在悲觀、恐慌的市場氛圍的壓力下，我的思維、情緒也跟著看跌，彷彿市場會無休無止地跌下去，一直跌

到地心。

　　我變得不由自主，完全無法控制自己的交易衝動。害怕市場上漲，我卻沒有做多；害怕市場下跌，我卻沒有放空。我不願意失去一切交易機會，在我看來，這簡直是傻透了，明明眼前有賺錢的機會，你為什麼不趕快進場，白白放過呢？所以，只要市場一有風吹草動，哪怕是一個極為偶然的隨機變化，一次小到不能再小的價格波動，我都把它作為入市的機會。

　　風險觀念，這個投機者最需要具備的基本常識，當我進入市場交易大廳以後，已經對我沒有任何約束。在買進賣出之中，我完全被貪婪、恐懼還有希望等心理的因素和人性的因素所支配。

　　小時候我曾看過一個寓言故事，說的是有一個人總是夢想著發大財，一天到晚腦子裡想的都是黃金。有一天，他路過一家金鋪，看見櫃檯上擺了很多黃金。他的眼睛一直盯著那一堆黃金，不由自主地走過去，伸手就把黃金往自己的懷裡裝。

　　當他被送到官府以後，有人問他：「你怎麼會在光天化日之中，去拿人家的東西？難道你沒有看見周圍有這麼多人嗎？」

　　他回答說：「當我見到金燦燦的黃金時，我眼裡只有它，哪裡還有什麼人啊！」

　　之前我一直不太理解這個寓言的含意，覺得它荒誕不經，世上哪有這種人呢？現在回想起來，我在國債期貨市場上的行為，不就是那個古代傻瓜的現代翻版嗎？簡直一模一樣，眼裡只有機會、利潤、金錢，沒有任何內在和外在的約束，沒有任何風險意識。而且，我認為在金融市場中，不論過去、現在、將來，都有許許多多像我這樣的人。金融交易的魔力，使大多數投機者一旦身處其中，就像走進賭場的賭徒，必然會失去最基本的理性思維

能力和自我控制，沉溺於幻覺而陷入無法自拔的境地。

　　就這樣，那一段時間，我不停地在市場中買進賣出，追漲殺跌。有時候賺，有時候賠。賺的時候，幻想著自己的資產一直以這種速度增長，過幾天就會超過比爾‧蓋茨。賠的時候，雖然自己的情緒和目標會暫時低落，但是一旦進入下一次交易，這種不佳的狀態就會馬上被忘記，希望又開始親切地向我招手。

　　這種方式交易，結果可想而知。做了兩三個月的國債期貨，我就賠了一大筆錢。記得有一天，我做多國債期貨316品種，由於沒有經驗，我選擇的這個合約是即將面臨交割的現貨月份。因為現貨月成交清淡，我在短期市場方向判斷錯誤的情況下，根本無法在損失較小的時機及時退場。我手裡拿著7000手[2]多單，一平倉賣出，市場價格就大幅下挫。有一次，因為我的賣單，盤面價格一下子就跌了一塊錢。沒有辦法，我只能抱著一大堆多頭單子，眼睜睜地看著市場價格下跌而束手無策。那一天的損失是我十多年期貨交易中最大的一筆。

　　1995年春節，我是在痛苦和焦慮中度過的，真是度日如年。期市休市了，但我的一大堆虧損怎麼辦，怎麼才能撈回來？我一天到晚想著這一切。春節本是祥和愉快的日子，而我卻憂心忡忡，體會不到任何快樂。我焦急地等待市場開盤的日子，恨不得自己第一個衝進市場，立刻把損失奪回來。為了擺脫煩惱，我每天都花大量的時間製作國債期貨的圖表，畫著各種各樣的線，判斷、猜測市場的未來走勢，希望能尋找到翻本的機會。

2.中國股票交易最小的單位是一手，一手等於100股。

第四章

絕處逢生
國債期貨 3 2 7 之戰

求勝意志強烈的人，
一定會尋求各種方法來滿足其求勝的欲望。

命運有時候用我們的缺點推動我們前進。
——拉羅什福柯《人性箴言》

　　1995年春節過後，懷著強烈的取勝欲望，我又來到交易市場。我覺得我不能被市場打倒，一定要贏，而且也一定能把以前失去的一切賺回來。我不知道我的自信來自哪兒，反正，當時這種預感非常強烈。從後來發生的事情看，這種感覺似乎有點神祕。

　　也許是春節之中整天泡在圖表裡的緣故，因為每天親手畫圖，無意中我培養出了一種敏感的讀圖能力。

走勢圖帶來的交易靈感

　　有一天，我在研究上海國債期貨327合約的走勢圖時，突然來了一股靈感，覺得這是一個典型的上升平臺。

　　上升平臺或者下降平臺，是技術分析的一個常用術語。意思是說，在明顯的上漲或者下跌趨勢中，市場價格運動到某一位置以後，在一段時間裡，市場走勢從前期的單邊趨勢行情演變為橫

向震盪的格局，多空之間達成了暫時的平衡。無論是技術分析的教科書還是以前我在股票市場的經驗告訴我，這種圖表形態不是市場價格見頂的信號，而是市場趨勢暫時的停頓。一般來說，經過一段時間的小幅震盪，市場價格最後很可能沿著原來趨勢的方向前進。盤整的時間越長，往往市場積累的能量就越大，隨後突破形成的爆發力就越強。

最早我有意識地根據這個圖表形態的特點做交易是在上海股市。雖然早已經忘了具體買賣的股票是哪個，但是，這種形態蘊涵的良好交易機會，在我頭腦中印象深刻。我一看到327合約的圖形，就想起了自己以往的經驗。

327合約也是長期上升以後，高位形成了一條狹窄的盤整帶，以147元為中心，在不足一塊錢的空間中，市場價格來回波動。從日K線圖上看，陰線只是偶爾出現，而且又小又短，表示市場做空的力度不足，或者說空頭根本就無力把價格打壓下去。根據這種情況，一旦市場價格突破前一段時間形成的阻力位，後市很可能出現大幅飆升的走勢。所以，做多蘊涵著巨大的潛力。發現了這一點以後，我既激動又緊張，感覺到機會就在眼前，我翻身的日子就要來了。

我著手調整自己的交易思路，不再頻繁地進行短線交易，而是把注意力全部集中在327合約的走勢上，希望抓住這個機會，一舉扭轉前期屢敗屢戰，嚴重虧損的不利局面。

我先試探性地買了一點，但是市場上方的壓力似乎非常沉重。從盤面上看，多空雙方楚漢相爭，兩軍對壘，幾乎到了瘋狂的地步。多頭主力在低位掛了幾十萬手的買單，空頭主力也不甘示弱，針鋒相對，在稍高一點的價位，掛出了幾十萬手的賣單。

誰都想壟斷、操縱行情，但似乎都沒有一錘定乾坤的勝算和把握，能夠輕易地擊敗對手。這種局面僵持了好幾天，市場價格稍稍上漲了一點，但幅度不大。我又加碼買入，因為心裡不太踏實，我也不敢過於大規模地出擊。

接下來很長一段時間，盤面顯示出的氣氛都非常緊張、壓抑，市場價格要上升一個點都極為困難，成千上萬的賣單有時候簡直令多頭窒息。我沒有去打聽消息，也不管市場主力是怎麼想的，只是每天緊緊地盯著市場走勢。雖然我也不敢肯定市場未來一定會上漲，但是一看到自己畫的那張327日K線圖，我就信心百倍，因為我的圖表告訴我，多頭會贏，我固執地堅持著自己的觀點沒有動搖。

1995年2月22日下午，我越來越覺得市場被壓抑得像一座火山，隨時可能爆發，行情向上突破已經迫在眉睫。碰巧，那天下午我的一位朋友到營業部來看我，他知道我有很多327的多頭頭寸，鼓勵了我一下。我的內心似乎受到了某種暗示，我鼓起勇氣、咬緊牙關，又加碼買入。這時，我手中的327多頭合約數量已非常龐大，總量有9000手。

現在想起來，那一天我的行動真是大膽、魯莽之極。也許是初生之犢不畏虎，我根本沒有意識到我承受的風險其實是多麼的大。假如327事件發生的那一天，財政部出臺（編注：制定某種方針或政策，開始正式實行的公告）的消息不是利多而是利空，結果會怎麼樣？在判斷失誤的情況下，我的損失將會多麼巨大？我簡直不敢想像這樣的情形。

也許隨著年齡增長的緣故，市場中經歷過的偶然性太多了，很多事情的評價標準有時反而變得模糊了。我現在也不能完全確

定當初自己的舉動是瘋狂、鹵莽，還是勇敢、大膽？這也許取決於你從什麼角度看。

如果以成敗論英雄，因為最後結果是好的，所以，當時我所做的一切都是聰明的。如果從一個投機老手的立場看，毫無疑問，這種重倉交易、以命相搏的交易手法是自取滅亡之道。偶然的好運這一次可能幫你大忙，下一次就會讓你屍骨無存。後來幾年我在期貨交易中發生的一切證明，儘管有時候保守和謹慎可能是一種束縛人的枷鎖，短期會拖投機者的後腿，但是，從長遠看，保守、謹慎、穩健無疑是期貨交易者的立身之本。

說來奇怪，那一天我持有如此龐大的327多單，內心卻沒有絲毫的恐懼、焦慮和不安，真是印了一句老話：無知者無畏。我很平靜地回到家，在充滿期待的心情中度過了一夜。

「蓋子就要被掀翻了！」

1995年2月23日，這一天，中國金融市場出了一件震驚中外的大事——「327」事件。很多人都不會忘記這一天，一夜之間，有人進入天堂，有人身陷地獄。期貨就是這麼殘酷，多空雙方你死我活，一將功成萬骨枯，成為王敗為寇。就我個人而言，我碰巧站對了隊伍，這一天也就成了我生命中最激動人心的日子。

記得那一天北京的天氣格外晴朗，春光明媚，和風舒暢。正好我弟弟要回浙江，一大早我就把他送到機場。回來的路上，我就已經知道了財政部關於1992年3年期國債貼息的公告消息。我意識到，這一段時間我夢寐以求，一直盼望、期待的事情就要發生了。今天，國債期貨327合約很可能會突破前期多空雙方僵持

的局面，在重大利多消息的刺激下，大幅上漲。

到了營業部，我馬上給中創上海浦東營業部的經理打了一個電話，對今天市場可能出現的情況交流了一下看法。儘管已經過去了十年，他最後說的一句話我依然記得清清楚楚：

「蓋子就要被掀翻了！」

果然，9點鐘上海交易所一開盤，國債期貨各品種就跳高了近一元，而這僅僅是空頭噩夢的開始。我手中持有的327多單有了巨大的浮動利潤。那一刻，我內心的激動、喜悅和興奮簡直難以言說。但是，我當時並沒有變得不知所措，而是非常冷靜、理智和清醒。這兩種矛盾、衝突的東西那一天竟然同時集中在我身上，令人不可思議。到現在，我還對自己在那種場合表現出的鎮定自若的態度感到非常驚奇。我知道，雖然贏利可觀，但現在並不是獲利賣出的時機，相反地，我應該繼續買進。於是我又大膽出擊，以市價買入5000手327合約，我記得成交價格是150元。

這一天，我的交易室中擠滿了人。我在國債期貨上賺大錢的消息一下子就傳開了。營業部的老總，各個部門經理，我認識不認識的朋友都來給我道喜，與我一起分享在一日內暴賺690多萬的那種痛快。

我大約是在151元左右拋出自己手中的327多單，最後只留下了一點319合約的多頭。

這一次的交易利潤彌補了我前一段時間的所有損失，甚至還綽綽有餘。

賭徒永遠不死

人的命運是如此的無常，前一天我還被沉重的虧損壓得喘不過氣來。一夜之間，我鹹魚翻身，反敗為勝，簡直不可思議。後來很長一段時間，好幾次我還會從睡夢中驚醒，懷疑這一切是不是真的。

對我而言，這是一場豪賭。我不知道賭輸了會怎樣，但事實是，我賭贏了。也許，有時候無知也是一個人的福吧。一個非常偶然的原因使我贏得了這場賭博。這一點，即使在當時，我心裡也非常清楚。

然而，一個人一旦獲得了如此輝煌的戰績，無論是旁觀者還是自己，都會有意無意地把這種成功歸因於投機者的主觀因素，而對事件發生的偶然性的一面，視而不見。

這次成功的交易把我從前期虧損累累的困境中解放了出來。但是，它也在我的思想中助長了一個危險的觀念：「期貨交易的損失並沒有什麼可怕的，我總有辦法賺回來。」我明顯地小看了投機市場隱含的巨大風險。

對於一個職業投機客來說，交易是一條漫長的路，局部的輸贏猶如過眼雲煙，實在是一件無足輕重的事。過於拘泥於某一筆交易的得失，對此痛心疾首或者津津樂道，並非是一種聰明、理智的態度，而只能說你對投機市場的認識還很膚淺，還是一隻菜鳥。

《老子》說：「福兮禍所伏，禍兮福所倚。」一個人不可能一直靠運氣在期貨交易中走得很遠，這次偶然的成功確實為我日後的不幸埋下了種子。這是後話，暫且不提。

那一天晚上，朋友們讓我請客，我記得那是在學院路附近的一個傣家餐廳，我所在營業部的三十多個職員擠滿了飯店的大堂。

終於擺脫了春節期間那種焦慮、痛苦的折磨以後，無論是肉體還是精神，我都有一種虛脫的感覺。那一次交易結束以後的很長一段時間，我都沒有去市場。我給自己放了個長假，在杭州西子湖畔和靈隱寺逗留了好幾天，也算是對自己的一種慰藉，對命運的一種酬謝吧。

—— 第五章

苦悶的求索

沒有人給我們智慧，我們必須找到它——這要
經歷一次茫茫荒野上的艱辛跋涉。沒有人能代替
我們，也沒有人能使我們免除這種跋涉，因為我
們的智慧是一種我們最終賴以觀察世界的觀點。

——馬塞爾·普魯斯特

哲學家必須從感覺世界的「洞穴」上升到理智世界。
　　　　　　　　　　　　　　　——柏拉圖

　　當我再次進入國債期貨市場時，327品種已大致退出歷史舞臺。市場多空雙方在交易所的斡旋下開始協議平倉。319品種成了國債期貨最後的瘋狂絕唱。

　　擺脫了前期重大虧損的困擾，我的心裡感到格外輕鬆，開始重新活躍在國債期貨市場上。這時我已經逐步認知到在期貨交易中完全憑市場感覺，或是過於頻繁的短線操作，都難以取得成功。我希望更進一步地理解市場，把握市場活動的脈絡，找到投機取勝的規律。

　　我盡可能找來所有關於投資的書籍，認真研讀。可惜，那時這方面的相關書籍少得可憐。有時好不容易看到一兩本關於投資的書，層次也很低，大多數是關於市場技術分析以及價格預測方面。關於投資理念、交易策略和投資者心理等較高深層次的交易問題，通常不會在書中被提及。因此，實在很難解決作為一個實際操作者心中的許多疑問。現在市場上有大量國外翻譯過來的投

資名著，也有不少中國投資者的著述，這種多樣豐富的情景在當時簡直不可想像。從某種意義上說，這也反映出這些年來中國金融市場的重大進步，投資者的整體素質有了大幅度的提高，投機者的眼光、知識已今非昔比。

記得當時最流行，最受歡迎的書是臺灣作者張齡松寫的《股票操作學》。雖然這本書也是有關市場技術分析，但內容比較系統，寫作層次由淺入深，通俗易懂。我曾經花了很長時間來學習、研究書中介紹的各種市場預測工具，包括K線、移動平均線、乖離率以及傳統的圖表形態知識等。應該說，這本書為我在市場價格預測、技術分析方面打了個基礎，在後來的交易中對我有一定的幫助。

1994、1995年，大多數股票、期貨市場參與者的投資知識少得可憐，對市場交易的認識也很幼稚。因為投資書籍極度匱乏，好不容易買到一本這方面的書籍，往往欣喜若狂，甚至會把它當作枕中祕寶而不肯示人。至於書中內容是否準確，有沒有價值，一般人並沒有足夠的辨別能力，甚至很少考慮這個問題。在我剛買到《股票操作學》時，完全是把它奉為圭臬，視為絕對真理接受一切內容。

走火入魔

由於自己對投資交易的認識太膚淺，讀書的目的完全是想從書中找到某種預測市場、戰勝市場的祕訣、技巧，所以，從某種意義上說，當時讀完這本書以後，非但對我的操作沒有幫助，反而使我在期貨交易上走進了一條預測致勝的死胡同。書中第

三章有關Ｋ線理論的那部分，作者詳細闡述了用一根Ｋ線、兩根Ｋ線、三根Ｋ線分別預測市場第二天、第三天、第四天走勢的理論，還從臺灣、香港的證券市場中抽取了大量的案例作為證明，看似科學，彷彿確實可以提前預測市場的未來，一切都在投資者的掌控之中。實際上，這些理論有些誤人子弟。

作為一個投機市場的新手，作者介紹Ｋ線的這種神祕預測功能對我的誘惑簡直太大了，很長一段時間，這種貌似科學的思維模式讓我對預測市場短期價格走勢走火入魔，欲罷不能。

你知道，一個投機市場新手最渴望知道的事情是什麼？

是股票、期貨價格的長期走向？

不！

是下個階段或者下週股票、期貨價格的中期走向？

不！

一個投機新手最想知道的是短期之內市場價格會怎麼樣，是上漲還是下跌，稍微長遠一點的事情他完全不會去思考，也不感興趣。這是包括當時的我在內的大多數市場新手們近乎永恆的心理狀態。

所以，任何可以預測市場短期價格變化的工具、祕訣和技巧，總是能受到人們最熱烈的歡迎。在他們眼裡，這是最真實的，能夠馬上得到檢驗，迅速看見效果。而趨勢、長線這些代表市場中長期運動方向的交易理念，往往因為無法讓投機者有立竿見影的賺錢效果而顯得虛無縹緲。

確實，誰不想在最短的時間裡快速獲利呢？大多數股票、期貨市場的投資者，本來就是抱著這樣一個輕鬆發大財的目的和願望來做交易的。

所以，當我一看到《股票操作學》時，立刻被書中第三章的K線理論牢牢吸引住了。用一、二、三根K線就能預測市場短期走勢，這不正是我夢寐以求、最渴望了解的事情嗎？國債期貨市場每天的價格波動反復無常，如果我能夠學到書中的預測技術，提前準確知道未來一段市場的價格變化，那我將會賺多少錢？

　　我刻苦地鑽研書中的所有相關章節，把《股票操作學》中列舉的十多種標準K線圖形及其後市預測結果牢記於心。每天收盤以後，我就拿著當日國債期貨的實際走勢圖和書中標準的K線圖形相對照，試圖預測第二天的市場走勢。做這種事情就像猜謎，雖然我內心也不敢肯定這種預測結果是不是準確，但還是滿懷希望地沉溺其中，樂此不疲。

　　結果當然是有時候準確，有時候完全不是那麼回事。就像閉著眼睛往地上扔一枚硬幣，頭像朝上和朝下的概率都是50%。

　　現代心理學的研究表明，人的記憶是有偏差、有選擇性的。我當時肯定是誇大了這種預測方法中成功的次數，而有意無意地縮小了預測錯誤的次數。我想當然地認為，《股票操作學》在港臺兩地已經再版了幾十次，被無數投資者廣泛接受的情形說明，這本書的科學性和權威性是毋庸置疑的，所以，它所提出的市場預測方法，肯定是準確而行之有效的。

　　所以，每當根據這種預測理論作了一筆獲利的交易，我完全沒有想過也許只是我的運氣好，碰巧矇對了，反而是將獲利完全歸功於《股票操作學》教授給我的高明技術；而當預測出現失誤，市場實際走勢和書本的結論背道而馳時，我總是責怪自己學習不夠用功，學道不精，沒有真正領會作者的深刻思想，卻從未懷疑過這種預測方法和思維模式本身有什麼問題。就這樣，這套食之

無味、棄之可惜的預測工具我持續使用了好長一段時間。

交易的心路歷程

　　投機市場中，每一個參與者都會有意無意地運用某一套市場預測理論，作為交易決策的依據。至於這套理論是否有科學的統計資料為依據、是否以概率法則為基礎、是否真的有用，沒有多少人能說清楚。然而，投機者依舊會按照這些似是而非的概念行動。

　　為什麼呢？

　　一個人總不能平白無故地在市場中做出買賣行動吧！他需要某種權威、某種依靠、某種標準，作為交易決策的依據。至於這種權威、依靠、標準本身是否可靠，是否值得信賴，這並不重要。重要的是，在一個不確定的世界，如果沒有這一切，投機者就不知道什麼時候可以進場，什麼時候應該出場，面對市場波動時就會變得不知所措。

　　對期貨交易本質的認識是一個漸進的過程。任何一個市場新手，在進入投機市場的初期，難免會有這樣的想法：市場價格波動是有規律的，交易成功的關鍵是找到一套科學的預測理論、預測工具，市場交易的成敗取決於市場預測的成敗等等。從預測制勝到重視資金、倉位的風險管理再到提升投機者的心理、人生修養，是一條漫長而痛苦的路，並不是每一個人最終都有緣走到這一步的。

　　所以，憑心而論，我也不應該過多地責怪《股票操作學》的作者。畢竟我還是從書中學到了不少有用的東西。正是我對市場

交易認識的膚淺，使我當初誤把《股票操作學》中介紹的K線工具當作戰勝市場的靈丹妙藥。所以，即使那時我不使用《股票操作學》中的K線預測理論，也會從別的什麼地方弄來一套同樣貌似科學的理論，作為自己行動的指南。我的交易損失正是起因於這種市場理解和思維模式本身的缺陷，不能怪罪任何人。

那一段時間，我從各種地方學習了不少有關市場交易方面的知識，但是，一當進行國債期貨實際操作時，我總是覺得心裡沒底。國債期貨價格盤面波動速度快、幅度大，我多麼想抓住每一次市場波動帶來的機會啊！但是，我所學的知識似乎並不能對此給出合理的解釋，也不能為我的操作、決策提供有力的支持，讓我放心大膽地行動。

無奈之中，為了跟上市場運動的節奏，我只好又回到原來的交易模式，憑本能和感覺頻繁地短線操作。有時候，我一天進出市場幾十次，有的交易賺，有的交易賠。不到收市，我根本不知道這一天的結果是輸是贏。情緒、感覺、心態良好的日子，我的交易如魚得水，像個絕頂高手，一買入，市場就漲；一賣出，市場就真的下跌。記得有一天，我一共做了十二筆交易，只有一筆不賺不賠，其餘十一次我都有贏利。其中的一次交易，我剛買入市場價格就大幅度飆升，大約只有幾秒鐘，我就賺了20多萬。反之，在情緒、感覺、心理不佳的日子，我彷彿進入了一個暗無天日的世界，做什麼，賠什麼，瞎折騰一天，累得像一條狗，結果卻是一塌糊塗。

1995年3、4月份的國債期貨交易中，我每天在市場中大賺大賠，總的結果卻不盡人意，只能勉強保持本金不虧。我對自己的這種交易狀況非常生氣，開始對這場毫無取勝把握的遊戲感到厭

倦。我不想放棄交易，但是面對著不可捉摸、反復無常的市場變化，我又毫無辦法，沒有任何戰勝市場的策略和方法。很長一段時間，我陷入深深的苦惱之中。

到處求解的階段

有一天，隔壁大戶室的一位朋友走進我的房間。我問他：「你是怎麼預測市場走勢的？」

他在我的電腦鍵盤上一頓亂敲，調出了一個KD指標。

「你看，這個技術指標多靈，下面一交叉，你就買入，上面一交叉，你就賣出。」

我仔細看了一下他指示的圖表，簡直不敢相信自己的眼睛。他說得一點也不錯，看上去這個指標真是神奇極了，完全捕捉到了市場一段時間的漲跌變化。如果按照KD指標發出的信號操作，幾乎每一筆交易都是低點買進，高價賣出，賺錢就像從地上撿錢一樣容易。看到我的那位朋友如此輕而易舉地解決了我百思不得其解的難題，我覺得自己彷彿是個白痴，根本不知道交易是怎麼回事。

不過，也就過了兩天，我就發現那個朋友的這套系統好像有問題。不，簡直是毫無用處！粗粗一看，市場價格的高低點和KD指標的高低點亦步亦趨，配合得天衣無縫。市場價格在高點，KD指標也在高位；市場價格跌到低點，KD指標也在低位。但是，這只是人的一種視覺偏差。其實，它們是不同步的。市場價格出現高低點的時間領先於KD指標。人的肉眼很難發現這種偏差，但我一按照這個指標交易，立刻就發現了問題。

我不知道我的那位朋友是怎麼運用這套指標操作的，記得這位朋友畢業於中國人民大學。最後一次聽到有關他的事情是在半年以後，可能是在1995年底，聽說因為透支交易，他被營業部強行平倉，虧了60多萬元。

　　雖然這一次經歷很有趣，但我並沒有從中學到什麼東西。我越來越討厭自己在操作中盲目地買進賣出，就像賭博，一點勝算也沒有。我有一種強烈的欲望，一定要學到一種能夠預測市場盤面變化的技術。

　　我開戶的證券公司的總經理老羅是我的朋友，他也炒股，平時經常到我的房間來聊天。有一天，我指著螢幕上的行情和曲線問他：

　　「你有什麼辦法能預測每天的市場走勢？」

　　羅總年齡比我大幾歲，他管理著我們這個頗具規模的股票營業部。因為每天都看著大量的股民買進賣出，他自己偶爾也會做點股票。我想當然地認為，他肯定比我懂得多，有可能為我指點迷津。

　　對我這個大客戶提出的問題，羅總也不管自己是不是真的能夠回答，似乎沒有想太多就給我解釋了他個人的一些看盤經驗。羅總究竟是怎麼回答的，我已經記不清了。但是，我記得我對他的回答明顯不滿意，覺得他的說法完全是陳腔濫調，一點也不能幫助我解開心中的疑問。

　　現在想起來，我當時向羅總求道解惑確實是緣木求魚，非常可笑。羅總是一個營業部的管理人員，而不是股票、期貨的職業炒手。我心中的問題，是一個操盤手面對不確定的市場變化所帶來的沮喪、無奈和困惑，這是一個初級階段投機者提出的錯誤

的、也是近乎無解的永恆難題。作為一個局外人，他是不可能完全體會和理解的，更無法做出令人滿意的回答。

十多年以後的今天，如果重新審視這個問題，我的認知是：預測制勝是一條不可能成功的交易歧路，世上沒有一個人、一種工具可以準確地預測市場的未來變化。市場交易是一個動態、系統的控制過程。理解市場價格變化、判斷未來走勢只是成功交易的一個環節，而且應該不是最重要的環節。在實際操作中，每一次交易投入的資金多少；情況不利時如何處理、有利時如何加碼；加碼後出現有利或者不利情況如何應對；贏利的交易要如何既不由盈轉虧，又能不喪失一旦市場出現大波動帶來的暴利等等，應對這些問題的技巧、策略和方法，遠比僅僅希望準確的預測市場走勢重要得多，需要投機者有一套完整、系統的交易思路。

也許羅總對自己的解釋也有點心虛，於是他說幫我找一個高手來回答我所苦惱的問題。

「你說的這位高手是誰？」我好奇地問

「上海營業部投資部經理，我的學生李初豪。」

「李初豪，是不是深圳那個有名的股評家？」我問。

羅總點了點頭。我對羅總有這麼個出色的學生感到很驚奇。

李初豪的文章我在《證券市場週刊》早就拜讀過。我對他印象很深，知道他精通波浪理論，很有才氣，是當時中國股評界大名鼎鼎的人物。我對自己能和李初豪見面非常高興，那一段時間，我一直期待李初豪能快點來北京。

過了幾天，在羅總的邀請下，李初豪來到了北京營業部。他先在樓下的交易大廳為股民們上了一堂波浪理論課。傍晚，羅總安排我們在營業部附近的一個飯店見面。剛見到李初豪時，我心

裡頗感詫異。在我的想像中，他的年齡肯定比較大，應該有一種老成幹練的氣質。實際上，李初豪非常年輕，體態文弱，一股書生之氣。

當羅總介紹我們相互認識時，看到李初豪比我還小好幾歲，雖然心裡覺得有點彆扭，我還是叫他一聲「李老師」。李初豪對我主動稱他為老師似乎有點吃驚和不安，連忙很謙虛地對我說：

「其實我應該叫你老師。」

一番寒暄以後，我剛想問李初豪關於市場價格預測、交易方法等方面的問題。李初豪竟然對我說了這麼一段話，讓我目瞪口呆：

「前一段時間，我在場內做紅馬甲（編注：中國證券交易所的交易員，因穿紅背心而得名。）接過你很多單子，對你的交易方式非常佩服。你的交易很有個性和特點，臨場反應快，做單乾淨俐落，膽量和氣魄更是一流。」

可以想像，這種略帶恭維性質的話，誰聽了都會非常舒服，尤其是從一個自己心目中的偶像口中說出來時，簡直讓人有點飄飄然。我知道自己碰巧在2月份賺過一筆大錢。但是，無論是對在此之前還是之後的交易，我自己都非常不滿意：短線頻繁操作，毫無章法。我之所以急切地想見到李初豪，就是想請教他，怎樣在國債期貨交易中發現市場價格波動的規律，找到克敵制勝的方法。我當時的想法是，李初豪肯定很清楚這一切，會對我今後的操作有巨大的幫助。

當他對我說了這麼一番評價極高的話以後，我突然意識到，人和人之間，有時候確實存在著一條巨大的鴻溝，相互之間很難完全理解。我清醒地意識到，自己的交易方式有重大的問題，迫

切需要解決。但作為一個旁觀者，李初豪先生似乎無法體會到我內心深處的那種困惑和迷茫，也不知道我的交易存在什麼問題。也許那是一種錯覺，他只注意到了我獲利的一些交易，比如我在「327」戰役中的輝煌戰績，而忽略了我大量虧損的交易，不知道總的交易結果我是在虧錢，從而，想當然地對我的交易模式肯定有加。

那一天晚上，在李初豪對我說了那一段話以後，我再也沒有向他請教有關交易方面的問題。倒不是我害怕自己問出一些幼稚的問題來讓人笑話，而是我感到，有些問題，即使我問了，也可能不會有什麼結果。我自己身上存在的問題只有我自己才最明白，也只有依靠自己才能徹底解決。

接下來的幾天，李初豪在北京營業部幫羅總做了兩筆交易，我很在意他的操作方法。當時，國債期貨的各個品種都在瘋狂地上漲，幾乎每天都是大陽線收盤。顯然，李初豪是一個中長線趨勢交易者，他在買入以後一直拿著多單，一動不動。只是偶爾看一下行情，好像是在他離開北京的那一天，才平倉離場。

市場變化喜怒無常

1995年4、5月份，上海、深圳的國債期貨到了最狂熱的階段。從圖表上看，市場中長期趨勢非常明顯，價格每天都在大幅上漲，投機者只要買進並長期持倉，幾天時間就有可能獲得豐厚的利潤。但是，從實際操作的角度看，這個錢也不是那麼好賺的。一是事先誰也不敢肯定，市場價格如此瘋狂地持續上漲能夠持續多久，會不會突然反轉？二是那一段時間，市場價格一天之

中的盤中震盪幅度非常驚人，每天都會有好多次從低點到高點的來回震盪，且變化速度非常快。做多的投機者儘管大方向上沒有問題，但是，坐在這上上下下，讓人心驚肉跳的電梯中，又有幾個人能夠真正做到穩如泰山，毫不懷疑地持倉不動？

　　有一次，我的朋友在168元做多319國債，連續三天，市場價格每天漲幅都超過兩元，他一直拿著多單，沒有平倉。第四天，319合約一下子從174元暴跌到168元，我的朋友在驚慌之中，不得不在168元狼狽逃竄。巨額的浮動贏利得而復失，就像坐了一次過山車。由此可見，當時市場的短期變化是多麼的喜怒無常。

　　自從2月份在327國債賺了一筆錢以後，3、4、5這三個月，我在國債期貨的搏殺中毫無建樹。319合約凌厲的漲勢、市場參與者狂熱的投機心理，讓我每天都在提心吊膽的日子中度過。我覺得市場早晚會出事，但是不知道危險會來自哪裡。

　　我一直希望改進自己的交易方法，找到一條投機取勝的路，但是，一直沒有突破，無法取得任何進展。新的交易辦法沒有找到，我只能沿用原來的老套路——短線交易。當時國債期貨市場的走勢，讓多空雙方都不踏實。雖然市場價格漲得有點離譜，但每天依然還在漲。做空，一不留神就會馬上被套住，如果不及時認賠，損失將會非常慘重。做多，確實順應了市場趨勢，但是拿著多單過夜，卻令人心驚膽顫，無法入睡。萬一大勢反轉來不及逃跑，很可能賠得傾家蕩產。這種巨大的矛盾，讓很多市場參與者都縮手縮腳。我也變得非常謹慎，不敢胡亂操作。後來，在國債期貨關門時，我的保守、謹慎也使我逃過一劫。那一天，我既有多頭也有空頭，多空相抵，在交易所強行平倉時沒有遭受莫名其妙的巨大損失。

1995年5月18日，政府高層終於無法容忍國債期貨幾乎完全失控的局面，決定停止國債期貨的交易。消息傳來後的第二天，期貨市場已經不開盤了，而原來跟著期貨行情像火箭一樣上升的上海、深圳國債現貨市場，表演了一齣高臺跳水的戲劇，國債價格一天暴跌三、四十元。世事真是難料，昨天還是白馬王子，今天突然變成了街頭乞丐！

319國債從141元起步，最後竟然漲到了191元，前後只用了不到三個月時間。當初我曾經在141.7元持有7000手多單。如果那一段時間，我一直拿著這些單子，在191元平倉，我會賺多少呢？市場價格每上漲2.5元，我的投資本金就會翻1倍，三個月我將獲利19倍以上。

圖5.1　319合約走勢圖

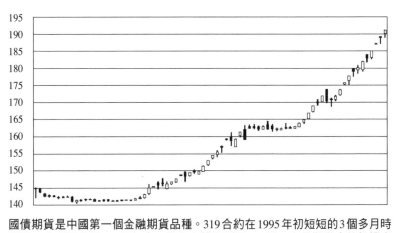

國債期貨是中國第一個金融期貨品種。319合約在1995年初短短的3個多月時間裡，市場價格從141元起步，最後竟然漲到了191元。中長期做多的投機者只要靜靜地坐在那兒，就能獲得難以想像的暴利。而我自作聰明，每天在盤中忙忙碌碌地買進賣出，結果卻什麼也沒有得到。

實際上我的交易結果怎麼樣呢？3、4、5三個月時間，我在市場中忙進忙出，市場一有上漲的跡象就立刻搶入，一有下跌的徵兆就立刻拋空，看起來思維敏捷、頭腦機靈、行動快速，實際上卻完全是一個大傻瓜的做法。我禁不住市場短期大幅波動的誘惑，幻想抓住市場每一次大大小小的變化，什麼機會都想抓住，什麼機會都不肯放過，結果卻是一無所獲。

　　我擁有雄厚的投機資本，又面臨這種歷史性的機遇，如果當時有一套成熟的交易思路、方法、技術，應該可以在這場遊戲中取得巨大的成功。但是，進入投機市場初期的那幾年，我的頭腦中根本沒有這樣條理清晰的交易章法。我在本能、無意識的支配下，每天在市場中忙忙碌碌，希望實現自己的目標，結果卻離我的初衷越來越遠。

　　歷史性的機遇往往可遇而不可求，激起國債期貨千層巨浪的市場氛圍已經不復存在，對一個投機者來說，一旦擦肩而過，只能悔恨終身。經過這十多年，中國市場的政治、經濟、法律等外在環境發生了重大的變化，投資者也越來越成熟和理智，風險意識有了明顯的提高。即使以後有一天重開國債期貨，似曾相識燕歸來，我們也無法想像，這兩者之間還能有多少相似之處。

交易廳的一聲尖叫「幫我平倉！」

　　在國債期貨交易的鼎盛時期，市場內到處流傳著一個個一夜暴富、令人驚羨不已的神話故事。一個小人物以很小的資本起家，在市場中像滾雪球一樣越積越大，短時間賺了成百上千萬。這種事情很可能是市場狂熱階段人們虛構出來的，也可能確有其

事。我所在的營業部，大多數人似乎還是在虧錢。

記得營業部裡有一個老頭，長得胖墩墩的，剛來的時候握有一百四十多萬元資金。在國債期貨上漲的初期，老頭就覺得價格漲得太高了，嘗試做空，所以屢戰屢敗，一直虧錢。有一次，他剛賣空，市場價格就像變魔術一樣，迅速衝到漲停板附近。他在我隔壁的房間對著報單小姐大聲喊：

「幫我平倉！」

絕望之中的那一聲尖叫，讓我現在對這個可憐的人還記憶猶新。可惜，一切都已經來不及了，市場價格牢牢地封在漲停板上。

接下來的幾天，市場每天一開盤就漲停，空頭欲哭無淚。那個老頭帳戶上的保證金早已賠得一分不剩，到最後被強行平倉時，他欠了營業部好幾十萬元。

最慘的是，老頭到這時還不死心，還想在國債期貨上翻本。他不知從哪兒又弄來了40萬元，以他妻子的名字在羅總他們營業部開了一個交易帳戶，也就做了一兩次交易，羅總就把老頭的帳戶給凍結了，說是要拿這些錢去彌補他前一段時間穿倉時的虧損。老頭當然不樂意。那幾天老聽到他們兩人在那兒吵，公說公有理，婆說婆有理，也不知道事情最後是怎麼解決的。

我旁邊房間有一個姓湯的客戶，確實在國債期貨上賺了大錢。他來的時候，只帶了一張600萬元的支票，也就一個多月的時間，到國債期貨停止交易時，他就拿走了1800多萬，也順便把我們營業部中楚楚動人的報單小姐帶回了家。

那是一段非常奇特的歲月，有許多人在極短的時間就取得了令人難以置信的成功。想想，國際金融領域的投機大師索羅斯、巴菲特每年的贏利率也只有30％左右（複利），和我們國債期貨

的一些炒手相比，簡直是小巫見大巫，不值一提。在國債交易中，看對行情，幾天之內資本翻個一兩番是件極尋常的事。那些只賺了30％、40％利潤的人，幾乎都不好意思和別人說自己賺了錢。

不過，十年以後，有一次我在網上看到這樣一條資訊，有好事者公布了一份詳細的名單，也不知道他從哪裡得知這些東西。據說，當年在股票、國債期貨市場上賺過大錢的人，90％的人結局都不太妙。有坐牢的、有破產的、有逃亡的、有杳無音信的等等。這麼一看，索羅斯、巴菲特還是了不起，他們在股市、期市這種凶險殘酷的地方縱橫馳騁幾十年，而沒有翻船，還好好地活在那兒，積累了富可敵國的龐大財富，確實不是一般人可以望其項背的。

英雄比氣長

投機市場中，一個人偶爾一段時間賺一筆大錢也許並不難，難的是一直穩穩當當地賺錢，並且還能夠守得住這些賺來的錢。

當年國債期貨市場中呼風喚雨的主力機構如今又在哪兒呢？

327事件的空頭主力萬國、遼國發，早在1995年2月23日那一天就已經不在了。說他們死得冤，確實冤。沒有財政部當時的那個突發性貼息政策，他們的巨型戰車不可能在一夜之間倒下。說他們死得不冤，一點也不冤，可憐之人必有可恨之處，誰讓他們當初自以為是，如此狂妄、囂張、不可一世的呢？我進入國債期貨市場第一天的下午，短短幾分鐘之內，這幫主力機構就在市場中掀起滔天巨浪，市場價格瞬間暴跌三四元，有多少散戶朋友

被逼爆倉，死於他們的踐踏之下？「可憐無定河邊骨，盡是深閨夢裡人」。

他們藐視法律，操縱行情，玩弄市場於股掌之中，所作所為根本不遵循公平、公正、公開的市場原則，完全是光天化日之中公然搶劫，和綠林大盜、銀行劫匪的行徑有何分別？

327事件發生的前一段時間，盤面上每天都黑雲壓城，幾十萬手的空單氣勢洶洶地掛在那兒，讓人喘不過氣來，這都是誰的傑作呢？當然是空頭主力。他們仗著自己財大氣粗，企圖壟斷、操縱市場行情，謀取暴利。這種豪賭，無論是一個人還是一家公司，如果贏了，肯定還會想方設法去尋找下一個對手，一直幹下去。夜路走多了難免碰見鬼，出事是早晚的事。

更令人震驚的是，十年以後，當初327事件中威震天下的另一個市場主角——多頭主力中經開公司，也進入了破產者的行列。公司老總也和當年萬國證券的管金生一樣，身陷囹圄。歷史真是驚人地相似。

關於中經開公司，當年我曾經聽說過這樣一件事情。據說，中經開公司因為有著獨特的背景、雄厚的實力，在國債期貨交易中簡直是戰無不勝，打遍天下無敵手。自然，中經開公司的營業部也因此紅得發紫，成了許多國債期貨客戶非常嚮往的地方。你想，有這麼一個在市場中呼風喚雨的多頭主力掛帥，營業部的客戶只要尾隨其後，簡單地按照中經開的方向操作，即清一色地做多頭，賺錢還用費吹灰之力？但是，中經開公司的營業部當時是一個頗為神祕的地方，能夠進入這兒的人可不一般，開戶資金500萬元那是最起碼的條件，而且還要和公司有點特殊的關係才行。

中經開公司不但是327事件的大贏家，也是後來中國金融市

場中一系列事件，如長虹事件、東方科技操縱案等的主角。他們從市場中可是實實在在地賺過幾十、上百億，他們最後怎麼可能到了資不抵債的地步呢？所以，當我第一次聽說中經開破產的消息時，簡直不敢相信自己的耳朵。後來一想，全明白了。中經開絕非死於市場投機造成的損失，而是因為公司中老鼠太多、太多。

很早以前，我就曾經聽說過相關的兩件事：一是在國債期貨火爆時，有很多大機構的核心人物在公司巨額資金投入市場以前，往往自己會先做一些單子。然後，在公司巨量買賣單推動市場走勢時，自己輕鬆獲利出局。內幕交易，使國債期貨市場變成了他們的提款機。有人告訴我，在國債期貨的短期走勢中，經常會有一些莫名其妙的大幅跳動，尤其是在市場開盤和收盤的時候，這就是為了配合某些人的低買高賣。二是在中經開公司破產的前幾年，員工就已經換了好幾波，公司的元老們早已腳底抹油，悄然走光。

早在進入投機市場的初期，我就非常痛恨那些卑鄙、齷齪的老鼠行為，我認為一個人在股票、期貨市場應該光明正大，憑自己的本事賺錢。很多年以後，我逐漸意識到，在股票、期貨交易中，一個人要憑本事、憑智慧從市場中賺到錢，實在不是一件容易的事。

投機事業的成敗未必和一個人付出的努力成正比，這一點我以前不太明白。在市場交易中，有數不勝數的理由會使你遭受慘重的損失，偶然的、必然的；客觀的、主觀的；外在的、內在的等等，其中很多問題是投機者自身不能控制的，只能無奈地接受命運的安排。

很長一段時期，面對一次次令人沮喪、令人絕望的交易結

果，我對自己憎恨到了極點，誤以為所有這一切的原因完全在自己身上，例如，自己被恐懼、貪婪的情緒所支配而做出不理智的事情；交易理念不正確；市場判斷失誤；風險控制不力，等等。後來意識到，這一切確實也是自己身上存在而又很難克服的毛病，但是，過多地苛求自己、責備自己，甚至自我懲罰、自我折磨，對自己也並非客觀、公正。

在早期中國股票和期貨市場，市場操縱盛行、政策法規朝令夕改、偶然性突發事件接連不斷，普通投機者生存環境之惡劣，簡直令人難以想像。任何人只要趕上一次意外事件，就可能一命嗚呼，這些外在的因素幾乎對投機者的命運起著決定性的作用。在這種情況下，一個人投機結果的成敗，怎麼能夠簡單地完全歸結於投機者自身的某些內在因素呢？金融市場一旦失去了「公開、公平、公正」的基本原則，必然成為少數惡魔的天堂，大多數良善的地獄。

第六章

紙上富貴一場夢

投機者隨著價格的上漲而越來越樂觀，隨著價格的下跌而越來越悲觀，因此從本質來看，只有少數投機者能保持常勝不敗，而且沒有人有理由相信在其他多數同道都將失敗的情況下，他自己卻總是能成為贏家。

——班傑明・葛拉漢

我們渴望的事情不可能發生，或者即使發生，
也不在恰當的時間和地點。總之，永遠不會令我們感到幸福。
——拉布魯耶（La Bruyere）

1995年5月18日，國債期貨被停止交易以後，大量游資立刻掉轉槍口，殺入上海、深圳股票市場。在此以前，這兩個市場一直低位震盪，半死不活。

也許是國債期貨市場狂熱的牛市氛圍、投機者凶狠的操作手法傳染到了股票市場，連續三天，上海股票市場就像吃了興奮劑，上證指數一下子從600多點漲到了900多點。

雖然從1994年10月開始，我一直把自己的注意力集中在國債期貨上，在期貨市場浴血苦戰，但我在股票市場還有大量的投資，並沒有完全忽略這個市場。那時，我在投機資金的分配方面是比較明智的，大多數投入到風險比較小的股票市場，小部分從事國債期貨投機交易。只不過從1994年10月到1995年518行情之前，股票市場的走勢實在乏善可陳，沒有大的波動。我手中持有的大量股票，要嘛被套牢，要嘛只是賺點小錢，我確實沒有耐心一天到晚盯著它們。

每天國債期貨交易的刺激、興奮，也使我幾乎忘記了自己手中持有的一大堆股票。所以，當股市大漲的行情突然來臨時，我心理上還沒有完全適應過來。

上證指數漲到900多點時，我手中持有的股票有的已經翻了一倍多。8元多買的中山火炬，這時已經漲到19元。短短幾天，那些股票彷彿從醜小鴨變成了白天鵝。我突然擁有了龐大的帳面利潤，大約900多萬，超過了我在國債期貨327事件中賺的錢數。

那幾天，幾乎所有的人都相信，國債期貨市場上那種洶湧的、垂直的上漲走勢將在股票市場重演。當時流行的說法是，多頭將進行「逼倉」式的買入，完全不給那些賺了點小錢就逃跑的空頭們再次低價買入的機會。手中沒有股票的人，要嘛不惜代價，高價追買，要嘛只能眼睜睜地看著別人賺大錢，自己像個傻瓜一樣被牛市行情所拋棄。

在狂熱的投機氣氛中，我也不可能免俗，牢牢地被市場情緒左右，滿腦子充斥著這些極為樂觀的想法。我當時認為，這一波行情漲到1200點應該沒有什麼問題。所以，在市場連續飆升的走勢中，雖然擁有龐大的帳面獲利，我拋出的股票數量卻極少，不到總數的20％，我等著賣高價，到1200點再拋出去。

又是一次意外事件！

股票、期貨市場的意外事件總是來得不是時候，這次也一樣。當我拿著計算器，正在統計市場到了1200點時我會賺多少錢，並且設計著怎麼用這些還沒有到手的利潤再次投資賺大錢時，一個意外事件再次把我拉回冰涼的現實世界。

上證指數漲到927點的那天晚上10點多，我突然接到一個朋友打來的電話，他告訴我一個壞消息，國務院覺得股票市場這幾天又玩得有點過火了，出臺了一個臨時政策，嚴厲打擊股票市場的過度投機。我知道自己又有麻煩了。

　　第二天上午，股市一片混亂。上證指數跳低開盤100多點，而且還在不斷地下跌。一夜之間，我龐大的帳面獲利不翼而飛。我像做了一場夢，剛要拿到一筆大錢，突然醒了，一切又隨夢而去。雖然那一天上午，我把股票全部賣出，還會有一點收穫，但是，前一天900多點時我都沒賣，現在一下回到了700多點，我拋出股票的興趣一點也沒有了。

　　這是一個典型紙上富貴的案例。如果說有什麼教訓值得吸取的話，無非是再一次印證一個投機市場前輩說的話：「兩鳥在林不如一鳥在手，意外暴利要立刻了結。」

　　這一天，我唯一操作的一支股票是鞍山信託，這件事說起來至今還令人難以置信。

　　在上海證券交易所掛牌的所有股票中，我最情有獨鍾的是鞍山信託。1994、1995年，鞍山信託作為當時市場中唯一的一支金融類股票，股性非常活躍，一直在一個大的箱體上下震盪。它的低點大約是7、8元，頂部大約在13、14元附近。每年，鞍山信託都會在底部和頂部之間來回遊走好幾次，給投機者提供良好的交易機會。

　　鞍山信託在股市中的表現，有時候像個獨行俠，並不怎麼理會大盤的走勢，而是有自己的運動節奏。聰明的投機者，只要稍有一點耐心，在它波動區間的中間位置以下買入，即使暫時被套住也不要緊，過一段時間不但能解套，而且還有利可圖。鞍山信

託的這種走勢特點，非常適合像我這樣的中短線投機客。記得在1994年10月的股市黑色風暴中，上午我以6.8元的價格買進十多萬股鞍山信託，下午在9元附近獲利賣出。那幾年，我確實在這檔股票上賺了不少錢。

這次股市暴漲行情出現以前，我手頭就持有大量的鞍山信託，大約是17萬股。上證指數漲到900多點的那一天，不知什麼原因，鞍山信託停牌休市一天。這意味著，那一天每一個持有鞍山信託的股民，只能眼瞧著其他股票暴漲，自己手中的股票卻因為停止交易，無法分享市場這種普遍性的漲勢。如果那一天不停牌，以鞍山信託莊家的實力、氣魄，這檔股票漲個兩元應該毫無問題。

莊家也有犯傻的時候？

令人驚奇的是，重大利空消息襲來的這一天，其他所有股票一開市就跌得慘不忍睹，幾乎完全抹殺了前一天的漲幅，而鞍山信託一開盤卻上漲了兩元，好像是為了彌補昨天因為停盤而沒有上漲的委屈。萬綠叢中一點紅，那一天鞍山信託開盤時的走勢格外搶眼。顯然，鞍山信託的莊家反應比較遲鈍，似乎還沒有從強烈的牛市情結中清醒過來，對當天市場出現的災難性事件的後果估計不足，依然把鞍山信託的價格推到了相當於上證指數900多點的高度。而且，盤面上的買單數量極大，有幾十萬股。

開盤不到5分鐘，我就把自己手中的17萬股鞍山信託全部「送」給了莊家。

前一天晚上，當朋友告訴我股票市場不妙的消息時，我的心

情糟糕極了，我立刻意識到市場完了，對第二天的股市行情已不再抱任何希望。我做夢都沒有想到，手中的17萬股鞍山信託能以這麼好的價格脫手。我不知道那一天莊家是怎麼想的，為什麼要把價格推高到這麼離譜的位置呢？也許唯一合理的解釋是，任何投資者都會有不清醒、犯傻的時候，莊家也一樣。

　　那一天，在我把自己手頭的鞍山信託全部拋光以後，它的價格還在高位停留了幾分鐘。也許是瓊樓玉宇，高處不勝寒吧，過了一會，市場主力好像突然從睡夢中清醒過來，盤面上幾十萬股買單一下子撤得乾乾淨淨。不一會，鞍山信託終於低下了它高傲的腦袋，重新回到了現實世界。到收盤時，鞍山信託不僅把開盤時的漲幅全部抹去，還稍稍跌了一點。

　　本來，那一天我的心情非常糟糕，龐大的帳面獲利得而復失，我在夢中富貴一場，結果卻是兩手空空。因為鞍山信託這一戲劇性的一幕，也算是安慰，我的心裡好受多了。

　　倒不完全是我在鞍山信託上賺了一筆不小的利潤，有時候，一個投機客對某一筆交易是賺是賠可能並不會太在意。判斷對了行情，而且及時果斷地採取了行動，這樣的交易經歷，往往使投機者自我感覺良好，非常有成就感，這可能是投機市場的巨大魅力之一吧！

　　在我的股票、期貨生涯中，曾經無數次飽受市場操縱、逼倉之苦。1995年的蘇州紅小豆、北京綠豆，1996年的海南咖啡，1997年的天津紅小豆，2000年的大連大豆，2004年的上海橡膠等等品種，都讓我吃過或大或小的虧。有時候，當我因為明顯的市場操縱而受到損失時，自己的感覺就像是大白天在警察局裡遭遇搶劫，天理何在？

在股票、期貨市場，沒有莊家興風作浪，市場走勢往往清淡乏味，投機者沒有良好的交易機會，所以，很多人會盼望莊家的介入。但是，莊家不是謙謙君子，更不是慈善家，一旦真的來了以後，利之所在，莊家的行為難免過分霸道和出格，這樣，市場中所有參與者又會受到嚴重的傷害，包括散戶、交易所，以及莊家自己，誰也不可能獨善其身。大多數市場操縱事件的最終結局，往往是多空雙方玉石俱焚，兩敗俱傷，結果難以收拾，甚至危及市場的生死存亡。中國期貨市場至今在金融領域沒有理直氣壯的一席之地，社會公眾形象不佳，主要應該歸咎於多年的市場惡性操縱以及由此引發的一系列不良後果。國債期貨、膠合板、紅小豆、綠豆等一次一次地出事，使中國期貨市場背上了不可承受之重。很多年來，在政府高層眼裡，期貨就像是一個令人頭痛的孩子。

我在股票、期貨的投機交易中，利用市場莊家的愚蠢或者過分出格的操縱行為，賺錢的次數並不太多，受害的次數倒是不少。鞍山信託上的意外成功、2000年大連大豆市場的愉快經歷、2003～2004年上海橡膠市場中的高額回報，因為投機成功，給我留下的印象最為深刻。

短短四日，來回天堂與地獄

股市行情的暴漲暴跌，把有些人送到天堂的同時，也總會把另外一些人打入地獄。5月18日開始的這一波行情，上證指數從600多點漲到900多點，然後又跌回到700多點，只用了短短的四天時間。我的股票是很早以前買的，也沒有奢望過市場在短時間

內給我巨大的回報。股市突然暴漲，我擁有了可觀的利潤，沒有在市場高點瀟灑出局，固然令人遺憾。但是，畢竟我沒有實實在在的損失，甚至還少有收穫。和我的一位朋友相比，我簡直是幸運極了。

股票也好，期貨也罷，從事後看，市場走勢是那麼的清晰、簡單，但是，一旦你身臨其境，立刻就會發現，過去已經結束，未來卻永遠像一個謎。

國債期貨停止交易引起股市暴漲，很多人認為，漲到1200點是一件很輕鬆的事，摸一下1500點也不是不可能，而且時間應該不會太久。在狂熱、樂觀的氣氛中，許多股票漲幅高達100%，這似乎更加印證了多頭們的看法：陽光燦爛，天空中沒有一絲烏雲，未來的一切穩操勝券。

確實，假如那一天國務院沒有出臺這樣一個不得人心的政策，結果還真的難說，也許股市就能漲到1200點，誰知道呢！

我的那位朋友是在暴跌行情發生前一天來到股市的。記得他在我那裡待了一會，問了一下我對股市的看法，就匆匆回到自己的操作室。

也許是時間倉促，來不及調動足夠的資金。他把自己帶來的1500萬元全部買成股票以後，又找營業部的總經理商量，給他100%的透支。營業部當然不會拒絕這種大客戶的要求，也不敢讓他不高興，我的那位朋友的後臺很厲害，是股票市場中呼風喚雨級的人物。

結果，在上證指數900多點的那一天，我的朋友一下子買了3000萬元的股票。那種買股票的氣魄、膽識，成了後來我們營業部中談論得最多的精彩話題。比市場價格高好幾個點，一出手就

是幾十萬股，橫掃千軍，令旁觀者感覺心驚膽顫。

那天下午，營業部中所有報單小姐都在為我朋友一個人忙碌。3000萬元資金要在一個下午全部變成股票，也不是件容易的事。她們忙著查詢交易結果，統計成交股數。讓我感到惱火的是，尾市我想賣出10萬股四川長虹，竟然沒有人搭理我，給我報單。

收市以後，營業部的電腦一直在為我的那位朋友列印交割單，一直到晚上十點才結束。

萬事俱備，只欠東風。下一步，我的朋友唯一能做的事也就是等待，希望市場快一點漲到1200點，甚至1500點，那就大功告成，皆大歡喜了。

然而，天有不測風雲，第二天開始，市場就急轉直下，我朋友抱著一大堆高價買入的股票，一下子變得不知所措。

大約過了一週時間，我朋友對股市止跌上漲已經完全失去信心。就像當初買入時的情形一樣，他又在幾天之內把3000萬元買入的股票全部拋到市場中。

來也匆匆，去也匆匆。但是，他那股壯士斷臂的瀟灑之氣，依然給人留下了深刻的記憶。

我知道他賠錢了，但不知道他的損失有多大，因為這屬於朋友的隱私，我也不便問他。一年以後他告訴我，那一波行情中他帶去的1500萬元，因為透支交易，最後虧損超過80%。經此一役，他元氣大傷。一般人也許覺得他已經很難翻身了，然而，因為敏銳地抓住了1996、1997年新股申購的暴利機會，他東山再起了。

第七章

單純與複雜
交易有那麼難嗎？

許多從未聽說過「理性」這個詞的人，
卻依然按照理性生活。

——德謨克利特

拯救靈魂的唯一方法是
禁欲、犧牲及對簡單和樸素毫不動搖的堅持。
——馬克思‧韋伯《新教倫理和資本主義精神》

　　1995年5、6月間，國債期貨已經成為歷史，股票市場在經過5月份短命的暴漲以後，又回到死氣沉沉的陰跌之中。對於一個體驗過國債期貨瘋狂刺激的投機者來說，股票市場已經沒有任何吸引力。

　　那一段時間，許多原來做國債和股票的人投身到商品期貨市場。因為聽說我們營業部的一個大戶去做商品期貨，我也心動了，躍躍欲試。

　　對於商品期貨，那時我的知識少得可憐，甚至都不知道商品期貨交易的是什麼。在我的想像中，應該可能和國債期貨的性質差不多，包括市場分析、價格預測、操作方式等等。作為一個新手，我對商品期貨聽說最多的就是它的風險極大，進入這個市場要非常小心。當然，最好是不要涉足。

　　也許是感到商品期貨交易風險很大，也許是覺得自己的操作技術還不行，也許是因為心理上的不安全感，我決定聘請一位高

手來幫助我分析和決策，這樣再做期貨比較穩妥。

什麼樣的人物才是高手呢？在我當時的心目中，股評家就是市場高手。

那時，我並不了解股評家和實際操盤手之間有什麼區別。我想當然地認為，股評家能夠寫出一些非常漂亮的股市分析文章，而且精通許多複雜的技術分析工具，他們肯定能夠準確地預測未來的市場走勢，理所當然是市場交易的行家。我是一個操盤手，在臨場反應、具體操作上有一定的實戰經驗，但是，我明顯感到自己缺乏系統的市場知識，尤其是對技術分析一知半解，不知道怎樣使用這些工具，更不能準確地預測市場價格變化。而這正是股評家的強項。所以，我認為，如果有一個對市場很有研究，熟悉技術分析的專家，由他來預測、判斷市場走勢，我來具體操作，我們的合作將會非常完美。

交易成功的關鍵因素

現在看來，這種想法當然很幼稚、膚淺。首先，市場價格，尤其是短期價格變化能不能準確預測，實在是一個非常令人生疑的問題。我的經驗是，對一個投機者來說，比較明智的態度是，相信市場價格不能被準確預測，把不確定性作為市場的本質，在此基礎上再構建自己的交易策略。其次，價格預測只是每一次交易的起點，只是萬里長征的第一步。從一個專業投機者的角度看，任何一筆具體的交易，都需要考慮後面一系列更為重要的問題：第一次入市的倉位大小，止損點的確定，獲利後什麼點位加碼，加多少量，多少次，加碼後情況不妙怎麼辦，市場出現意外

情況如何處理、獲利目標在哪裡等等。顯然，價格預測並不是交易中最關鍵的部分。

　　也許我們可以這樣說，期貨交易的最終成敗，並不是投機者之間預測能力的比賽──誰的預測準確率高，誰就是最後的贏家。就某一兩次局部的交易而言，確實，你對市場價格走勢判斷是否準確，直接決定了交易結果是贏還是虧。但是，在成千上萬次的交易以後，總的投機結果，並不取決於局部一兩次猜測的準確與否，而是取決於建立在投機者綜合實力和水準之上的市場、心理優勢。投機者的市場認識、交易理念、策略技巧、心理素質、修養境界等因素，比起市場預測能力來，對最後的成敗所起的作用更大。

　　還有一點，是我當時沒有想到的。在實際交易中，投機者會面臨巨大的心理、精神壓力，這是一個股評家不能完全了解和體會的。有時候，市場價格趨勢非常明顯，股評家和一般投機者對市場的後期走勢並沒有什麼大的分歧。按理說，任何人只要順應市場趨勢交易就可以輕鬆地賺大錢。但是，一旦你在市場中建立了頭寸，你對市場走勢的判斷就不像原來作為旁觀者時那麼客觀、超然、自信，你的心理和情緒會發生巨大的變化，懷疑、焦慮、恐懼、患得患失等等的主觀因素很可能扭曲你的思維，使你在實際操作時陷入混亂──反復無常、自相矛盾等等。結果，看起來一次很單純的順勢交易，在人的心理因素的干擾下，你會把它搞得亂七八糟。事後看來，你當初對市場走勢的判斷完全準確，但是，很可能你非但沒有從自己聰明的判斷中賺到錢，還有可能虧錢。

　　當然，這一切只是我現在的認識，當初我並不了解這些。

剛好，我有一位研究生同學在《證券市場週刊》工作，他一直負責股票分析、評論這一項業務。自從1992年畢業以後，我們倆從來沒有見過面，我是在翻看《證券市場週刊》時，才知道他也從事證券這一行。他寫的文章我印象深刻，主要是他在分析市場時使用的技術工具非常深奧、複雜，我一點也不懂，也想像不出他是怎麼學會這套理論的。於是我主動和他聯繫，高薪把他請了過來，希望他能在期貨市場的價格分析、走勢判斷方面對我有所幫助。

開始商品期貨交易

萬事俱備以後，我們決定找一家可靠的期貨公司開戶。那是一個酷熱的下午，我們先是慕名找到了當時北京最有名的中期公司，好像是在北京東北角一個寫字樓（編注：辦公大樓）的24樓，可能是在京城大廈。並不是公司相關部門的負責人，而是一位經紀人接待了我們。大概是因為客戶主動找上門來，那位經紀人顯得有點激動，滔滔不絕地向我們介紹中期公司期貨交易的一些情況。交易大廳非常大，電腦桌一張挨著一張，上面顯示著國際內外的即時行情。他指著一張桌子說：「百貨大樓就曾經在這兒交易。」我問他交易結果怎麼樣，據他說，他們虧了80多萬以後就不做了。

也許是不太喜歡那位經紀人過於熱情、好為人師的表現，離開中期以後，我們又找到了另外一家期貨公司。這家公司位於建國門附近，在一個五六層高的寫字樓裡辦公。沒想到的是，我在交易大廳竟然見到了我的大學同學，她早就來這兒做期貨了。我

感到非常高興，立刻決定在這兒開戶。

　　第二天，我就坐在行情機面前開始交易。

　　那時，營業部提供的電腦報價系統還很落後，每人只有一台行情報價終端。如果你想要看某一品種的中長期走勢圖，只能到旁邊一台路透社的機器上，那兒有市場各個交易品種的日線圖、週線圖、月線圖，也有各種技術分析指標。但是，從早到晚，路透社的那台機器總是很忙。交易大廳中有幾十個客戶，即使每人一天只看五分鐘，也輪不過來。

　　所以，第一天做交易時，我並沒有花足夠的時間去研究、了解市場各個品種前一段時間的價格走勢，而是只盯著盤面變化，根據自己的市場感覺操作。

　　我做的第一筆交易是北京綠豆。那天上午，根據自己看盤的經驗，我判斷綠豆市場短線可能會上漲，就開倉買了200手。顯然，這一次我的感覺是錯誤的。自從我買入以後，綠豆價格一直就沒有漲起來，相反，它還在不斷地下跌。臨近收市，我終於下定決心，止損離場。雖然第一筆交易就虧錢，心裡很不舒服，但我也不想把虧損的單子留著過夜，等到第二天去解套。

　　回到家，我馬上感到自己當天的交易方式有問題，還像做國債期貨一樣——短線交易。早在幾個月以前，我就對短線交易的效果產生了懷疑，但是因為沒有找到其他的操作方式，還是只能做短線。

從短線炒作到中長線交易

　　也許是國債期貨大幅的單邊上漲走勢震撼了我，給我留下了

深刻的印象。在國債期貨操作中，投機者只要簡單地做多，並且一直持倉不動，就能賺大錢。我強烈地意識到，商品期貨市場也有可能出現這樣的走勢，所以，我也應該從事長線交易。我覺得自己手中應該要有中國各個期貨品種的中長期K線圖，這樣就能夠從總體上把握市場。因為到路透社的機器看圖很不方便，我決定第二天親手畫出各個熱門品種的圖表，作為自己交易決策的依據。

　　所以，第一天的商品期貨交易結束以後，我就決定，要採用中長線的方法從事期貨交易。

　　接下來的一段時間，我看上去就像一個工程技術人員，每天早上拿著一大堆圖表去期貨公司，下午3點，又把當天的交易資料抄回來，繪成圖表。

　　在白天的交易中，我嚴格按照圖表告訴我的資訊決定是否入市操作，而不像原來那樣，每天緊張地盯著盤面變化，依靠自己的某種市場感覺、本能殺進殺出。

　　舉一個簡單的例子，假如盤面上市場價格在下跌，而且看起來跌勢很凶，空頭好像很厲害，根據我以往的短線交易方法，這時我很可能會立刻加入空頭的隊伍，因為盤面顯示市場價格會繼續下跌，當然應該做空。但是，僅僅因為市場稍有風吹草動，盤面的一點點上漲或者下跌徵兆，就輕率出擊，經常讓我買在最高價，賣在最低價。結果被迫來回割肉，兩邊挨耳光。短線交易時，我往往是在情緒、心理、本能的控制下，禁不住市場誘惑而做出買賣決策，是一種感性的行動，缺乏足夠的理性思考和外在的客觀約束。

　　現在我完全根據圖表的信號交易，情況就大不一樣了。當

市場價格有較大的波動時，我會隨時用鉛筆在圖表上畫出來，研究、分析市場目前的狀態和下一步的可能變化。

如果我手中的圖表顯示，市場中長期趨勢上漲，而當天的盤面價格卻在下跌，只要下跌的幅度在中期趨勢可以容忍的範圍之內，我就不會入市放空。相反，我可能會逆著市場的盤面走勢，逢低做多。

如果圖表顯示市場中長期趨勢是下跌，而當天的盤面價格卻在反彈，只要反彈的幅度在中期趨勢可以容忍的範圍之內，我就不會入市做多。相反，我可能會逆著市場的盤面走勢，逢高放空。

依靠圖表顯示的市場趨勢操作，我的思維不再每天於多空之間搖擺不定，變來變去。在市場短期波動的誘惑和干擾面前，我的情緒在理性的審視下，得到了有力的控制，避免了一時衝動做出的不理智決策。

著眼中長期趨勢，交易更篤定

以前，我經常在盤中追漲殺跌，極短的時間內就從空頭轉向多頭，又從多頭轉向空頭，反復無常。憑感覺短線交易的策略使我控制不住內心的貪婪和恐懼，抵擋不住市場的誘惑。

現在，由於主要著眼於市場中期趨勢，我的交易心理和行為變得相對穩定、靠譜。面對每天的盤面變化，我不再神經兮兮，精神緊張，操作次數也大為減少。第一週交易結束，我不但把第一天損失的16萬元全部彌補回來，而且還有20%多的獲利。第二、第三週，我又連續在市場中獲得了20%多的利潤。

在第一個月的商品期貨交易中，我做得最好的一次操作是抓

住了北京綠豆9509的中期上漲行情，賺到了可觀的利潤。

有一天，我在製作北京綠豆9509合約的日線圖時發現，綠豆市場在經過前期大幅下跌以後，已經止跌回穩。很長一段時間，9509的價格圍繞著2900元這個中心位置上下波動，底部逐漸抬高。從圖表上看，9509的價格構築了一個中型的圓弧底，很有可能出現一波中期上漲行情。所以，我每天密切地注意著市場價格的變化，伺機進場做多。

有一天下午，9509的走勢不像平時那麼溫和，開始大幅度地震盪。市場先是上升了幾個點，然後慢慢地跌破前一段時間盤整的中心位置2900元。尾市前五分鐘，9509急速下跌，好像要跌破前期的低點，形成新一輪下跌走勢。我懷疑這是主力多頭的一個陰謀。即在抬拉綠豆期價以前，主力為了獲得更多的低位多單，故意先把市場價格打下去，讓意志不堅定的散戶多頭割肉，誘騙人們低價做空。

當市場價格跌到比前期低點高20來點的位置，我試探性地入市做多。我的想法是，如果我對市場的中期走勢判斷錯誤，市場價格跌破前一段時間形成的歷史低點，就認賠出局。如果我的判斷正確，我買入的位置應該是一個很好的點位。一旦第一次交易有了浮動獲利，我將逐步加碼。

那一天，9509的收盤價很微妙，比我買進的價格要低10多點，但又沒有跌破前期的低點。我也不敢肯定自己的操作是否正確，心裡忐忑不安。

第二天，市場竟然跳高20多點開盤，我一下子明白了，前一天下午氣勢洶洶的下跌，確實是一場騙局，我的多頭思路是正確的。於是立刻加碼買進。市場價格繼續上漲，我又繼續加碼買

入。那一天，多頭大獲全勝，日K線以大陽線報收。

接下來的幾天，市場沒有繼續大幅度上漲，而是在一個窄幅的範圍內波動。我又買進了一些，但數量比前幾次加碼時要少得多。然後，我就靜靜地看著市場變化，把價格波動記錄在我自己畫的圖表上。圖表形態良好，我對多頭充滿信心，所以，我一直抱著多單不放手。

9509的上漲走勢持續了很長一段時間，我是在大約漲了2個星期以後平倉的，也許是豐厚的利潤讓我有點擔心，害怕市場出現什麼意外。事後看來，如果我的多單繼續持有，還能賺不少錢。

9509綠豆的成功投機，使我的帳面資金大幅增加。從我進入商品期貨市場開始，到結束綠豆期貨的炒作，總共不到一個半月的時間。我的兩個交易帳戶，一個升值123%，從200萬元到了447萬元；另一個升值68%，從50萬元到了84萬元。對於一個商品期貨市場新手來說，這是一個不算太差的成績。

三天操作規則

當然，這一段時間的交易中，我也並不完全是一帆風順的。一條非常簡單而又實用的交易規則，使我避免了兩次意外的傷害。這條交易規則是：在期貨交易中，如果投機者入市後三天還沒有出現利潤，立刻平倉出場。我也記不清是在哪一本書上看到這個規則的，反正，我一到商品期貨市場，就非常嚴格而且虔誠地遵守著這一原則。

在北京綠豆期貨交易中，有一次在我買入以後，市場價格就一直在我買入價附近徘徊。既沒有賺，也沒有虧。有時候，看

起來漲勢就要來了，過了一會，市場又恢復到原來半死不活的狀態。平倉出局吧，又生怕錯過隨後的上漲行情，我覺得可惜。不平倉吧，又對市場的表現不滿意，還有點擔心。就這樣，在內心的矛盾衝突中，我患得患失地度過了兩天。第三天尾市，情況還沒有什麼改觀，我的單子依然沒有利潤。按照三天操作規則，我下定決心，平倉離場。

令人驚奇的是，第四天早上，市場開盤不到五分鐘，綠豆期價就暴跌100多元。如果我沒有在前一天果斷地平倉，這下就要吃大虧了。

另外一次是在海南橡膠市場。有一天，和我在同一個營業部的那位大學同學給我拿來了一張橡膠走勢圖。我看見她在圖表上畫了很多趨勢線，還用紅筆標示出市場的阻力和支撐位置，顯然她仔細研究過橡膠走勢。她認為橡膠期貨在劇烈下跌以後，很可能出現反彈行情，做多肯定有利可圖。

我非常相信她的判斷，當即買了100手。但是，在我買進以後，橡膠市場的走勢似乎和我同學的預測不太一樣，沒有上漲的跡象，而是在原地踏步。到了第三天，我再也不想等下去了，賺了很少的一點錢就平倉了。過了幾天，我當初買入的那個品種就開始下跌，後來跌得慘不忍睹。如果我沒有運用三天規則主動平倉，這筆交易虧損是一定的，只是虧多虧少而已。

沒有包袱的交易新手

我進入商品期貨市場第一個月的表現，是我十年期貨投機生涯中最精彩的經歷之一。多年來，每當我在市場交易中陷入困

境、艱難絕望的時候，總會回憶起這一段美妙的時光，從中吸取交易的智慧、信心和力量。我對這一段時間的交易做過認真的分析和研究，認為成功的原因主要有以下幾個方面：

一、進入商品期貨交易的第一個月，我的精神、心理狀態非常好

作為一個市場新手，因為對期貨不熟悉，害怕損失，我對期貨交易抱著非常謹慎的態度。戰戰兢兢，如履薄冰，如臨深淵。所以每一次入市交易前，我都會反復思考，再三權衡，在交易機會選擇時非常慎重。

作為一個市場新手，沒有急躁、貪婪的欲望，也沒有奢望過一夜之間賺大錢。如此，我就能夠理智、平靜地看待市場波動，不慌不忙地選擇出入市機會。淡泊的心態使我的思維單純、清晰，容易和市場運動的節奏合拍，沒有大的衝突。

作為一個市場新手，我還沒有交易上的損失，所以也沒有精神壓力和歷史包袱，交易起來比較自由放鬆。許多老手業績不佳的一個重要原因，就是他們在市場中吃過的虧太多，經歷過痛苦的事太多，已經變成了驚弓之鳥。即使大好機會來臨，也可能縮手縮腳，反而在應該大膽行動時猶豫不決。

二、中線順勢操作策略

在國債期貨交易中，因為一次偶然的原因賺了一筆大錢，所以，我最後的交易結果還不錯。但是，如果把這一次特殊情況下的獲利除外，其實大多數時間，我的國債期貨交易是虧錢的。我認為，這就是頻繁短線操作的結果。我早就對自己的交易方法產生了懷疑，但苦於沒有找到其他合適的投機策略。

國債期貨停止交易以後，我認真反省了自己的交易方法，也從別人身上學到了一些經驗。我認識到，中線順勢交易是期貨賺大錢的最佳策略。所以，一進入商品期貨市場，我就非常自覺地運用這種策略。

　　在我第一個月的商品期貨交易利潤中有70%來自於北京綠豆9509的中線投機。從短線炒作轉到中線交易，是我這一個月期貨交易成功的關鍵。

三、嚴格的風險控制

　　在我第一天的交易中，第一筆綠豆交易就損失了本金的8%，但在尾市，我能果斷地砍倉離場，對風險採取嚴格的控制態度。後來在橡膠以及另外一次綠豆交易中，儘管我的單子並沒有虧損，根據三天交易規則，我還是及時平倉離場，避免了意外損失。

　　如果當時我沒有採取嚴格的風險控制措施，這三次的交易損失可能會奪走我大量的利潤，那樣這個月的業績也就不會如此漂亮。

四、加碼策略

　　在綠豆交易中，我很自覺地運用了試探─加碼的交易策略。即在第一次投資以後，如果市場走勢證明我的判斷錯誤，我就止損離場。如果隨後的市場走勢表明我的判斷正確，我就會在第一筆交易有了浮動贏利以後，再一次一次地加碼。這樣，我在失誤時，只會損失一點小錢，因為剛開始時我投入的資金量不大。而一旦我的市場判斷正確，通過加碼策略，我就會賺到大錢。

　　試探─加碼的交易策略讓我賺大錢，虧小錢。

五、一點運氣

在我進入商品期貨市場時，中國各個商品交易所中，很多品種都非常活躍，市場機會多、價格波動幅度大，這也是我能取得成功的重要原因。如果是我在1998年到2002年這一段時間進入期貨市場，由於市場交易品種少，價格波動幅度小，絕對不可能取得如此高的投資回報。

第八章

兵敗蘇州紅小豆

要別人準確地告訴你，
一個你能輕易地獲取快樂和幸福的辦法，
是件糟糕透頂的事。

——傑西‧李佛摩

如果將你的身體交給一個陌生人任意處置，你一定會感到憤慨。
那麼，當你將自己的精神交給一個偶遇者任意處置時，
你難道不會感到羞愧嗎？
——愛比克泰德（Epictetus）

　　「八月桂花遍地開，鮮紅的旗幟飄呀飄起來。」這是小時候經常聽的一首歌。

　　然而，1995年8月，對我來說，卻是一個充滿黑色幽默的月份。我在蘇州紅小豆的交易中，短短一段時間就從極度樂觀淪為丟盔卸甲、身陷絕境。最後時刻，即使我願意舉起白旗向市場投降，空頭主力也不肯放過我，給我一絲逃命的機會。紅小豆從3700多元到3000元以下這波下跌行情中，市場價格連續幾天跳空跌停板，因為一時心存僥倖，錯過砍倉時機，我只能眼瞧著虧損擴大而無法平倉離場，陷入了任人宰割的地步。兵敗如山倒，酷熱的1995年8月，我深刻地感受到了期貨交易中最殘酷的一面——爆倉。蘇州紅小豆之戰，是我投機生涯的轉捩點，也是多年以來心中最大的傷痛。

兵敗蘇州紅小豆始末

事情還得從頭說起。

大約在 1995 年初，我的一位朋友來北京開會，他是沿海某省的一位處長，主管經濟工作。因為多年不見，我們對彼此能夠在北京相遇非常高興，自然而然，我把自己目前的工作情況對他做了詳細的介紹。他回去以後，偶爾我們也有過幾次電話聯繫。1995 年 7 月，他給我打了一個電話，談到了他的一位朋友做綠豆期貨虧錢了，希望我幫忙給她指點一下。

也許，在他的想像中，我是一個專業的操作期貨高手，我的市場經驗和投資知識肯定比較豐富，應該有不錯水準，可能對他朋友擺脫期貨交易的困境會有所幫助。

在我看來，這並不是一個過分的要求，也在我力所能及的範圍。那時，我剛好在商品期貨的交易中賺了一大筆錢，自我感覺良好，可能真的以為自己是期貨交易的頂尖高手。所以，我非常愉快地答應幫助他的朋友。

過了幾天，他的那位朋友果真給我打來電話，說她做了 150 手北京商品交易所綠豆 9509 合約的多單，買進價格是每噸 3300元，現在的市場價格是 2900 元左右，她問我是應該砍倉還是繼續追加保證金，硬抗著，等待市場價格的回升。

我聽了她說的情況以後大吃一驚，一個人以 3300 元的價格買進的綠豆竟然任其跌到 2900 元，而沒有採取任何風險控制措施！我初算了一下，她這 150 手多單的浮動虧損至少有五、六十萬元。可想而知，這一段日子，她肯定是度日如年。

她真的是問對了人。碰巧，那一段時間我剛好在研究北商所

綠豆9509的走勢，我判斷市場可能有一波中級上漲行情。我把自己的觀點和操作方向如實地對她做了說明，也告訴了她如何處理手中的多單——繼續持倉，等待市場反彈以後，在損失較小時割肉平倉。

也許，巨大的交易虧損給她帶來了沉重的精神壓力，她已經完全沒有了自己的主見。也許，她內心深處本來就不願意當時砍倉，把浮動的虧損變成現實的巨大損失。反正，她完全按照我的意見行動，繼續持倉等待。

那一次，我對綠豆市場的行情預測和判斷是正確的。過了一段時間，9509果然上漲了。大約到了3100多元，我對市場能否再創新高也開始懷疑了，就讓她平倉離場。因為聽了我的意見，她在這次綠豆交易中最後只虧了20多萬元，損失大為減少。

交易結束以後，我並沒有把這件事情放在心上。有一天，她給我打來一個電話，再三向我道謝，說如果沒有我的幫助，她這次的損失肯定比現在大。也許是她確實對我心存感激，也許是因為別的什麼原因，那時她心裡已經下定決心，準備要幫我一個大忙，讓我在期貨交易中賺點輕鬆錢。

過了幾天，她又給我打來一個電話，說話有點神神祕祕。她說她得到一個非常可靠的消息，浙江的幾家大公司準備聯手炒作蘇州紅小豆。當時紅小豆期貨的價格在3200元左右，他們打算把它拉到4800元。為了證明她說的話絕對可信，她還對我說，這個消息是一家大的糧油公司的老總親口告訴她的。說完以後，她又再三叮囑我不要把這個消息隨便告訴別人。

我一向對於利用內幕消息做交易的事情不感興趣。也許是我這個人太自以為是，也許是比較清高。我認為，一個人從市場中

賺錢應該光明正大，憑智慧、憑本事與人公平競爭。所以，從進入股票、期貨市場開始，我就一直自己獨立判斷市場行情，獨立做出交易決策。我從來就沒有主動地向別人去打聽過什麼消息，無論是做股票還是期貨交易。

所以，儘管她信誓旦旦地向我保證，她的消息來源毫無問題，讓我盡快大量買進紅小豆，我並沒有把她的話當一回事。

過了幾天，我在看盤的時候突然注意到，原來成交非常清淡，根本沒有什麼人理會的蘇州紅小豆市場，成交量開始放大，逐漸熱鬧起來。我想起了我那位朋友在電話中說的話，可能真的有人進駐紅小豆市場，想炒一把。第二天、第三天，蘇州紅小豆的價格也確實走高了，從原來的3200元漲到了3400元附近。

我的那位朋友又打來電話，問我買進了沒有，我說還沒有。她聽了以後覺得非常遺憾和可惜，再次勸我買進蘇州紅小豆。看來，我那位朋友的消息確鑿無疑。在強大的利益誘惑面前，我終於一改以往清高的態度，在市場價格漲到3400元的那一天，做了200手的蘇州紅小豆多單。

我買入以後不久，蘇州紅小豆期價就漲到了3500元。這時，我已經絕對相信那位朋友的消息，並且認為它的價格還會再漲，又加碼買入500手。

在此之前，我所在的營業部裡，從來沒有什麼人關注過蘇州紅小豆市場，更沒有人去做過交易。連續兩天，我大量買進紅小豆的舉動，立刻引起了我周圍一大幫朋友的注意。他們問我為什麼買進這麼多紅小豆，是不是有什麼消息。期貨公司內到處都有這樣的人，整天打聽消息，在希望、貪婪和僥倖心理的作用下，根據消息來決定是做多還是做空。

如果我不告訴他們真實情況，大家每天都在一個交易室中，這樣做似乎有點不夠義氣。我就簡單地把自己知道的一切跟他們說了一下。我周圍的這些朋友在查看了紅小豆的走勢圖和盤面情況以後，立刻對我說，這個消息很可能是真的，還埋怨我為什麼不提前告訴他們。這一天，在全國的期貨公司中，我估計除了多頭主力所在的公司，我們營業部跟風買進的蘇州紅小豆數量是最大的。幾乎周圍的每一個人都和我一樣，成為蘇州紅小豆市場的多頭。

鬼迷心竅

蘇州紅小豆的市場走勢也確實不負眾望。在多頭主力的拉抬下，過了幾天，市場價格就漲到了3700元。營業部裡跟我一起買進的人，都有不小的浮動獲利，我也因為這個消息，成為最受大家歡迎的人。

當我計算自己的交易利潤時發現，市場價格只是漲到了3700元，我的帳面上就有了非常龐大的浮動獲利。如果真的漲到4800元，我會賺多少？我簡直都不敢想像。

我的那位朋友前面告訴我的消息是這麼準確，市場走勢和她說的幾乎一模一樣。由此可見，她確實和多頭主力核心人物的關係不一般。那麼，她說的紅小豆價格最後可能漲到4800元，也不是沒有譜的事。既然如此，儘管我已有不少多單，但是，和4800元的高價相比，目前3700元的價格實在是太低了，我怎麼能夠獲利平倉呢？結果，我不但沒有在3700多元平掉我手中的多單，反而又加碼買進。

我自作聰明地想，我也不一定要等到紅小豆漲到4800元才賣出平倉，我可以保守一點，在稍稍低一點的位置，比如4500元時就提前退出市場，這樣不是很保險嗎？到了這個時候，我已經完全成了那條消息的俘虜，再也沒有任何懷疑。我的想像力更是天馬行空，走得更遠，彷彿蘇州紅小豆價格真的已經漲到了4800元。

　　那段時間，我和那位朋友隨時保持熱線聯繫，希望從她那裡了解到更多的主力動向。

　　市場走勢良好，一切都在意料之中。有一天，蘇州紅小豆的價格盤中漲到了3800多元，營業部中的所有多頭朋友都喜形於色。

　　但是，那一天的市場收盤價卻不夠理想。蘇州紅小豆在衝破3800元以後，並沒有在高位站穩，收盤時價格又跌回到了3750元左右。對此，我並不太在意。在我看來，這是市場在走向4800元的路途中正常的調整。紅小豆的價格也不可能天天漲，稍稍下跌一點，沒有什麼可以擔心的。

　　接下來的一天，市場價格圍繞著3750元上下劇烈震盪，收市時又下跌了幾十點。我還是沒有什麼警惕，覺得這可能是新一輪上漲前的最後一次回檔。

　　第三天，蘇州紅小豆市場的形勢急轉直下。不但沒有出現我預料中的上漲行情，相反地，紅小豆的價格竟然被打到了跌停板附近。我立刻感覺情況不妙。如果是牛市中正常的回檔，今天市場的下跌幅度明顯太大了。我馬上給我的那位朋友打電話，想要知道市場為什麼會大跌，是不是多頭主力已經撤退了。我的那位朋友似乎無法和多頭主力取得聯繫，好像是電話打不通。但是，

她還是肯定地對我說，今天的下跌問題不大，估計是主力在洗盤，讓散戶們下轎，以減輕上漲時的拋壓。聽了她的解釋以後，我心裡踏實下來，不再為市場當天的大幅下跌過分煩惱。

這時候，我已經完全不再遵循前一段時間成功的操作方法，自動放棄了對市場的獨立思考和判斷，把自己的交易徹底建立在別人告訴我的消息之上。圖表告訴我的客觀資訊、市場實際走勢的警告，我都置若罔聞。內幕消息是我的一切希望所在，成為我行動的最高指南。

第四天，蘇州紅小豆市場一開盤就直接跌停板。這一天，我的那位朋友給我打來一個電話，當時我覺得有點不可思議。她竟然問我有沒有在前幾天的高位賣出一部分多單。前一天我還向她問過主力動向，也告訴了她我的持倉情況，她似乎全忘記了。現在想起來，那時候她可能已經對市場的走勢非常擔憂，也開始懷疑提供給她消息的那位老總的話了。她寄望於我已經在高位獲利平倉了一部分多單，這樣的話，我的損失會小一些，她心裡也會比較好受。如果這一次我聽了她的消息交易，最後卻虧了大錢，她肯定會感到非常內疚。

我周圍的那幫朋友和我一樣，誰也沒有在3700～3800元的價位獲利平倉。現在，市場價格又跌回到3500元——當初他們買進的價格，而且又被封在跌停板上。所以，他們都非常焦急，一次又一次讓我再給朋友打電話，問清楚市場到底是怎麼回事，怎麼會突然暴跌，多頭主力不是說好要拉到4800元嗎？

那一天，我也很著急，和那位朋友聯繫了好幾次，但是都沒有得到明確的答案。記得她對我說，原來給她消息的那位老總說話有點吞吞吐吐，態度也開始模棱兩可。現在，她也不知道怎麼

辦才好。

　　第五天，蘇州紅小豆又是大幅低開，然後在低位劇烈震盪，成交量暴增，是平時的好幾倍。那天下午，因為知道我有大量的紅小豆多單沒有平倉，我的那位大學同學過來對我說，從技術圖表看，今天的走勢是一種下跌中繼形態，後市對多頭不利，我應該高度警惕。

最後的逃命機會

　　此時，我的這次交易已經有了巨大的浮動虧損。面對極為不利的局面，我徹底喪失了客觀的市場分析和判斷能力，完全被僥倖心理所支配，一心希望多頭主力會重新進場，能夠使市場價格止跌回穩。所以，對於我同學的善意提醒，我聽起來實在非常不舒服，根本不予考慮。事後看來，那一天下午是我最後一次從容離場的機會，和後來的巨大損失相比，這一天止損離場還是明智的選擇，損失雖然非常慘重，但我還能承受。

　　結果，最後的逃命機會又被我錯過了！

　　第六天，蘇州紅小豆市場開盤後迅速下跌，一下子就到了跌停板附近。如果前一天下午我對市場上漲還心存僥倖的話，到了這個時候，我從內心深處已經徹底拋棄了對多頭主力的任何幻想。絕望之中，我跳起來對報單小姐說，時價賣出，能賣多少就是多少。我賣出的單子剛成交了1000手，市場價格又被牢牢地封死在跌停板的位置。

　　接下來幾天，蘇州紅小豆市場連續跌停，多頭主力已經徹底放棄抵抗，任憑市場價格下跌而無能為力。周圍和我一起做多紅

小豆的朋友全部都被困死在市場裡面，無法動彈。雖然我自己也有不少多單還沒有平倉，但我更為難受的是，覺得對不起周圍的朋友，無意之中把他們拉進了泥潭。當然，我並沒有讓他們和我一起做多，他們的輸贏也和我無關。但是，畢竟他們是因為聽了我的消息以後才進入蘇州紅小豆市場的，現在市場價格在跌停板的位置紋絲不動，即使他們想割肉砍倉也毫無辦法。

考慮到朋友們的資金小，做的單子也不多，我就對他們說，誰想在今天跌停板的位置賣出平倉，我可以接下他的多單。在盤中，因為沒有任何成交，他們根本連一手多單也平不了。出於好意，也算是為了彌補一點自己的過錯，我打算和期貨公司的老總商量一下，從我前一天拋出的1000手平倉多單中分出一部分給他們，以減少他們的損失。

但是，人的僥倖心理的力量真是太強大了，即使在這麼惡劣的形勢下，我周圍的那幫朋友還是對多頭心存幻想，不願砍倉離場。我是下了很大的決心，才做出這個自我犧牲的決定的，因為我知道，明天市場很可能繼續跌停。結果，那天沒有一個人把手中的多單轉拋給我。

蘇州紅小豆市場又跌了兩天，然後出現了一次小幅的反彈。我知道大勢已去，就趁市場稍稍反彈的時候把多單全部砍了。

知情常常意味著毀滅

因為聽了一個善意的內幕消息，我被一步一步地吸引到了蘇州紅小豆市場，從開始時的少量投入到後來的重倉交易，越陷越深。面對一次一次的市場警告，我變得麻木不仁，完全喪失了任

何風險意識和一個投機者最起碼的客觀判斷能力。如果一開始我就按照自己原來的交易方法，不聽從任何消息，獨立操作，絕對不會把交易做得如此糟糕，損失也不會那麼慘重。

許多投機大師都反對利用內幕消息交易，認為這是投機者自我毀滅的捷徑，確實如此。這一次交易中，一開始我得到的消息是如此準確，但是，在最後關鍵時刻，沒有人願意繼續給我們提供有用的資訊。過了很多年以後我才知道，當蘇州紅小豆價格漲到每噸3700～3800元時，一是有蘇州當地的機構在交易所的支持下，大量進場放空；二是有一部分天津紅小豆流入蘇州交易所，註冊成倉單，配合空頭主力的行動；三是多頭主力內部出現了叛徒，高位平多反空。我朋友認識的多頭主力應該知道事情的意外變化，也知道紅小豆的操縱計畫已經完全失敗。但是在這個時候，出於自我保護，他顯然不會再提供我們任何有價值的建議。

蘇州紅小豆一役，我不但把進入期貨市場以來一個多月的獲利全部賠光，而且交易本金也損失殆盡。這次慘敗，使我在1995年餘下幾個月的交易中揹上了沉重的精神包袱。

原來我在期貨交易時平靜、淡泊的心態，客觀、理智的分析，深思熟慮的決策，不慌不忙的步伐，全都不見了。因為急於翻本，我彷彿變成了另外一個人，我現在也難以想像那究竟是一種什麼樣的狀態。我就像那個一不小心打開了瓶蓋，把魔鬼從裡面放出來的漁夫，再也沒有辦法變回原來的樣子。總之，人性、人的心理中最不好的一面，對期貨交易極為有害的東西完全支配了我的身心。焦慮、急躁、恐懼、貪婪使我的交易進入惡性循環，越做越賠，越賠越做。

過了很長一段時間，我才稍稍清醒過來，重新回到思維、情

緒的理性狀態，以一個正常的投機者的目光看待市場、審視自我
的內心世界。

第九章

與天為敵
重倉交易的危害

你是在跟自己而不是市場較量。
忘我造就了日本武士的堅強有力，不可戰勝。

——《直覺交易者》

以安全性為代價來追求收益率最終往往是得不償失的。
——班傑明·葛拉漢

　　1995年8月的蘇州紅小豆之戰使我元氣大傷，我的心境也從天堂步入地獄。由於背負沉重的虧損壓力，我度過了幾個月異常艱難、黑暗、痛苦甚至絕望的日子。其實，當時我的心理狀態已經完全不適合繼續在期貨市場炒作。但是，為了挽回敗局，我不得不強打精神，勉強在市場中搏殺，結果可想而知。我非但沒有獲得交易利潤，反而在虧損的泥潭中越陷越深，越走越遠。

　　在期貨交易中，一個人的心理、精神狀態遠比他擁有的市場知識和預測技術重要得多。

根本就是身不由己

　　在那一段不堪回首、夢魘般的日子裡，從交易技術和市場分析能力來說，我和以前一樣，並沒有什麼其他變化，更沒有什麼退步。但是，由於前期巨大虧損帶來的沉重精神與心理壓力，我

的修養和境界又功力不足，火候未到，無法心平氣和地承受住這種常人難以想像的打擊。不能像有些交易大師那樣，即使在其資產遭到嚴重虧損時，仍然能夠不動聲色地與來訪的客人天南地北地聊天。

那一段時間，我的生活和交易處於一種非正常的扭曲狀態，在焦慮和恐懼的支配下，我的思維和行為呈現出急功近利的特徵，混亂、短視等等對交易非常有害的疾症，使我錯過了一次又一次反敗為勝的良機。

有好幾次，根據圖表的資訊和自己的經驗，我準確地提前預測到了幾個活躍品種的重大價格波動。

例如，1995年底，我對蘇州膠合板從45元到51元的上漲走勢判斷無誤，我也及時做了多頭。當膠合板從51元調頭向下，跌到49元多的時候，我意識到市場已經轉勢，後市可能會有大的暴跌行情出現，我在49元附近大膽出擊，重倉做空了4000手。

這兩次我對市場走勢的判斷非常準確，行動上也沒有任何問題，在上漲行情中做多，在下跌趨勢明朗以後放空，及時、果斷，完全是一流炒手的眼光和操作手法。在我做空膠合板以後一兩天，市場確實出現了暴跌，因為多頭主力自己棄盤，這波下跌行情從圖表上看，簡直是飛流直下三千尺，疑是銀河落九天。短短幾天時間，市場價格竟然跌掉了10元左右。

這兩次我本來可能有賺大錢的機會，卻都讓我給浪費了。我在入市以後，只賺了很少的一點錢就跑了。

為什麼？

原來我不是從中線交易中取得過巨大的成功嗎？只要我繼續按照這種策略，耐心而勇敢地等一等，在不長的時間裡，這兩波

行情的可觀利潤就會手到擒來，我也就能改變前期極為被動的局面。

現在分析，當時交易沒有取得成功的原因可能有兩方面：

一方面，我那時在市場分析、價格預測方面確實已經有了一定水準，但是，我的投機理念和交易策略依然還不成熟，還沒有能力形成自己穩定的交易模式。中長線操作確實幫我賺過大錢，我也一直想把這種成功的交易策略貫徹到自己所有的交易活動中去。但是，在那個時候，這還只是我心中的一個理想交易模式。在實際操作中，還是禁不住市場的誘惑，無法克制自我貪婪的欲望，每天做很多次短線交易，並沒有始終堅持中長線交易的原則。應該說，當時我的交易策略還在長線和短線之間搖擺，中長線交易策略還沒有成為我投機思想的核心、靈魂，也遠遠沒有將其徹底落實到自己的市場觀察、思考、行動的每一方面，成為自己的交易習慣和風格。

另一方面，就是前期市場交易的損失和痛苦的經歷，使我的內心世界發生了重大的變化。我在精神、心理、情緒等方面進入了一種扭曲、混亂的狀態，已經喪失了一個投機者正常的心態。

例如，為了盡快彌補交易損失，我的耐心、忍耐力大幅減弱，變得急功近利。明明知道自己的膠合板操作已經有了利潤，我的方向判斷很可能是準確的，只要我堅持自己的單子不動搖，就有可能從市場中獲取更多的利潤。但是，因為害怕到手的一點利潤得而復失，雖然這筆交易還沒有完成，我卻早已失去了耐心，不願意繼續等待自然而然增長的利潤。我只想盡快把這點微薄的獲利拿到手，再去尋找下一次交易機會。心態上的浮躁使我坐不下來，不斷地從一個市場跳到另一個市場，似乎只有這樣做

才能擺脫困境，才會心安理得。我的行為就像狗熊掰棒子，掰一個，扔一個，瞎忙一場，結果什麼也沒有得到。

同時，交易損失帶來的精神壓力，也使我的自信心嚴重不足，恐懼、害怕、焦慮等消極的因素開始動搖我的交易信念，使我對自己的交易技術和市場預測、判斷能力產生了懷疑。即使在膠合板上我的操作已經有了浮動獲利，卻因為害怕市場的意外變化，我不敢再勇敢地堅持自己的觀點。

總之，我不能再以一種超然的心胸、冷峻的目光、恬淡的態度，面對市場價格的波動，審視自己的操作過程。

有人說，期貨交易的技術和知識，學一、兩年時間可能就夠了，但是，投機者要培養出一個穩定、良好的心態，在修養和境界上達到高瞻遠矚、超凡脫俗，即使花上十年工夫，也不算多。此言善矣！

期貨交易最富魅力、最吸引人的重要原因就是它巨大的槓桿效應。以小搏大，投入一筆很小的資金就能控制價值巨大的商品、外匯或者其他金融資產。只要這些資產的價格稍有風吹草動，就可能使你的投資取得巨大的回報，或者血本無歸。

有位哲人說過：「只要有百分之三百的暴利誘惑，就有人願意冒殺頭的危險。」

期貨市場是現代經濟不可缺少的重要組成部分，期貨交易是一項合理合法的冒險生意。做好了，你的財富增長可能遠遠超過你當初最大膽的想像；做錯了，也沒有殺頭的危險。對你唯一的懲罰，就是你投入的資本會在短時間內賠得乾乾淨淨。

利之所在，趨之若鶩。正因為如此，古今中外，多少芸芸眾生無論地位高貴還是卑微、背景單純還是複雜、小學文化還是博

士學歷，都想在期貨交易這條華山險路中一試身手，玩一玩這個「鯉魚跳龍門」的遊戲。

但是，天下沒有免費的午餐，能成功地抵達理想彼岸的人畢竟鳳毛麟角。世上又有幾個索羅斯、巴菲特這樣的曠世奇才，或者說幸運兒？在期貨交易中，大多數人必然是滿懷希望而來，充滿絕望而去。

期貨交易的高槓桿是一把鋒利的雙刃劍。玩得好，可以淋漓盡致地展現期貨市場最具魔力、最神奇的一面，在極短的時間內獲得驚人的回報。這裡的短時間也許只有一兩週，也許只有幾個月，驚人的回報指的是相對於投機本金幾倍、幾十倍的暴利。

但是，過度地運用槓桿原理，在期貨交易中重倉交易，希望一夜暴富，投機者往往又是在自找麻煩，甚至是自掘墳墓。短暫的成功就像天上的流星，耀眼、明亮的光芒，美則美矣，卻轉瞬即逝；或者像春季的櫻花，姹紫嫣紅的色彩，驚人淒豔的美麗，一場大雨過後，「零落成泥碾作塵」，煙消雲散，徒然令人感傷、歎息。

「小暴發」的故事

1995年，國債期貨停止交易以後，大量游資到處尋覓新的搏殺機會。為了取得高額回報，自然地，商品期貨市場是最理想的場所。當時，中國有14家商品期貨交易所。由於競爭激烈，各交易所為了活躍市場，擴大占有率，紛紛採取一些特殊的手段。例如，向一些市場超級主力伸出橄欖枝，默許他們操縱市場，希望他們能把某些品種的成交量、持倉量做大，以此吸引投機者到自

己的地盤來交易。

　　所以，1995年和1996年是中國期貨投機行業最激動人心的黃金歲月。當時，幾乎每一家交易所都有一兩個火爆的期貨品種。各個品種在主力機構的操縱下，頻繁地在牛市和熊市之間轉換，價格大幅度地波動。

　　我和「小暴發」是到了期貨營業部以後才認識的，大約是1995年7、8月份，後來我們成了很要好的朋友。「小暴發」當然並不是他的真名，這個綽號是我和期貨營業部的一大幫朋友給他取的。1995年下半年，因為他只用了三個月的時間，就把投入期貨市場的8萬元本金炒到了120多萬元。驚羨之餘，大家再也不喊他原來的名字，都叫他「小暴發」這個外號。

　　「小暴發」並非等閒之輩，他畢業於南方一所著名的財經學院，是金融專業的碩士研究生，當時在中國一家大型證券報主持期貨版面的工作。據說，早在國債期貨交易時，「小暴發」就能自由地出入當時頗為神祕的中經開公司的國債期貨營業部，混跡於市場主力、實力大戶之間。一方面這當然是由於他在報社主管期貨版，身分特殊，更主要的是「小暴發」畢竟是金融學碩士，在市場分析、價格預測方面功力深厚，有獨到見解。在那個時候，他的知識背景和學歷確實很少有人可以匹敵。由於他和很多交易所的主力莊家關係密切，可以隨時了解到許多別人無法知道的市場動態，資訊來源非常廣泛。

　　大約在1995年6、7月份，「小暴發」就進入了商品期貨市場，正好趕上了那一段氣氛極為狂熱的商品期貨的投機浪潮。

　　「小暴發」的開戶資金並不多，只有8萬塊錢，也就是市場中一個普通散戶的投入量。但是，他充分利用自己的專業優勢和在

市場分析、價格預測方面的特長，轉戰於各個市場，在膠合板、橡膠、紅小豆、綠豆等品種中來回炒作，長袖善舞。只要看到市場有良好的投機機會，就迅速滿倉殺入，把期市資金的槓桿效應發揮到了淋漓盡致的地步。

按照「小暴發」的操作方式，第一筆交易獲利平倉之後，隨著帳戶資金的增加，他會在第二筆交易中把所有的資金全都投入，重倉交易。一旦連續幾次得手，帳戶資金就像滾雪球一樣越滾越大，呈現幾何級數的增長。我們知道，在上海膠合板期貨中，如果做對了方向，市場價格只要漲跌2.5元，投入資本就可以翻一番。投機者只要看對了三四波行情，本金就可能增加到原來的五六倍，甚至更多。

那時，各個市場的價格波動幅度極大。以上海膠合板市場為例，9507從40元起步，一路上揚，多頭主力通過逼倉，最高把它拉到62元這個令人難以置信的高價；9511從51元跌到36元，又從36元漲到51元，臨近交割的最後幾天，又急劇暴跌到40元以下。短短幾個月時間，膠合板期價上天入地，在多空之間不斷迴圈，反復無常。而其他市場，例如蘇州商品交易所、北商所、上海糧油交易所等地方的期貨品種，價格波動也十分巨大。這種千載難逢的市場氛圍，給了「小暴發」創造奇蹟的極好機會。

「小暴發」的市場判斷能力確實不錯，尤其是對上海膠合板9511的走勢，把握得非常準確。他在42元做空，跌到39元平倉。市場在39元附近盤整了一段時間後，又向下突破，他又順勢殺入放空，在36元平空反多。這時，「小暴發」的帳戶資金已經大幅增加，他在36元到37元之間，建立了很多膠合板的多頭頭寸。

記得9511膠合板探底回升的那一天，我們期貨營業部裡人聲

鼎沸，熱鬧非凡。不僅是「小暴發」，我們營業部裡幾乎所有的大戶、散戶都一起做多。市場價格每向上跳一毛錢，大廳裡就發出一陣興奮的歡呼聲。事後看來，這一次，我所在營業部的客戶對膠合板的方向判斷完全準確，集體賺錢。市場當天以一根巨大的陽線收盤，36元的價格正好是9511合約的最低點，屬於當日反轉走勢。此後，膠合板價格一路上漲，直到44元至47元之間，才停住腳步。在這波行情裡，也就是大約一個多月的時間，我估計，小暴發的資金至少翻了十倍。

　　剛入市那兩三個月的交易，「小暴發」就像蜜蜂採花一樣，在市場各個活躍品種之間來回倒騰，今天做這個，明天做那個。一會多，一會空，也不長線持倉，只要有一定利潤就迅速離場。良好的市場投機氛圍使他獲利豐厚，沒多久，他的8萬元資本奇

圖9.1　上海膠合板9511合約日線

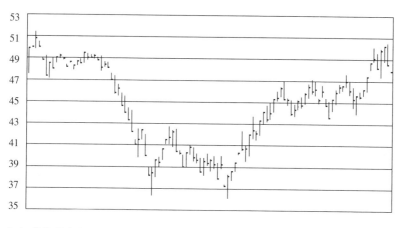

短短幾個月上海膠合板從50元跌到36元，又從36元漲到50元。市場短期走勢的暴漲暴跌，給了投機者極佳的獲利機會。

蹟般地變成了120多萬元。

也許一個人的運氣也有週期，就像股市、期市的漲跌一樣，永遠會在高峰和低谷之間迴圈波動。賺到了120多萬元以後，「小暴發」似乎還沒有來得及仔細品味這個巨大的幸福，他的運氣就開始轉向了。

一個人要爬上山頂往往很累，下山可就容易多了。

在第三個月的交易中，「小暴發」的運氣簡直背極了，無論他做什麼，只要他一買，那個期貨品種的價格肯定下跌；只要他一賣，市場價格往往立刻上漲。前一段時間神準無比的預測能力好像完全消失了，他的操作反而成了我們營業部裡最典型的反向指標。記得有一兩次，本來我打算做多膠合板，當我聽說「小暴發」也剛剛買進，馬上就改變了主意，堅決放棄這筆交易。

這樣來來回回折騰了沒有多久，「小暴發」的帳戶資產大幅縮水，可能已經賠了一半。

但是，「小暴發」自己可能並沒有意識到這種危機。也許他認為這只是暫時的現象，運氣不好，過一段時間就會柳暗花明。也許當局者迷，面對一次次誘人的暴利機會，他根本無法控制自己的交易衝動。反正，他繼續滿倉交易，在市場中殺進殺出。有一次，他在帳戶資金遠遠不足的情況下，竟然在膠合板市場透支下了1500手單子。當時，我帳戶上的資金至少是他的5倍，在平常的交易中，我最大的下單量也就1000手，超過這個數量以後，我會感到巨大的精神壓力。顯然地，「小暴發」在實際操作中比我勇敢多了。

過了不到一個月，有一天，期貨營業部的經理來找他。他們兩人在房間的另一頭嘀嘀咕咕，我也不知道發生了什麼事。收盤

以後，有一位朋友告訴我，「小暴發」做的單子浮動虧損很大，帳戶上的資金不夠了，營業部要他追加保證金，否則要強行平倉。

「小暴發」還心存僥倖，拖了一兩天，似乎在等著市場價格轉為對他有利的方向運行。不過，兩天以後，「小暴發」再也堅持不住了，他的帳戶上已經一分錢也沒有了。令人遺憾的是，幾乎是在市場價格的最低位置，營業部把他的單子砍倉了。

「小暴發」賠光以後，還在營業部看了一段時間的行情。也許是感覺輸得不服氣，也許是還想翻本，有一天他又拿來了20萬元，滿懷希望地打入自己的期貨帳戶，想再上演一幕從8萬變成120多萬的喜劇。

可惜，當初那種意氣風發、指點江山的戰略眼光；那種談笑間，檣櫓灰飛煙滅的英雄氣概；那種做什麼，就賺什麼的驚人運氣，已經成為明日黃花。「小暴發」如同換了一個人，在市場走勢面前，他像車燈前面那隻驚恐不安的小鹿，再也邁不動腳步，變得猶豫不決、戰戰兢兢。前一段時間的虧損、屢次交易失敗的陰影使他徹底喪失了自信，他對市場奇準無比的預測魔力彷彿也失靈了，不到一個月，後來投入期市的20萬元又所剩無幾。

兩次挑戰極限遊戲

「小暴發」在期貨交易中重倉出擊、大賺大賠的經歷並沒有讓我吸取到什麼教訓。當時，我好像只是把它當作一個茶餘飯後的談笑故事，和人說完了以後就忘了。沒有想到，1996年初我重複了兩次「小暴發」在期貨交易的悲劇故事。

有人說，經驗並不是指你經歷過什麼，而是你從經歷中學到

了什麼。確實，如果我能夠早一點認真反思別人犯過的錯誤，有些悲劇也許就可以避免。

當然，這也不一定。期貨交易的有些錯誤，許多投機者明明早已知道，卻會一再重複地犯。人就是人，不是上帝。上帝完美無缺、全知全能，不會犯任何錯誤。人只是地球上的一種兩腳動物，需要吃喝拉撒睡，會有喜怒哀樂。人性——作為人的基本特徵的概括，既不同於神性，也不同於動物性，它介於兩者之間。有美好的一面，也有自己的弱點、缺陷。你不可能完全擺脫自身的弱點、缺陷，那樣，你就不是人，而是神了。所以，在期貨交易中，人們一再重複過去的錯誤也就不足為奇了。

1996年初，由於前一年交易的巨大損失和另外一件意外事件的發生，我被迫大大減少了期貨交易的資金。我的一個帳戶當時只有16萬元本金。習慣了以前大手筆的買進賣出，這點交易資金讓我感到非常氣餒。有什麼辦法可以使我迅速回到過去的鼎盛狀態，重新大規模地進出市場呢？

也許，唯一的辦法就是充分發揮期貨交易的槓桿原理，提高目前自己帳戶上資金的使用效率。於是我決定，一旦看到有利可圖的交易機會就全線殺入，短時間搏取最大的利潤。這樣，只要做對了幾次，我的實力就會大大增強。

我全心全意地投入到市場研究中，希望在各個交易品種中發現有利可圖的機會。所謂研究，其實也就是閱讀市場圖表。圖表記錄了各個市場價格變化的歷史，是最快速、最簡單地了解市場目前狀況的工具。一個經驗豐富的投機者，也許只要對某張圖表看上一眼，就有可能從中發現線索，找到自己想要的交易機會。

1996年3月的某天下午，我在看盤時突然發現，平時名不見

經傳的海南咖啡蠢蠢欲動，成交量大幅增加。我瀏覽了一下咖啡市場前一段時間的走勢圖，了解到咖啡價格長時間在一個狹窄的空間小幅波動。這種橫向的市場盤整走勢，一旦向上突破，市場隨後很可能出現大規模的趨勢運動，往往蘊含著獲取暴利的機會。這是我最喜歡、最有把握的圖表形態，當初在327國債期貨上的巨大成功，就是因為我抓住了這樣一個向上突破的機會。如果咖啡真的向上越過前期高點，後期的走勢很可能就和327行情一模一樣。我密切地注視著海南咖啡市場的動靜，做好了隨時出擊的準備。

果然，沒過多久，咖啡的價格就開始上漲了。我立刻行動，竭盡全力買進，可惜，它的上漲速度實在是太快了，我的買單只成交了一半，市場價格就已經牢牢地封在漲停板上了。

接下來兩三天，咖啡市場天天漲停板。雖然我在咖啡上投入的資金不多，但是短時間的漲幅實在太大了，從而使我的交易有了巨大的回報。

我的多單大約是在3150元左右平倉離場的。那一天，咖啡市場巨幅震盪，9605先是漲停板，過了一會，主力莊家又把它打到跌停板，在跌停板位置停留了不到兩分鐘，市場價格又直線上漲，在極短的時間內又被封在漲停板上。市場價格變化如此反復無常，波動幅度如此之大，簡直讓人目瞪口呆。

事後知道，從那以後一年多的時間裡，小小的咖啡竟成了中國期貨市場最耀眼奪目的明星，上演了一幕又一幕令成千上萬投機者愛恨交加的悲喜劇。那一天的市場走勢，只不過是咖啡期貨正式登場亮相的一個序幕。

我被市場的詭異變化嚇壞了，迅速從咖啡市場逃了出來。不

過，從這次咖啡交易的結果來看，我做得還是相當不錯的。雖然我投入的資金只有10萬元，短短三天時間，我卻賺了17萬元，取得了170%的回報。

　　咖啡交易讓我嘗到了快速獲利的甜頭，我的帳戶資金大幅增值，從原來的16萬元一下子到了33萬元。這也使我的心理狀態擺脫了前期虧損的陰影，對期貨交易的信心大增。我心裡想，如果我的資產能夠按照這種方式增長，過不了多久，我就能擺脫困境，東山再起。

　　從咖啡市場平倉出來的當天，我就馬不停蹄，繼續在別的市場尋覓交易機會。我必須充分發揮我的資金使用效率，不能讓它趴在帳戶上空閒著。我看到上海膠合板的價格正在上漲，立即買進了400手的多單。

　　400手上海膠合板對於我擁有的33萬元本金而言，實在是一次巨大的冒險。我心驚膽顫地盯著盤面變化，一刻也不敢離開交易現場，生怕在我上廁所的一會工夫，市場就出現不測。

　　這一次我的運氣好極了，當天收盤，我就有了浮動獲利。第二天，膠合板的價格繼續強勁上漲，比我的買入價高出1.5元，我迅速平倉，賺了10多萬元。

　　期貨市場確實是一個容易出現奇蹟的地方，也就是幾天時間，通過兩次成功的交易，我的資產從微不足道的16萬元變成了近45萬元。什麼行業會有這種驚人的回報？有幾個人能夠抵得住這種暴利的誘惑？也難怪數不勝數的投機者前仆後繼，迷戀、沉溺於這個市場而無法自拔。

賭徒不死

在我的交易生涯中，曾經多次見到這樣的情景：一個投機者，明明帳戶上的資金已經賠得乾乾淨淨，還不願意離開期貨市場，還長年在營業部看行情，還對市場每天的漲跌津津樂道。這就是期貨交易的魔力，即使一個人已經被市場徹底打敗，帳戶上一分錢也沒有了，他還不死心，還會抱有希望，還以為自己肯定有時來運轉的一天。

這些錢真的是我的嗎？是的，我的帳戶告訴我，我確實賺了這麼多錢，我現在有了45萬元。然而，從一定意義上說，這些錢又不完全是我的，只是暫時屬於我而已。

經過了十年期貨交易的折磨，我越來越認識到，我當時的這種成功是建立在一個非常危險的觀念之上的，就像脆弱地基上的一座大樓，隨時都有坍塌的危險。重倉交易確實使我一夜之間暴富了，我幹成了別的行業、別人可能要花幾年時間才能完成的事情。但是，來得容易的東西去得更快。很有可能，一夜之間，我也會因此損失慘重，甚至傾家蕩產。後來發生的一切完全證明了這一點。

我的帳戶有了45萬元以後，我並沒有因此變得保守。投機者的心理欲望和情緒往往和自己的資產增減呈正向回饋。從市場中很快賺到錢以後，有幾個人的欲望和情緒還會和原來一模一樣？投機者的野心會變大，情緒會變得高漲，想像力會穿越過天空的雲彩，進入一種局外旁觀者無法理解的境地。我也無法免俗。

在人們的印象中，得道高僧總是淡泊寧靜，心如止水，不像世人一樣喜怒無常，也沒有過分的貪婪和野心。但是，說句褻

潰的話，我總懷疑事實未必如此，人同此心，心同此理。為什麼寺廟都是建在人跡罕至的地方，而不在紅塵鬧市？是不是他們也害怕數不勝數的各種外在、內在的誘惑，擔心自己的修為還不夠深，定力還不夠強，做出糊塗荒唐的事情來？我總認為，當初想到要把廟宇建到深山老林的那個和尚，肯定對人性的弱點洞若觀火，瞭若指掌。

爾後，我繼續在各個市場東征西戰，只要有交易機會，無論大小，都不肯放過。我迷戀上了這種短線遊戲，已經不再堅持什麼中長線交易的策略。因為每次投入的資金量大，重倉出擊，只要預測準確，出手快，市場價格稍有點波動，我就有利潤。大多數時候我的行動像兔子一樣矯健，只賺點小錢就跑，偶爾一兩次賺得多一點。

結果你可能不太相信，也就二十多天的時間，我的帳面資金已經到了98萬多元。

這時候，一個人會有什麼變化呢？目空一切、狂妄自大、小人得志、不可一世、粗心大意等等，人性的弱點會淋漓盡致地暴露出來。李佛摩、索羅斯、巴菲特早已經不在話下，就短期獲得暴利的速度而言，他們也確實未必能創造我這樣的奇蹟。

現在，我還會在交易中小心謹慎、如履薄冰嗎？我還能現實、清醒地看待市場和自己嗎？

顯然，前一段時間，我把賺50萬元作為自己交易的目標，太保守、太可笑了。我開始想像，按照這個賺錢的速度，三個月以後我會有多少資產。既然這段時間我的交易能夠取得這麼好的成績，下一段時間我再努力一下，頂多兩三個月吧，即使我做得比以前稍稍差一點，也沒有什麼關係，我不也能賺幾百萬嗎？1000

萬已經成了我心中一個不算太難的目標，無非是到達的時間早一個月、晚一個月而已。

當然，我也想了一下，98萬多元和100萬元畢竟還有一丁點的差距，我首先得跨過這一門檻。這太輕而易舉了，賺這一點小錢我還要費什麼勁呢，隨便抓住一次小小的市場波動，隨便做一次短線交易賺的錢都會比這個多。我設計著，下一筆交易我不但得超過100萬元，而且最好來一次飛躍，再重演一次咖啡交易的喜劇，賺它一大筆。

我已經記不清自己下一筆交易做的是什麼了，其實也無所謂，反正，只要我繼續這樣玩下去，還是按照這種攻擊性很強的方式全進全退，頻繁地短線炒作，總有一天，我會被市場逮個正著。

瞧！這一次，我不再那麼幸運，被套住了！

剛開始，我感覺還有點不舒服。因為我本來想一出手就來個漂亮的短、平、快，賺點輕鬆錢。現在，一下損失了十多萬，我該怎麼辦呢？習慣了前一段時間那種屢戰屢勝的操作，面對判斷錯誤帶來的交易損失，我有點不知所措。砍倉讓人心疼，下不了手，還是忍一忍，也許市場價格會回到我的買入位置，這樣我就可以不虧不賺出局。

可是，市場並不理會我的祈禱和希望，繼續按照自己的節奏運動。我的損失令人驚懼地變大，終於，有一天我實在忍無可忍，慌亂中狼狽出逃。

我開始重演「小暴發」的悲劇，市場總是和我過不去，我做什麼，就錯什麼，本金一天一天減少，我的資產大幅縮水。我在希望、僥倖、絕望、恐懼、害怕和貪婪中搖擺不停、飽受煎熬。

面對這種形勢，並不是我冥頑不化，像一個輸紅了眼的賭徒，不願改變自己。在我虧了大約一半資金的時候，我也曾下決心，試圖阻止這種屢戰屢敗的局面，力挽狂瀾。但是，我的努力卻只在很短時間起了一點作用，帳戶資金稍稍略增一些。過了一兩天，我好不容易感覺抓到了一次機會，交易結果還是虧損。

情況越來越惡化，我眼睜睜地看著自己一步一步邁向地獄，卻無法停止腳步，控制不了這惡化的局面。

絕望中，我徹底放棄了掙扎，變得麻木不仁。即使套牢了，也不去理會它。直到有一天，我的帳戶資金賠得只剩10萬元。

這一天，我什麼交易也不想做了，我在痛苦、沮喪中離開營業部。我也生自己的氣，為什麼大好河山在如此短的時間就毀於一旦？為什麼我不及時果斷地止損？為什麼明明有的交易一入市我就感覺不妙，卻還是心存僥倖？

大錯一旦鑄成，一切都難以挽回。

我在心灰意冷中離開了市場。那一段時間，我的心裡感覺非常糟，既空虛又失落，簡直有點失魂落魄。

不過，也許是休息了幾天，慢慢地我的心情、身體從前期疲憊不堪、高度緊張的狀態中恢復過來。我強打起精神，開始思考怎樣改變目前的處境。想來想去，出路只有一條，作為一個期貨操盤手，我除了到期貨市場去翻身外，還有其他能夠在短期賺大錢的途徑嗎？

我決心擺脫前期交易失敗的陰影，在哪兒跌倒就從哪兒爬起來，再創造一次奇蹟。

我從精神上給自己打氣。這一次的失敗其實也不算什麼，我確實是把帳戶上的98萬多元資金炒得只剩下了10萬元，經歷了從

極度樂觀到絕望悲觀的大起大落。但是，一個多月以前，我帳戶上原來的資金也只是16萬元，我賠的錢，大部分是我從市場中賺來的，實際上我的損失也只有6萬元而已。我目前的資金確實比上次起步時少了一點，要翻本，相對比較困難，但也不是絕對沒有這種可能。

我重新樹立起自己的交易信心，憋住氣，咬緊牙繼續和市場搏鬥。

和自己較勁的戰鬥

前面曾經提到，曾有一段時間的交易，只要我一出手，我的判斷就會立刻被證明是錯誤的，市場總是和我擰著走，我的帳戶資金一天一天在減少。就在我的資金賠得只剩下50萬元時，我暗下決心，一定要阻止這種局面繼續惡化下去。從隨後的情況看，這種心理和精神狀態確實對我的交易有過一定的幫助，短時間內，我就像變了個人。

當時我的心理狀態有一種怎樣微妙的變化呢？

當我覺得再也不能輸，再也輸不起，產生了力挽狂瀾的決心以後，我的心態發生了很大的變化，我的行動也做出了相應的調整。對待被套牢、有浮動虧損的交易單子，我不再消極、被動地忍受，不再心存僥倖地等待市場可能出現對我有利的變化。我的行為變得積極主動，對虧損的倉位能及時果斷地砍倉離場，堅決防止損失進一步擴大。當我的交易有了獲利以後，我會全神貫注地盯著市場變化，高度警惕，決不允許自己的交易轉勝為敗。

經過幾次明智的操作，短時間內，我的帳戶資金就出現了反

彈，有了明顯好轉的跡象。

可惜的是，我的意志力還是不夠堅強，只能在很短時間，也就是幾天之內，保持這種亢奮的精神狀態，無法長時間堅持下去。當市場隨後又給了我重重一擊之後，我的內心徹底崩潰了。面對虧損一點一點地擴大，我不想再採取止損等風險控制措施，寧願讓虧損的單子在市場中隨波逐流。直到有一天我帳戶上只剩下10萬元，差一點被掃地出門，我才有點清醒過來。

精神、意志的力量對一個投機者交易結果的影響，其實也沒有什麼神祕之處。期貨交易成功的關鍵並不是你與市場作戰，打敗市場，而是一個人和自己較勁，需要戰勝自我內心的貪婪、恐懼、僥倖等人性的弱點。當你憋足一股勁，懷著必勝的信念入市交易時，從一定意義上說，憑藉意志的力量，你已經戰勝了自我，成為自己的真正主人。這時，你的頭腦會變得異常冷靜，你的精神面貌煥然一新。當市場價格波動對你不利時，你會非常敏感，在損失很小時及時止損、果斷撤退。你在執行止損操作時會非常輕鬆，非常自信。無論是自己還是別人看來，這時你的行為絕沒有拖泥帶水的成分，顯得非常瀟灑和聰明。

而在平常的交易中，當一個投機者判斷失誤時，明明知道應該嚴格控制風險，但是在具體執行止損操作的那一刻，他的內心彷彿豎起了一堵無形的銅牆鐵壁，阻止他向前邁出理智的一步。在天堂和地獄、成功和失敗的分水嶺，他開始猶豫不決，最終必然敗下陣來。在期貨交易中，沒有人能逃避這一關的考驗，只有跨過這一道坎，才能進入成功的彼岸，一旦你在關鍵時刻退卻，後面就是萬丈深淵。

在頑強的意志、強大的精神力量支持下，我終於挺住了。幸

運之神第二次光臨，過了不到兩個月的時間，我又把帳戶上的10萬元變成79萬元。我明顯地感覺到，第二次成功完全是由於自己內心之中的一股氣在支撐著我。

那是一股什麼樣的氣呢？一股倔強之氣，一股不被市場、不被自我擊倒之氣。

也許有人不太相信精神力量在期貨交易中的意義。我以為，若是一個人沒有魯迅先生所說「韌」的精神，沒有曾國藩所說「倔強之氣」，他在期貨市場絕對不可能取得成功。期貨交易就像爬一座陡峭的山，或者說逆水行舟，中途任何的氣餒、懈怠都會使你迅速下滑倒退，離目標越來越遠。頑強的意志，永遠是一個優秀的期貨操盤手必備的品質。

只有損失才是真實的

十年以後，當我重新反思這一段交易歷史以後，我體會到：

一、對於大多數人來說，即使只把自己20%～30%的資產拿出來從事期貨投機，也是非常危險的。因為期貨交易是一項專業性很強的生意，風險極大。而且，即使這麼一部分投機資金的使用也不宜過度冒險。一般投機者想當然地認為，帳戶上有這麼多錢，自然而然應該把資金充分利用，一旦機會看準確了，就竭盡全力地投入，這樣短時間就能獲取暴利。這種觀念是不對的。從長遠的角度看，看似保守、膽小的行為其實非常聰明，高瞻遠矚，志在長遠。膽大妄為的重倉交易是一種短視、愚蠢的舉動，早晚會成為市場的犧牲品。

二、一個新手，甚至許多市場老手都有一個壞習慣，總想讓自己的錢一刻也不空閒，從一個市場出來以後又迫不及待地進入另一個市場。「錢燒口袋漏，一有就不留」。一個人應該看好自己手中已經擁有的東西。你希望天天賺錢，但是交易機會不是天天有。你不能憑你的想像行事，否則就是不尊重市場。不尊重市場，你就會受到懲罰。

三、在期貨市場賺大錢並非不可能，但需要時間，只有量的積累，才有質的飛躍。重倉交易者企圖戰勝時間的束縛，一夜暴富。輝煌的成功依靠的是以命相搏，往往是短暫的，一次意外，就會命喪九泉。金融投機的祕訣在於很好地利用複利機制。巴菲特、索羅斯的成功，關鍵並不是他們追去短期暴利，而是長期、穩定的獲利。否則，也許他們早就死在路上了，到不了今天的輝煌。

索羅斯在《金融煉金術》（*The alchemy of finance*）中的這兩句話，值得我們深思：
「相對於近期獲利，我更關心基金資本的安全。」
「我主要還是著眼於限制虧損，而不是謀取暴利。」

一對期貨夫妻的不同命運

一般的觀點認為，男人理智一些，而女人則容易感情用事。

這一點，從股票、期貨市場中參與者的性別比例看，似乎能得到某種證明。股票、期貨的投機活動需要很強的理性態度，非常忌諱情緒化的行為方式，無疑不太符合傳統觀點認為的女性

的特點。所以，股票市場中女性投資者所占比例很小，期貨市場中，女性參與者則更是鳳毛麟角。國際金融領域成名成家的人物中，也確實極少有巾幗英豪。

當然，這也是一個悖論。也許正是意識到投機市場的這個特點，女性朋友才「敬鬼神而遠之」，根本就不想到這種地方來。這麼說來，比起大多數一頭栽進股票、期貨市場的大膽鹵莽之徒，女性反而又顯得非常謹慎、理性、明智。

世上沒有絕對的事，我經歷的一件事似乎剛好和一般的觀點相反。

1997年初，我在亞運村的一家期貨營業部做交易。有一天下午，突然法院的幾名法官來到我們交易室。大家都有點緊張，不知道發生了什麼事。營業部經理上前問明情況，就走過來通知坐在我旁邊的一位客戶——小雨（為避嫌，隱其真實姓名）。小雨是位小姐，大約二十六、七歲，畢業於某個偏遠省分的師範大學，是我到營業部以後認識的，也算是朋友。

那時，我兒子一歲左右，活潑可愛，小雨經常和他一塊玩遊戲、逗樂，還帶他一起去過八達嶺長城。所以，雖然很多年沒有聯繫了，我對小雨的印象依舊深刻。別看小雨年紀輕輕，她可不是等閒之輩。我早就聽人說過，她擁有1000多萬資產，在北京市區的黃金地帶擁有兩處豪華別墅，還在大連毗鄰海濱浴場的位置投資了一棟高級住宅。不過，如果不考慮她的富姐身分，純粹從一個男人的目光看，小雨的長相和身材確實非常一般。聽我妻子說，當時她正在追求營業部的經理。可惜，落花有意，流水無情，那個文質彬彬的小伙子好像有點無動於衷。

小雨走到法官面前，我遠遠地看見一個女法官拿出了一大堆

文書，遞給小雨，可能是讓她簽字。我禁不住好奇，想知道事情的原委，也走到法官們旁邊。聽了一會，了解事情的大概。

原來，小雨一年以前就已經和丈夫離婚。在離婚協議書上，夫妻雙方對家庭財產做了詳細的分割。其他財產平均分配，但他們一起買的三輛小轎車，離婚後兩輛歸男方，小雨要了那輛紅色女跑車。問題就出在這輛跑車上。當初買的時候，車主的名字是小雨的丈夫。離婚後，小雨也沒有在意，繼續開著玩，沒有及時變更車主的姓名。

不久以前，小雨的前夫因為做期貨賠了，欠了人家90多萬債務，被人告到法院。法院知道了他名下還有一輛紅色跑車，就找到小雨，要做財產保全。小雨向法官解釋了半天，講清事情的經過，我們也幫她求情，但是沒用。最後，法官還是拿走了她的車鑰匙和行駛證。

這件事過後，有一天我在營業部聽人說，小雨和她的前夫原來都是北商所的紅馬甲。在北京綠豆期貨火爆的那段時間，小雨所在的那家公司的席位，是北商所一位市場超級主力的下單跑道。小雨她們每次在幫主力敲單時，自己也跟著做一點交易。剛開始時因為本錢小，只賺點小錢。後來越做越大，跟著主力做了一年多以後，竟然掙了3000多萬。

有了錢以後，和大多數男人一樣，不久後，小雨的丈夫就開始和一位年輕、漂亮的女孩子眉來眼去。關於這件事，小雨後來親口對我們營業部的人說過，是那位小姑娘死死地纏著她丈夫不放。之後，過了一段時間，兩口子就離婚了。

北商所的綠豆期貨在主力們涸澤而漁的逼倉及操縱下，元氣大傷，行情逐漸蕭條。小雨和她的前夫也相繼離開了原來的公司。

他們繼續在期貨市場炒作，但是已經沒有當初做紅馬甲時的那種資訊優勢，可以隨時洞悉市場主力的方向。小雨從1000多萬資產中拿出很小一部分資金投資期貨，非常保守謹慎。有一次，我看見她的結算單上只有20多萬資金。大概是女人天生的一種自我保護的本能，平時的交易中，小雨下單只做一、二十手，根本不像有大錢人的手筆。我感覺她做期貨可能是為了擺脫生活的無聊、寂寞，只是好玩，而不是一定要賺什麼錢。所以，離婚一年以後，小雨在期貨市場中並沒有大的輸贏。

小雨前夫怎麼做的期貨我不太清楚。只知道因為重倉交易，一年就把1000多萬全輸光了，車子、房子沒了，還欠人家90多萬。

最後一次聽到小雨前夫的兩件事是小雨親口告訴我的。一是原來和她丈夫形影不離的那位女孩子，竟然現在還跟著他，沒有趁他落難時離他而去。二是小雨把前夫在情人節時給她買的一條項鍊還給了他，據說當時買的時候花了十三、四萬。因為這兩件事多少有點出人意料，所以我記得比較清楚。有時候想想，這傢伙也不算太倒楣，不管期貨做得怎麼樣，兩個女人對他還都不錯，也算是賭場失意、情場得意吧！

同樣的起點，一年以後夫妻兩人的命運如此不同，令人驚愕。

我有時不禁突發奇想，如果把所有男人都趕出股票、期貨市場，只有女人在裡面交易，行情走勢會有什麼變化？是否就不會像現在那樣大起大落，驚心動魄，表現得更平穩、理智一些呢？

我猜想，不是男人，而是女人可能更適合在高風險的投機市場中生存。

男人總是野心太大，沒有節制。掙了10萬以後想掙100萬，

有了100萬又想著1000萬，真的成了千萬富翁又想著超過比爾·蓋茨。投機行業高風險、高回報的特點，更容易激發男人們這種不切實際的夢想。世上不如意之事十有八九，結果大多數人最後往往竹籃打水一場空。所以，男人的命運總是跌宕起伏、曲折多變。

多數女人不會有男人那麼大的野心，顯得比較謹慎、現實、保守。但在期貨市場，這其實也是一種非常難得的優勢。

第十章

激戰海南咖啡

分析家似乎是在投機的鋼琴上和幸
運女神一起彈奏一曲二重奏,而所
有的調子都是由善變之神確定的。

──班傑明・葛拉漢

造成投機者損失的主要原因，不是市場沒有給你逃命的機會，
而是投機者自身沒有採取強烈的風險控制措施。

　　十多年的期貨交易生涯中，我經歷了無數次大大小小的戰
役。而1996年到1997年的海南咖啡，是我見過的最為凶險、殘
酷、詭異的品種之一。和它可以媲美的期貨品種有，1995年底蘇
州紅小豆從3700多元到1600元的暴跌行情；1996年初蘇州紅小
豆從3300元到5800元的暴漲行情；1997年到1998年的天津紅；
1998年以後的鄭州綠豆行情；2003年到2004年上海橡膠從1萬元
到1萬7000元的暴漲行情等。

　　在這些期貨品種的交易中，無論是市場主力操作手法之凶
狠，手段之毒辣，目的之陰險，市場價格波動幅度之大，甚或是
波動方式之慘烈，都到了登峰造極的地步。期貨市場成了屠宰
場，大中小戶皆淪為可憐的羔羊。在陡峭曲折、上下起伏的走勢
曲線後面，不知埋葬了多少人的發財美夢，有多少人飲恨於此，
又有多少人為之傾家蕩產，債臺高築。

　　中國期貨市場也為之付出了慘重的代價。時至今日，大多數

人依然聞期貨而色變，避之唯恐不及。

期貨市場本應該是一個規避風險的地方。然而，曾幾何時，在一些交易所，期貨卻成了一個製造風險，激化矛盾，給整個社會政治、經濟帶來麻煩的東西。

從1996年初到1997年中，海南咖啡在中國期貨市場掀起了一波波驚心動魄、前所未見的市場行情，強烈地衝擊著市場的各個方面。也暴露出早期中國期貨市場存在的一系列問題：監管體制、交割制度、市場操縱、內幕交易，以及風險控制等等。海南咖啡，對投機者來說，就像一朵美麗的罌粟花；對中國期貨市場而言，給人留下了許多值得思考的問題。

也許，這一切就像一位哲人所說的：存在的就是合理的[1]。

身為一個期貨市場的參與者，面對咖啡期貨這樣特殊的交易品種，最為明智的態度也許是知其不可為而自動退出這個遊戲。如果投機者禁不住市場誘惑，想要火中取栗，那麼只能調整自己，適應這種不合理、不公平的競爭。但是，投機者應該明白的是，玩這種遊戲，最終成功的可能性是微乎其微的。

海南咖啡交易的幾大特點

一、咖啡純粹只是作為一個符號被市場炒作

其他一些商品期貨品種，例如大豆、銅、橡膠，或小麥等品項，即使在一段時間內的市場走勢過於離譜瘋狂，但是歸根究柢，這些商品的價格受到基本面因素、供求關係的制約。市場價

1.出於德國十九世紀哲學家，格奧爾格‧黑格爾（Georg Hegel）的《法哲學原理》（*Grundlinien der Philosophie des Rechts*）。

格波動的非理性只是暫時、短期的。雨過天晴，一切就會回到正常的軌道上。按照經濟學家的說法，這些商品的價格會圍繞其內在價值上下波動。

由於交割制度等一些特殊的原因，海南咖啡和基本面因素、市場供求似乎沒有任何關係。誰也不知道咖啡的內在價值是多少，什麼價格是合理的。海南咖啡有時候像一顆金豆，有時候卻像一粒羊屎。市場價格的大幅度波動完全是投機力量使然，主力資金量的大小絕對決定咖啡價格的高低。在一年多的時間裡，海南咖啡最高達到每百公斤4200多元，最低曾到每百公斤900多元。一句話，誰的錢多，誰就可以決定咖啡的價格到底是多少，市場是上漲還是下跌。

所以，在海南咖啡期貨的交易中，咖啡純粹只是作為一個被炒作的符號，一個概念，市場主力可以把它的價格拉高到天上，也可以把它壓低到一錢不值的位置。這所有一切都是市場主力設置的陷阱、圈套，唯一目的就是掠奪大中小戶的財富。

操作海南咖啡的那一段時間，有一天中秋節，我的一位朋友曾經開玩笑地說，海南中商交易所想像力還是不夠豐富，也不夠高雅。咖啡只是一種喝的東西，把它作為期貨交易的物件買進賣出，實在太庸俗。海南島這麼美麗的地方，應該設立一個「海南月亮」期貨，讓大家炒，那多過癮。你想買進月亮嗎？可以，你出個價，我覺得合適就賣給你。天上的月亮值多少錢，沒有任何人知道，但這又有什麼關係呢？你可以充分發揮自己的想像力，隨便定。只要有人願意買進，有人願意賣出，期貨交易就會非常熱鬧。買的人多，買入的資金量大，月亮的價格就會上漲。賣的人多，賣出的資金量大，月亮的價格就會下跌。在交割月到來

時，多空雙方按照前一個月的平均價格現金交割，多麼簡單啊。

參與咖啡交易的人都是投機客，誰也不想真的買進咖啡，接實盤；市場中也沒有種咖啡的人，真的想做賣出套期保值。投機者的唯一目的是賺取市場差價，只要市場價格有大的波動，買賣物件本身是什麼毫無關係。期貨交易中，總有一些人會賠錢，也有一些人賺錢。咖啡交易的最終結果，無非是金錢在投機者之間重新分配而已。

既然如此，炒咖啡和炒月亮不是一樣的嗎？

我朋友顯然是對海南咖啡這種毫無規律的價格波動非常生氣，可能在它身上吃過大虧，所以編了一個月亮期貨的故事來挖苦交易所。當時，我只是一笑了之。

現在想起來，當初我朋友的這種設想並非荒誕之言，還有點天才思想。前一段時間，我看到一條消息，據說歐洲期貨交易所即將推出天氣期貨。過一段時間，國外的投機者就可以買賣天氣了。天氣可以買賣，月亮也應該可以吧。

二、市場價格波動幅度之大，令人咋舌

海南咖啡第一次引起人們注意是9605合約的逼空行情。

早在1996年初，多頭主力就在2700元附近開始建立多單，圖謀多逼空。在3月初，多頭主力出擊，市場價格強行突破盤整區域，一輪氣勢磅礡的上漲行情由此展開。到了5月6日，也就兩個月時間，9605咖啡創下了每百公斤4221元的天價。

由於9605合約是交割月品種，市場價格巨幅上漲以後再也沒有跌下來。在多頭主力的逼迫下，投機空頭欲哭無淚，只能高位砍倉，損失慘重。

在9605合約逼空行情中，多頭主力接下了大約1.7萬噸咖啡，是部分被套空頭從國外進口的。後來一段時間，9607咖啡在3000元到3400元之間大幅震盪了兩、三個月，多頭主力突然掉轉槍口變成空頭，借口實盤壓力，發動了一波非常慘烈的暴跌行情。十多個交易日，9607合約的價格從3300多元跌到1800元附近。市場走勢從一個極端走向了另一個極端。

咖啡行情的波動幅度如此之大，參與其中的投機者一旦方向判斷錯誤，即使投入的資金量很小，也會損失慘重。膽子大一點的投機者，倉位稍微重一點，一旦做錯方向，往往在幾天之內，帳戶裡的保證金就會被一掃而空，甚至欠下期貨經紀公司巨額債務。

三、市場價格波動方式之詭異、凶狠、殘酷，令人膽戰心驚

在一般期貨品種的交易中，如果投機者對市場運動的趨勢判斷錯誤，只要能夠及時止損，大多數時候損失不會太大，鮮少會面臨滅頂之災。一般人之所以出現巨大損失，往往是在關鍵時刻猶豫不決，心存僥倖，不能壯士斷臂，結果，拖越久虧損就越大。也就是說，造成投機者損失的主要原因，不是市場沒有給你逃命的機會，而是投機者自身沒有採取強烈的風險控制措施。

然而，常規的風險控制措施在海南咖啡上卻不管用，做海南咖啡絕對不能出現方向性的錯誤。為什麼？

因為市場趨勢一旦爆發，價格運動的方式將會非常慘烈，會連續出現好幾個漲跌停板。9609咖啡曾經創造過這樣的奇蹟，十二個交易日中有十天漲停板。做錯方向的投機者，面對漲跌停板價上動輒幾萬、幾十萬手的買賣單封盤，猶如被關門打狗，根本

沒有逃命的機會。

除了市場一開盤就被封死在漲跌停板，沒有任何成交的日子以外，在平常的交易日，海南咖啡的日內波動也非常劇烈。一是價格波動幅度大，在漲跌停板之間來回運動；二是漲跌速度快，有時候轉瞬間大幅上漲幾十點，甚至上百點，有時候在幾秒鐘內就巨幅下挫。

咖啡市場這種毫無規律的走勢，把大多數投機者弄得神經高度緊張，生怕一不留神就遭遇滅頂之災。有一次，在9703合約的交易中，我因為太擔心咖啡市場反復無常的變化，明明對自己的判斷非常有信心，最終還是放棄了一筆可能賺大錢的交易。

那一天下午，咖啡9703合約從前一段時間的高點跌到1700多元以後，市場價格在跌停板附近徘徊。我查閱了一下9703的中長期日線圖，看到了某種自己熟悉的走勢圖形，根據經驗，我認為咖啡的跌勢未盡。市場價格之所以沒有直接封在跌停板，肯定是主力在玩把戲，引誘散戶們抄底。我立刻下令拋空200手，我以為，過一會市場價格就會跌停板。但是，在我賣空以後近半個小時後，9703還在那兒震盪，並沒有出現我所期望的局面。我對自己的經驗和判斷毫不懷疑，但是，最後我卻決定退出市場。為什麼？一朝被蛇咬，十年怕井繩。因為過於恐懼市場的意外變化，我不想再和市場主力玩這種貓捉老鼠的遊戲。

一切都如我所料，又過了一會，市場價格真的跌停了。第二天一開盤，直接跳空跌停。後來，按照交易規則，市場又擴大跌停幅度。我本可以賺大錢的一次交易，就這樣毫無收穫地結束了。

圖10.1　海南咖啡9609日線圖

海南咖啡9609創下了連續十多個漲停板的奇蹟

四、市場主力之間的爭鬥到了你死我活、白熱化的程度

　　海南咖啡是一塊大肥肉，誰都想來咬一口。各方資金紛紛雲集海南，血戰咖啡市場。大魚吃小魚，激烈廝殺。這在9703咖啡上達到了極點。

　　1996年底，當9703咖啡的價格跌到1500元附近時，大量資金入市抄底。但是，螳螂捕食，黃雀在後。在市場價格上漲的過程中，空方主力有備而來，大肆拋空。1996年的最後一個交易日，9703的持倉量竟然從三天前的18萬手增加到50萬手，多空雙方大打出手。1997年1月10日，由於在市場中無法分出勝負，多空雙方在交易所的主持下，進行第一次協議平倉。

　　但是，就在協議平倉以後，空方乘多頭不備，以迅雷不及

掩耳之勢，大力打壓價格，三天之內，9703咖啡價格狂瀉200多點。1月15日，多方站穩腳跟以後又捲土重來，報復性地收復失地。當9703合約漲到1882元時，在交易所的斡旋下，多空雙方進行第二次協議平倉。

此時，正值春節之前，市場雙方都在籌措資金，一場大戰在春節過後將不可避免。果然，1月21日開市後空頭就全面反撲，持倉量增至30餘萬手。此後三天，在期價大幅震盪中持倉量繼續增加，1月24日開盤僅兩分鐘，9703合約持倉量便達到最高限額70萬手。中商所不得不暫停交易。

1997年初，我曾經聽說這樣的一件事。在海南咖啡的炒作中，有一個市場主力因為做錯了方向，眼看著成千上萬手單子封在停板位置，打開無望。面對損失慘重、任人宰割的形勢，他雇

圖10.2　海南咖啡9703日線（1996.05-1997.03）

咖啡9703從1500元到2300元的這波一上一下行情，從圖表上看，和一般的交易品種的走勢沒有什麼分別，是單純的趨勢行情。實際上，這段走勢背後隱藏著多空之間血腥的搏殺。

佣了一幫黑社會的人，直接拿槍頂著另一個市場主力的腦袋，逼迫其打開市場的停板，放他一條生路。雖然這只是個故事，也不知其真假，但由此可見當時市場主力之間爭鬥之激烈。

事情發展到這種地步，咖啡期貨市場已經完全演變成社會各方勢力爭奪利益、重新分配財富的戰場，大量非市場因素參與其中，咖啡期貨早已喪失了期貨交易的一般意義。傳統意義上期貨市場的兩大基本功能——價格發現和套期保值，在海南咖啡市場已經變成了令人可笑的書生之見，迂腐之論。

我的實戰經歷

我對咖啡期貨並不陌生，早在1994年，我就聽說過一位朋友交易咖啡的精彩故事。那時，他做的是外盤咖啡，因為南美天氣的原因，有一天咖啡期貨價格突然暴漲，由於他做的是多頭，短短幾天時間，那一筆交易就賺了十多倍。

1995年，海南中商所也有另一種咖啡期貨，不過和1996年以後的交易品種不一樣，這個品種我也交易過幾次。那時候海南咖啡成交量很小，價格波動完全追隨紐約交易所的咖啡行情。美國市場前一天漲，海南咖啡第二天一開盤就跟著跳高；美盤前一天跌，海南咖啡第二天一開盤也跟著跌。所以，1995年的咖啡期貨交易，就像賭徒押寶，如果你對當天晚上美盤走勢判斷準確，第二天一早，就能賺錢；反之，你就倒楣。

1996年3月，海南咖啡剛開始火爆時，我就介入了（前面一章已經提到）。倒不是我提早知道了主力要在咖啡市場有所動作，而是我一向很重視圖表發出的信號，尤其是在早期的期貨交

易中，我每天都會花很長時間閱讀各個市場的走勢圖。

9605咖啡向上突破的那一天，我在看盤時不經意地發現，平時名不見經傳的海南咖啡蠢蠢欲動。當我查閱了9605合約的日線圖以後，就像發現了寶藏，立刻興奮起來。因為9605合約前一段時間的價格走勢，是一種我最喜歡、最熟悉的圖表形態。咖啡價格長時間圍繞著2700元這條中軸線，在一個狹窄的空間小幅波動。這種圖形一旦向上突破，市場很可能就會形成強勁的上升趨勢行情。交易的風險和利潤簡直不成比例，風險極小，利潤極大，這對投機者極為有利，是一個非常難得的機會。

我密切地注視著海南咖啡市場的動靜，做好了隨時出擊的準備。等到它終於有效地突破了歷史高點，我立刻行動，市價買入。我竭盡全力想要擠上了已經開動的列車。

接下來的幾天，市場價格連續漲停板。

事後，從長期圖表上看，9605咖啡的這波趨勢行情非常單純、明顯。我在咖啡市場突破盤局，剛剛開始上漲時就持有多單，如果我的多頭一直堅持下去，在如此強勁的單邊市中，應該能賺大錢。但是，我在市場價格漲到3000元的那一天就出場了，實際上並沒有賺到多少錢。誰能想到，沒過多久，9605咖啡竟然漲到4200多元。

為什麼我會這麼早就平倉呢？

因為在咖啡行情發展的早期，市場價格曾經連續兩天出現大幅震盪。第一天，9605合約的價格在很短的時間內，竟然從漲停板被打到跌停板，接著，市場又出現戲劇性的一幕，跌停板迅速被打開，急劇上漲，幾分鐘之後又收在漲停板。第二天，多頭主力又故技重施，市場價格一會兒上漲，一會兒下跌，在多空之

間來回折騰。我被弄得暈頭轉向，沒有看透這是多頭主力在故意搗鬼，攪渾市場這池水，目的是搞亂投機者的思維，在做多和做空之間陷入混亂。我雖然持有獲利的多單，內心卻驚恐不安。僥倖忍過了第一天市場的劇烈震盪，但到了第二天，我終於不堪忍受市場的折磨，在慌亂中平倉離場。在那兩天之中，日內價格激烈動盪，不管是多頭還是空頭，所有投機者都被搞得心驚膽顫。除了市場主力，恐怕沒有幾個普通投機者能夠繼續牢牢地持有多單，經受住這種殘酷的考驗。

9605咖啡幅度驚人的上漲行情，對於沿著市場中長期趨勢交易的投機者來說，無疑是一次獲取暴利的機會。但是，從我的交易情況看，我看對了方向，卻沒有賺到應有的利潤。看來，方向判斷準確只是交易成功的第一步，而且可能並不是最關鍵的一步。賺大錢最主要的是投機者需要有巨大的耐心和忍耐力，面對短期波動的不確定性、反覆無常，要堅定自己的市場信念。任憑風浪起，穩坐釣魚臺。

能否抵禦市場短期波動的威脅、欺騙，是順勢交易時最令人頭痛而又不得不面對的現實問題。一個神經過敏、心理脆弱的投機者是不可能從長線交易中獲取驚人利潤的。

日本K線理論

我對日本的K線理論曾經做過非常深入的研究。

K線最早出現在三百多年以前日本的稻米期貨交易中，據說是日本古代投機大師本間宗久的發明。從本質上說，K線其實只是一種市場價格變化的記錄工具，從每天或每週的市場價格波動

圖10.3 海南咖啡9605日線

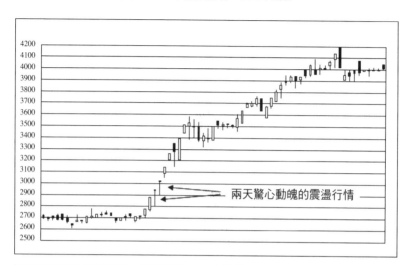

短短兩個月的交易時間，海南咖啡9605竟然從2700元漲到4200元，波動幅度之大有幾個人能想到呢？

中，抽取四個點作為一天或一週價格走勢的代表，這四個點是：市場開盤價格，市場收盤價格，市場最高價，市場最低價。K線忽略了市場價格運動的具體過程，是對市場一段時間價格變化的高度抽象。

但是，在日本人看來，K線顯然不僅僅是一種簡單的價格記錄工具，而且是一種價格預測工具。一根或兩根K線就可以揭示市場未來變化的契機。對於一些特殊的K線圖形，日本人喜歡用形象生動的詞彙來表達其意義。例如，上吊線、錘子、流星、烏雲蓋頂等等。每個人對K線的理解都不一樣，日本有許多K線預測技法，或者說祕訣。

進行期貨交易的時間越長，我越覺得Ｋ線的預測結果具非常不確定性。

　　首先，類似的Ｋ線出現在市場不同的位置，低價區、中價區、高價區，後市價格變化的結果可能大不相同。例如，錘子出現在低價區代表底部支撐強勁，可以買入；而同樣的圖形出現在高價區，錘子就被稱為上吊線，一買進就有性命之憂。但是，投機者如何知道哪兒是高價區，哪兒是低價區呢？這只能憑每個人自己的經驗大概估計，相對來說，主觀性很強。

　　其次，用一、兩條Ｋ線來預測市場未來的走勢，完全是一種形而上學的思維方式，用孤立、靜止、片面的觀點來看待市場運動，很容易一葉障目，不見泰山。在實際操作中，這樣做是非常危險的。例如，在強勁的趨勢行情中，市場經常會出現類似上吊線這樣的圖形，如果你因此入市逆向操作，可能會面臨滅頂之災。圖10.3海南咖啡9605合約的情況就是這樣。在下跌行情中，亦是如此。

　　對於捕捉中長期市場趨勢的投機者來說，應該從整體、全域、發展的眼光來看待市場運動，而不能只根據局部Ｋ線發出的信號，輕率、隨便地斷定市場的底部或者頂部已經來了。經驗豐富的交易員都知道，一段時間市場價格波動的形態遠比一、兩條Ｋ線的預測結果重要。

百密一疏，錯失暴利

　　在我早期的期貨交易中，我曾經非常痴迷單憑一、二條Ｋ線來預測市場，並以此作為操作的依據。結果有時候好，有時候不

好，估計和閉著眼睛瞎矇的結果差不多。但是，在海南咖啡交易時，有一次我根據日本羽黑法的週K線理論，確實非常準確地判斷出了咖啡市場可能出現的暴跌行情。也許這次完全是湊巧。

日本K線理論中有一派叫做羽黑法，羽黑是一個投機者的名字，他把週線分為十多種類型，不同的週K線圖形預示著市場下週的不同走勢。我對羽黑法非常熟悉，對每一種週K線揭示出的下週市場可能出現的幾種運動方式，我幾乎倒背如流。

有一個週末，我在研究咖啡市場的圖表時發現，9609咖啡那一週的週K線是一條上影線很短，下影線很長的小陰線：

按照羽黑法的理論，上面這條週K線有兩種含義：一是下週市場可能出現騰升形態，即向上跳空以後大幅上漲；二是一旦下週市場價格跌破前一週的中心位置，就有可能出現暴跌行情。

根據咖啡市場前一段時間的走勢加上我自己的經驗及感覺，我在週末的研究中得出結論：下週咖啡9609很可能出現羽黑法中預言的第二種情況，即市場出現暴跌的概率很大。

在此之前，因為我對下一週的市場走勢尚無個定數，我的帳戶上是一筆對鎖交易，各持有100手的9609合約空單和100手多單。

因為害怕到了市場以後，我忘記了自己週末的研究結果，所以我還把下週的操作計畫詳細地寫在一張紙上。我決定，一旦下週市場價格跌破前一週的中心位置，立刻把多單砍倉，保留100手9609合約的空單。我對自己的研究結果非常有信心，那一個週末是在心情愉快的期待中度過的。

　　因為一個非常偶然的原因，週一我無法親自去市場看盤和操作。我很遺憾，只好把自己的操作計畫交給我的一位助手，再三叮囑他，一切都要按照我制定的計畫行動。

　　第二天，也就是週一，市場行情果真暴跌，9609合約最後跌停板。然而，那一個晚上，我卻痛苦、惱火之極。發生了什麼事情呢？我的判斷不是非常準確嗎？

　　我的那位助手完全是一個新手，在市場價格大幅下跌的那一刻，他突然意識到，我的空單賺了不少錢。他無法理解我的做法，想當然地認為，我讓他把多單砍倉的決定是錯誤的。

　　在執行我的操作計畫時，他竟然自作主張，非但沒有把我的多單平倉，反而在市場跌停板的價格，把我的空單獲利平倉了。結果，那一天市場價格牢牢地封在跌停的位置，我卻持有100手咖啡9609的多單。

　　當他告訴我這個消息時，我簡直要瘋了，但是，悔之晚矣！

　　隨後幾天，咖啡9609繼續跌停板。

　　我制定了一個非常聰明的交易計畫，本該獲得不菲的收益，結果卻是如此慘痛。不但沒賺到錢，還遭受了巨大的損失。

圖10.4　海南咖啡9607日線（1996.01-1996.07）

我在咖啡9607跌到3100元附近時，確實準確地預測到了隨後市場可能出現的暴跌行情。因為我的助手是個新手，犯下了一個令我意想不到的愚蠢錯誤，我在判斷準確的情況下，卻遭受了巨大損失。

第十一章

逆勢操作的反思

你不可能靠風向標致富。

——巴菲特

時時刻刻聰明過人，這滋味並不好受，
就像是置身於一種永恆的葬禮之中。
——D‧H‧勞倫斯（D. H. Lawrence）

　　我自己的親身經歷加上十多年來在期貨市場中的所見所聞表明，因為重倉交易而爆倉的投機者，數量上要遠遠少於因為逆勢操作而破產的投機者。

　　道理很簡單。

　　重倉交易的危險性是顯而易見的，一次失誤，投機者就再也沒有翻身的機會，隨即會被掃地出門。所以，做出重倉交易的決策，投機者需要有相當的膽量和勇氣。一般人在市場交易時確實鹵莽有餘，但真的要他在某次交易中壓上身家性命，做出一個重倉交易的決定，他往往會因為怯懦而退縮，並沒有足夠的魄力和勇氣。還有一點，如果一個人真的做了一次重倉操作，因為擔心和害怕失敗可能帶來的巨大損失，他在入市以後肯定比較警惕，一見時機不妙時逃得也比較快。所以，因重倉交易而直接導致的慘劇，在投機市場中並不常見。

　　逆勢交易的危害性，和重倉交易情況不大一樣。如果說重倉

交易可能讓投機者猝死，那麼，逆勢交易大多數時候是讓投機者慢慢地死。就像一隻青蛙，它不會跳進沸騰的開水鍋裡，因為它知道這樣做太危險了，會使它喪命，所以會本能地逃避。而它可能跳進小火煮著的溫水鍋裡，覺得沒有什麼危險，結果溫水的舒適反而使它喪命。

相對於重倉交易而言，投機者逆勢操作的行為更具有普遍性，幾乎在每一個期貨營業部都隨處可見。因而，它對投機者造成的實際危害更大，更具有毀滅性的後果。

在大多數情況下，股票、期貨市場的趨勢運動是以溫和、緩慢的方式演變。市場價格在70%的時間處於一種趨勢不是很明顯的狀態。因為市場價格變化偶然性、隨機性的特點，逆勢操作有時候也能賺到錢，所以它的巨大危險性往往不易被察覺。但是，一旦哪一天市場重大趨勢運動來臨，它就像海嘯，任何投機者作為一個個體，力量是那麼的渺小，那麼的脆弱。逆勢交易的惡果就暴露無疑。

在期貨交易兩三百年的歷史中，有多少自以為是、實力雄厚的大人物、小人物在滾滾向前的市場車輪面前，因為逆勢操作，被消滅得乾乾淨淨，無影無蹤。順勢者昌，逆勢者亡。螳臂當車，豈有不死之理！

最近十年金融市場中逆勢交易失敗的案例

僅僅最近十多年，因為逆勢操作，金融市場就爆出了一個又一個的交易醜聞。許多重量級的人物紛紛落馬，資產動輒損失幾十億，令人扼腕嘆惜。

1995年，當時中國最大的證券公司——萬國證券，在327國債期貨中逆市拋空，豪賭失敗，一夜之間損失幾十億，萬國總裁管金生身敗名裂。（圖11.1）

　　1997年，湖南株洲冶煉廠在倫敦LME市場[1]違規投機交易，超量賣出金屬期貨鋅，無法履行交割合同，損失14.6億。（圖11.2）

　　2004年，中航油集團新加坡公司陳久霖，在國際原油價格大幅上漲以後，在38美元附近持有大量空頭期權，當國際原油價格漲到每桶55美元時，因為保證金不足，被迫砍倉，損失4.55億美元。（圖11.3）

圖11.1　上海國債期貨327日線（1995.1-1995.2）

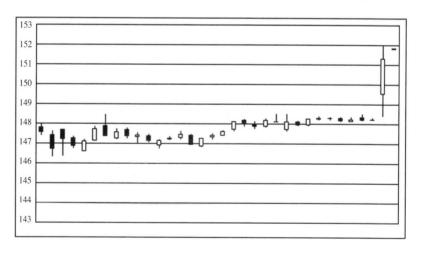

---

1. 倫敦金屬交易所（London Metal Exchange，簡稱LME）。世界首要的有色金屬交易市場，也是世界上最大的有色金屬交易所。

圖11.2　倫敦鋅月線圖

圖11.3　美原油04週線圖

1994年至1995年，英國霸菱銀行新加坡交易員尼克‧李森[2]在日經指數從38000多點開始到9000多點的下跌中途，對抗市場趨勢，大肆做多。因為日本一次意外的地震，日經指數再次暴跌，霸菱銀行損失14億美元以上，百年老牌銀行一夜之間毀於一個年輕人之手。（圖11.4）

　　1996年，英國LME市場爆發了震驚世界的「住友事件」。日本著名的住友商社首席交易員濱中泰男，是國際銅市令人聞風喪膽的「銅先生」，他蓄意操縱市場的行為失敗，導致LME銅價大幅下挫。短短一個多月的時間，LME銅從每噸2500美元以上的價格，跌至兩年來的最低點每噸1800多美元，狂跌之勢令人瞠目結舌，住友商社的多頭頭寸虧損40億美元。（圖11.5）

圖11.4　日經指數月線圖

圖11.5 綜合銅月線圖

人算不如天算：不可預測的風險

　　上述因為逆勢交易而失敗的案例，在違背市場大趨勢這一點上是一致的，但它們之間也有相異之處，大致可以分為兩種情況：

　　一種是投機者試圖操縱市場行情，以一己之力扭轉市場趨勢，因為市場監管和一些突發性事件的出現，最後寡不敵眾，慘遭滅亡。濱中泰男和管金生的情形就是如此。

2. 尼克‧李森（Nick Leeson），曾是英國霸菱銀行新加坡分行的投資交易員，因為超額交易，投機失敗，損失超過14億美元，導致英國歷史最悠久的霸菱銀行倒閉。

因為期貨交易的特殊性——巨大的槓桿效應和交易合約有時間限制。從某種意義上說，我倒是相信，背離市場趨勢的操縱行為，雖然非常危險，但在一定條件下，也有成功的可能。例如，早期中國期貨交易的歷史中，曾經有多次「逼倉」成功的案例。從1991年到1996年，濱中泰男曾經操縱倫敦銅市五年以上，LME市場的大量庫存實際上已經被濱中泰男牢牢掌握。如果沒有市場監管部門的介入，我懷疑濱中泰男未必會輸得一敗塗地。

　　一般說來，操縱者並不懼怕市場對手，他們更害怕的是法律和市場監管。缺少基本的期貨法和監管缺失，使得期貨市場的操縱者往往有機可乘。

　　所以，從投機的角度分析，市場操縱失敗不完全是操縱者自身性格、心理上的缺陷導致的，而是有某種外在的偶然性。

　　另一種逆勢交易，指的是市場中大量普通投機者的錯誤操作方式。雖然其中有些參與者資金量很大，但並沒有操縱市場價格的實力和企圖，像湖南株洲冶煉廠和中航油集團新加坡公司。他們的失敗是由於對市場的方向判斷錯誤，並且沒有採取相應的風險控制措施所引起。

　　從投機交易的角度分析，這一類逆勢交易，失敗的主要原因在於操作者自身心理、人性上的缺陷。說白了，雖然這些公司的實力雄厚，但行為方式卻和市場中大量的業餘投機者一樣，更像個賭徒，而不是高明的投機客。

　　為什麼這些社會地位非比尋常、智商遠比一般市場參與者高、手握鉅資的精英們紛紛折戟沉沙，在金融投機的歷史上猶如過眼雲煙，成為人們的笑柄呢？是他們愚昧無知，對市場運動的規律、投機的風險與原則一無所知嗎？

不完全是。

無論是英國霸菱銀行新加坡交易員尼克・李森，還是住友商社首席交易員濱中泰男，他們都是市場經驗豐富、業績頗佳的老牌交易員，在出事以前都為公司創造過巨大利潤。

327國債事件的主角，萬國總裁管金生則被當時臺灣證券界譽為大陸的「證券教父」。在國際原油投機中損失慘重的中航油新加坡公司總裁陳久霖，也非等閒之輩。

每一次震驚世界的投機失敗及巨額虧損的背後，情況都不完全相同，都伴隨著千奇百怪的偶然因素。例如，導致英國霸菱銀行破產的是日本偶然發生的一次大地震，由此引起日經指數短期大幅下跌；導致萬國證券巨大災難的直接導火線，是中國財政部1995年2月22日突然公布的一項貼息政策等等。

投機者心理是成敗關鍵

但是，偶然的意外後面也有必然的一面。金融醜聞往往是由於某一個人在市場判斷、決策、操作時犯下錯誤後才出現的。逆市交易和重倉操作，涉及到人性和人的心理。在貪婪、僥倖、自負、虛榮等方面，這些失敗者似乎有一些共同的特點。

自負和貪婪

人們總是高估自己的判斷力，過度自負。

心理學家曾經對司機做過一項調查，有70%以上的受訪者認為自己的駕駛技術高於一般水準。顯然，這種情況並不符合現實，不可能大多數人的駕駛技術都會高於一般水準。心理學的研

究表明，我們無意識中習慣於相信自己在技能、智慧、遠見、品德和領導才能等方面優於一般人。

投機者有許多行為和人的過度自負密切相關。例如，在上漲或下跌趨勢中，投機者往往因為市場價格看起來已經很高或者很低了，自作聰明地逆向買入或賣出。在明顯的市場趨勢面前，如果一個投機者順勢交易，他往往會覺得自己沒有格調，沒有主見，不能證明自己與眾不同的聰明才智。萬一入市以後市場剛好出現調整，他被套住，他更會感覺自己愚蠢，在別人眼中也丟盡面子。而一旦他逆市操作成功，他的自我感覺會極好，包括對自己的預測能力、膽量等評價。

在期貨交易中，逆勢操作背後另一個心理就是貪婪。

市場本身並沒有發出客觀的轉勢信號，也沒有什麼人要求他逆勢操作，正是投機者自身的貪欲，使他利令智昏。

在2004年到2005年銅市的交易中，當國際銅價漲到3000美元以上，在幾十年的歷史高點附近徘徊時，許多人之所以放空，還不是因為想在後市的暴跌走勢中大賺一筆？

當自負和貪婪同時出現在一個人身上時，尤其是出現在那些手中掌握巨額資金的大人物身上，悲劇就開始上演了。

為什麼中航油的陳久霖會在38元大量持有原油的空頭期權？顯然，一是和他對原油價格後期走勢的判斷過於自負、自信有重大關係。從圖表上看，明明市場趨勢在上漲，他卻自作聰明，心存僥倖。二是源於他的貪婪心理。你想，如果市場像以前那樣跌到10美元、20美元，空頭能賺多少錢？即使一下子不跌那麼多，在漲了這麼多以後，即使市場價格稍稍回檔一點，空頭也有暴利啊！

1998年，湖南株洲冶煉廠的老總為什麼會超量賣出金屬期貨鋅？作為一個從事冶金行業多年的專業人員，顯然，他對自己企業的生產成本瞭若指掌。當倫敦期貨的價格漲到遠高於他的成本價格時，他同樣自以為是，認為市場價格上漲不是真實合理的，下跌是早晚的事。貪婪的欲望驅使他不僅賣出自己一年30萬噸的產量，而且還做了大量投機空頭。但是，期貨交易不是現貨交易，期貨價格也不是現貨價格。在洶湧磅礡的上漲趨勢中，這種逆市操作、僵化的思維模式令他付出了沉重的代價。

僥倖

心理學的預期理論認為，當投資失利而有所損失時，我們是風險的愛好者，在僥倖心理的作用下，我們往往寧願選擇賭下去，希望市場隨後的走勢對我們有利。結果，我們在虧損的泥沼中越陷越深，最後變成不可收拾的局面；而當涉及獲利時，我們卻是風險的厭惡者，寧願盡快把利潤拿到手而不願繼續賭下去，搏取大錢。

僥倖心理是投機市場中一種非常普遍的現象，卻是對成功投機危害極大的敵人。大多數人在處理虧損交易時的態度，完全和預期理論描繪的情況一模一樣，結果很可能出現這樣的局面：賺小錢虧大錢。剛好和正確的交易原則相反。

入市之初，一旦出現小損失，投機者的普遍心理是不以為然，損失不大，問題不大。

而當損失逐步變大時，投機者的僥倖心理便油然而生，變成了風險的愛好者，繼續賭博，希望市場趨勢反轉，出現對自己有利的局面。

結果，情況往往越來越糟，虧損數量遠遠超出投機者的容忍範圍，本來是一次損失不大的交易最終卻釀成大禍。

　　其實，任何巨大損失的造成，除了突發性消息引起的個別意外情況，一般都有一個從量變到質變的過程。一個投機者在實際操作中，對市場的趨勢、方向判斷失誤在所難免，誰也不可能對每一次行情的預測都準確。所以，一旦發現自己的操作和市場趨勢相反，投機者絕對不能有僥倖心理，應該在第一時間立刻平倉。這是期貨交易的一條基本原則──止損原則。高明的投機者在順勢交易時，能放膽去贏；在判斷錯誤時，又能果斷地壯士斷臂。

　　當然，這是一種專業投機者的交易心理，已經超越了預期理論所指的普通市場心理。據說，有一次外匯投機中，因為市場的大幅跳空，索羅斯的基金一夜之間損失6、7億美元，在這種情況下，基金的決策者將會面臨多麼重大的精神壓力，但是為了基金的本金安全和長遠發展，他們依然及時採取風險控制措施，迅速平倉離場。

　　確實，高明的交易員和一般投機者的重大區別，並不完全是市場經驗、知識的多少，交易者在實際操作時的心理因素非常關鍵。

虛榮

　　造成這幾次重大損失的主角，都有一個共同的性格、心理特點，也可能是人性普遍的弱點：即當錯誤變得非常嚴重，出現巨大損失時，決策者普遍因為受到虛榮心、自我保護的本能影響，不願讓人知道自己所犯的錯誤，不願讓別人知道真實的虧損數

目。所以,他們常常採用欺詐的手段隱瞞真實情況。

早在1991年,濱中泰男在LME銅市場就有偽造交易記錄的行為;尼克‧李森在面臨保證金嚴重不足的危險處境時,也是透過隱瞞真實的交易情況,一次一次向總公司請求資金援助。

在這些造成嚴重後果的事件中,無論是公司的最高管理層還是市場監管部門,如果對投機者的人性弱點有更深刻的認識,採取的監管措施更加嚴格一些,本來可以避免許多悲劇,或者至少不會這麼嚴重。

1993年,史坦利‧柯洛爾(Stanley Kroll)先生在寫《期貨交易策略》(*Stanley kroll on Futures Trading*)一書時,曾經舉了這麼一個例子:

從1991年至1993年整個三年,在香港恒生指數大約從3000點到1萬1000點不斷上漲的過程中,市場行情有著很直明、顯著的漲勢,而且沒有任何可行及客觀的原因去做空頭交易。一大群投機者屈服於沒有約束的「想當然」思維和一種在市場上空頭的願望,連續嘗試進行令人驚嘆地牛市的空頭部位交易。理由是:

一、市場行情看似是高估的。

二、市場行情的矯正時間到了。

三、他們聽到一個看跌的消息,因此認為價格將會下跌。

四、紐約一家大型投資公司大量買入是價格上漲的最主要原因,而這家公司的行為不久要變為空頭,從而會使市場行情再次看跌。

歷史真是驚人地相似。

2004到2005年期間，無論在國際間或是中國，銅市場的戰略性拋空者的悲劇和上面柯洛爾提及恒生指數的放空交易簡直一模一樣。

不少投資者總怕錯過這輪百年一遇的大行情，一味地拼死做空。

隨著市場價格越漲越高，投機者也不斷強化對熊市的預期，有些人甚至達到近乎偏執狂的程度。一年多下來，因為他們都認定熊市要來了，不少中小投資者幾乎是前赴後繼地逢高放空。在巨幅升水和長時間的劇烈震盪面前，據說中國投機者光在LME市場上的損失就高達幾十億。其中有一位炒手辛辛苦苦地在期貨市場打拼多年，在這一波行情中，過去賺到的上億利潤全部付之東流，其損失慘烈實屬罕見！

我的三次逆市操作經歷

在我早期的期貨交易中，也曾經三次因為逆勢操作，遭受了慘重的損失。

最早的一次發生在蘇州紅小豆市場。我因為相信內幕消息，在9509紅小豆從3800元到3000元的暴跌行情中，心存僥倖地把全部希望寄託在多頭主力的市場操縱之上，不願把多單及時砍倉。結果，那一筆交易讓我不但把前一個多月的巨額利潤全部賠光，而且本金也幾乎損失殆盡。這個案例在前面的章節已經做了介紹。

第二次逆勢交易是在1997年初，我在海南橡膠期貨R708的交

易中吃了大虧。

第三次，也是我的期貨交易生涯中，最後一次因為逆勢操作而損失慘重的交易，發生在1998年10月底，交易品種是鄭州綠豆9811合約。幸運的是，從那以後的六年多，我再也沒有因為逆勢交易而出現災難性的虧損。

下面的內容，是我對1997年初的海南橡膠和1998年10月鄭州綠豆交易的一點反思。

從1995年到1997年初，中國各大期貨交易所的許多品種，因為各種各樣的原因，接連出事。中國期貨市場因此元氣大傷，逐漸告別鼎盛時期的輝煌，開始走向沉寂。

1997年初，當時中國期貨市場也就只有海南橡膠、鄭州綠豆等幾個品種在主力資金的關注下有比較活躍的交易，價格波動幅度也比較大。

我把自己的主要精力集中在海南橡膠上面。

橡膠期貨對我來說，並不陌生。1995年6、7月，我剛進入商品期貨交易時，就曾經做過海南橡膠。記得我第一次操作橡膠是因為聽了我大學同學的建議，她認為市場價格在暴跌以後會有反彈，讓我做一把短線多頭。我見她胸有成竹，就在每噸1萬4210元的價格買入了100手。等了幾天，橡膠市場並沒有出現像樣的反彈，我覺得這次交易沒有什麼前途，索性平倉。後來看到市場價格大幅下挫，令我非常慶幸自己及時退場的明智決策。

這次交易讓我認識到，在期貨投機中，可做可不做的交易還是不碰為妙。投機者如果把精力集中在很有把握、非做不可的交易上面，交易的業績可能會大幅提升。

短視近利讓我瞎忙一場

1996年初，新年剛過，我就在期貨市場看到海南橡膠的價格已經上漲到每噸1萬7000元的高位。不過，這個閃亮的高點只持續了極短時間，從此，海南橡膠就逐漸步入漫長的熊途。到了1998年，市場價格竟然令人詫異地跌到每噸6000多元。

期貨交易有時候確實令人奇怪，大多數人往往對市場可能來臨的重大波動反應遲鈍，視而不見。無論某個商品的價格上漲或者下跌到多麼不合情理的地步，事後看來這個位置是多麼荒唐和離譜，但是身處其中的投機者卻往往當局者迷，很難擺脫當時的市場環境與氣氛的巨大影響。面對一種歷史性的市場價格，投機者很難覺察到這有什麼特別之處，只會認為一切依然正常、合理。

與此相對應的是，因為貪圖一點蠅頭小利，投機者往往對日內變化或者短期波動異常敏感，斤斤計較，每天沉溺於市場搏殺之中忙忙碌碌，以為這是走向成功的捷徑。許多無意中被輕率、隨意地放棄的頭寸，本來是可以帶來巨大獲利的啊！

一葉障目，不見泰山。一旦投機者忘記了市場波動中永恆的迴圈法則，就不可能擁有足夠的眼光和魄力，去把握未來市場可能出現的重大機會。

每當我回憶起自己的交易生涯中，曾經一次又一次重複地犯這種愚蠢、短視的錯誤時，我對自己這種無可救藥的行為簡直痛心疾首、絕望之至。也許是人的本性中有一種天然的自我保護本能，不願反思、正視自己的弱點，不願承認因為缺乏自我約束而犯下的愚蠢錯誤，故意遺忘那些令人不快的痛苦經歷。但是，人性的這種缺陷，人類記憶中這種有意無意的健忘特性，最終必然

會使我們付出更加昂貴、慘痛的代價。

1998年，就在橡膠價格跌到每噸6800多元時，面對短期市場價格的無序變化，我還是忍不住追漲殺跌，在做多和做空之間搖擺不定。從長線看，雖然我也認為做多肯定是唯一正確的選擇，但是在實際交易中，因為對自己的多頭操作擔驚受怕，有很多次我都是只賺了點小錢就跑了。在隨後大幅上漲的行情中，我這種自作聰明的交易方式，結果可想而知，顯然並沒有給我帶來多少收穫。幾年以後回頭再看，當初我買進的橡膠，價格是多麼便宜啊！

逆勢抄底

市場總是在牛市和熊市的迴圈中前進。花開花落，冬去春來。到了2003年，橡膠價格又回到了1996年的高點，每噸1萬7000多元。在2003年到2004年的中國期貨市場，橡膠期貨成交活躍，波動幅度巨大，又一次成了萬眾矚目的市場明星。雖然因為多頭主力的操縱，橡膠市場的走勢詭異莫測，凶險無比，但還是給沉寂了多年的中國期貨市場帶來了某種生機和希望。令所有參與者心動不已，不惜刀口舔血、火中取栗。橡膠期貨再一次重出江湖，依然表現出誘人的魅力，讓人歡喜讓人憂。

1997年初，海南橡膠R708剛在市場中亮相，成交價格就已經低於1996年創下的最低點——每噸1萬3600元。這實際上是非常典型的熊市特徵。但是，那一段時間，我的短線操作方式注定了我的悲劇命運。面對市場重大的下跌趨勢，我視而不見，像中了邪地只做短線多頭，從來沒有想到要順勢而為，加入空頭的隊

伍。海南橡膠R708從1萬3000元掉到1萬200元的空頭行情中，市場沒完沒了的下跌情勢幾乎要把我逼瘋了。我一次一次抄底，又不得不一次一次地砍倉。市場價格越跌，我以為離底部越近，更加不敢做空。因為頻繁地從事抄底遊戲，我陷入了惡性循環的泥淖。結果在這波看似單純、明顯的趨勢行情中，我卻成了最大的輸家，損失慘重。

　　1997年初，我在海南橡膠市場的投機經歷，讓我深深地感受到了逆勢交易的痛苦。

　　事後從圖表上看，其實海南橡膠市場的這波行情，下跌趨勢非常明顯，逆勢交易者簡直是個大笨蛋。在這樣單純的走勢中，

圖11.6　海南橡膠9708日線（1997.1-1997.8）

市場價格從1萬3000元到1萬200元的下跌趨勢中，我屢次抄底，屢次砍倉。市場沒完沒了的下跌幾乎要把我逼瘋了。我就像中了邪一樣，只做多頭，從來沒有想到順勢而為——放空。市場價格越跌，我以為離底部越近，更不敢做空，結果，在這波明顯的趨勢行情中，我卻成了最大的輸家。

我非但沒有賺到錢，反而虧了大錢，確實令局外人難以理解。作為一個專業投機者，有好幾次，當我向別人解釋這段時間的交易我是如何賠錢的時候，簡直羞於啟口，內心感到十分慚愧。

那麼，我當時做多海南橡膠的理由是什麼呢？

一、短線交易方式隱含的天然缺陷

1999年以前，雖然我對期貨操作的順勢交易、中長線持倉的思想已經有了一定的認識，但是我還沒有形成以中長線順勢交易為核心的基本策略。那幾年，作為一個新手，雖然我也渴望從中長線交易中獲取豐厚的回報，但是我還是不能戰勝自我本能的欲望，每每屈從於自己的個性和習慣，總是想要抓住市場中每一次波動的利潤。那時，短線交易對我來說，彷彿具有不可替代的魔力，我對之情有獨鍾，沉醉入迷，欲罷不能。如果說，生活中有各種各樣的癮：菸癮、酒癮、賭癮，或是毒癮等等。那麼，在期貨交易中成功的短線操作所帶來的那種快感，確實會讓人上癮。這也可能是期貨市場中絕大多數人喜歡短線交易的原因。

記得1997年的時候，一位大學同學曾經對我說過，如果市場處於震盪行情中，我的操作成績會很好；而一旦市場趨勢來臨，我肯定會虧大錢。我覺得她對我當時的交易狀況、操作手法的描述是準確的。儘管我在1995年剛進入期貨市場時，曾經在北京綠豆9509做過一次成功的中線交易，但總的來說，1999年以前三、四年的時間裡，我還是側重於短線交易，一直是個短線炒手。

短線交易的最大特點就是不管市場重大趨勢，試圖在市場短期波動中低買高賣。有時候，一次交易可能在短短的幾分鐘之內就結束了。在盤整市場中，這種做法是有利可圖的。在市場上漲

時賣出，在行情短期下跌時買入，剛好和震盪行情的走勢特點相適應。

但是，市場價格不會老在一個地方震盪，一旦某一天市場運動的性質發生變化，趨勢行情來臨，我的短線交易方式很可能就會演變為逆勢操作。如果止損及時，損失還不會太大；如果止損不及時，短線操作被套牢以後，變成逆勢操作的長線交易，一次方向做反，就會有驚人的損失，甚至爆倉。

我在R708海南橡膠的操作中，主要還是做短線。R708當時盤內波動幅度極大，每天上下變化幾百點是十分稀鬆普通的事。如果操作得當，短線交易就會有非常可觀的利潤。我被橡膠短期波動牢牢地吸引住了，一會買進、一會賣出，完全不去理會大勢的走向。

記得有一次收盤前五分鐘，我的多單剛入市，橡膠價格就大幅上漲，一下子，我的交易就有了200多點的浮動獲利。那天，我並沒有在收市前平倉，打算等待市場第二天繼續上漲，獲取更多的利潤。那一天晚上，我對自己白天的操作非常滿意，興奮極了。那天晚上10點多，我還特意跑到一位朋友那兒聊天，讓他和我一塊分享快樂。按照當時我的想像，那天尾市的走勢如此強勁，第二天市場肯定高開幾百點。這樣，只要我踏踏實實地睡一個晚上，就能輕輕鬆鬆地從這筆交易中獲取更大的利潤。

市場趨勢的力量確實非常強大，我做夢都沒有想到，第二天，橡膠市場竟然會低開200多點，前一天尾市的強勢消失得無影無蹤。更令人痛苦的是，還沒有等我清醒過來，市場價格又急速下降。一剎那之間，已經到達跌停板附近。在這種幾乎垂直下落，中間價位根本沒有任何成交的行情中，我就算想在損失較小

時採取風險控制措施，也完全不可能。

一個巨浪過來，我被打得暈頭轉向。這就是逆著市場大勢，貪圖蠅頭小利者的下場！

我想利用短線操作捕捉更多的市場機會，看似聰明，實則愚笨；看似跑得很快，實則離目標越來越遠。

有一句名言說得好：「過於注重細節的人，往往對大事一無所知。」

二、總比市場慢一拍的思維

投資大師巴菲特曾經挖苦過那些基金經理，說他們總是喜歡看著汽車的後視鏡開車。巴菲特的意思是說，基金經理總是犯經驗主義錯誤，以為歷史會簡單地重複，未來就是過去的再現。

我在R708上之所以逆勢交易，也是犯了類似的錯誤。

根據1996年橡膠R608的走勢特點，每次市場價格跌到1萬3500元這個位置，隨後就會出現一波大幅的反彈。當時我的印象中，1萬3500元以下是橡膠的低價區，這是個非常便宜的價格。

1997年初，R708從1萬3000元開始連續下跌，我自以為是、武斷地認為這是市場主力故意打壓、人為操縱的結果，目的是為了清洗做多的散戶。在我看來，這種下跌只是暫時的現象，過一段時間，橡膠價格就會止跌回穩，重新漲到1萬3500元以上的位置。

顯然，我根本沒有意識到，橡膠市場正在經歷空前的大熊市，目前的下跌行情只是空頭市場開始的序幕。我的思維還停留在前一年的價格水準上，我從心理上還沒有適應這種空頭市場的局面。也就是說，現實的情況已經發生了重大的變化，我還是以

老觀念來看問題。顯然,我的腳步太慢了,沒有跟上市場的運動節奏。在我的內心深處,當時R708的市場價格和前幾年相比,實在太低了。所以,隨著R708的價格越跌越低,我認為市場的底部越來越近。在1萬3000元到1萬200元的下跌行情中,我一直抱著這種錯誤的想法,一次又一次地做多。結果,一次又一次地被迫止損,損失巨大。

圖11.7　海南橡膠9608日線(1996.1-1996.8)

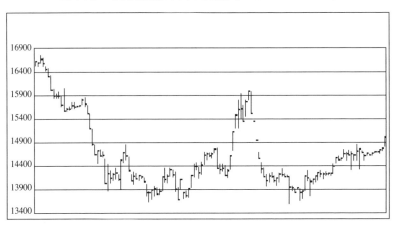

在1996年一年之中,海南橡膠的波動範圍大約在1萬3600元到1萬6650元之間。

三、迷失在短期波動的大海裡

　　順勢交易並不總像事後看起來那樣輕鬆、簡單。在實際操作中,順勢交易者一旦遇到大的市場震盪,完全可能賠錢,所以,其實順勢交易也是有風險的。

　　1997年初,當時橡膠市場的大趨勢確實是下跌。但是就短期

而言，每天的盤內價格變化過程卻非常複雜，一會上漲，一會下跌。我作為一個短線作手，身處其境，每天親自在市場中買進賣出，能夠很深切地體會到這一點。當然，在長期走勢圖上，這一切具體的市場運動過程、細節，都已經被忽略，看不出來了。

在圖表上看似明顯的趨勢行情，每一天市場價格的變化卻是隨機的、偶然的。表面看來，日K線圖上的一根大陰線代表一天的走勢從開盤到收盤是下跌。但是，這一天的市場價格在各個時間段的具體變化過程究竟如何，是緩慢陰跌、急速暴跌，還是大幅來回震盪之後以陰線收盤，並無法從一天交易結束後的K線上得知，圖表只能告訴你開盤價、收盤價、最高價、最低價四個簡單的交易資料。

其實，一根簡單的K線可能蘊涵著無限複雜的變化過程：激動人心的上漲，驚心動魄的下跌，令人迷茫的盤整，欲跌還漲，或是欲漲還跌等等變化，所有這一切都發生在一個交易日，甚至更短的時間內。

投機者很容易被市場短期波動搞糊塗，沉溺其中而失去超然的思維、心態，忘記市場大趨勢的方向。我在橡膠市場陷入逆市交易的境地，從某種意義上說，並不是我故意要和市場作對，而是因為短線操作的習慣，讓我不知不覺中糊里糊塗地變成了一個逆勢交易者。

四、市場趨勢會突然反轉嗎？——新手的心理、思維陷阱

任何一個市場趨勢一旦明朗，市場價格往往已經漲跌了相當幅度。在這種情況下，市場趨勢隨時反轉的可能性也並非不存在。投機者繼續進行順勢交易，會有巨大的心理障礙。一般人，

尤其是一個市場新手，為什麼很難不折不扣地遵循順勢交易的原則，就是害怕市場趨勢會突然反轉，自己成為追漲殺跌的犧牲品。

記得有一個投機高手曾經表達過這樣一個觀點：「在市場交易中，投機者應該做出正確的決策，而不是做出讓自己感覺舒服的決策。心理上很舒服的交易，結果往往不佳。」

從我自己的交易經驗看，做出順勢交易的決策，從心理上來說，明顯要比逆勢交易艱難得多。誰願意在市場漲了很多以後繼續買進，或是在市場價格跌了很多以後繼續放空呢？在這種情況下，做出和市場趨勢相反方向的交易決策倒是非常容易的。

在日常生活中，這種心理特點也是非常普遍的，例如，人們往往願意買便宜貨，或是喜歡低買高賣等等。

在期貨交易中，這卻是一個很壞的習慣。

多頭市場中，隨著價格越漲越高，不願意追高的心理會使投機者產生一種做空的情結；空頭市場中，買便宜貨的心理會使投機者產生一種抄底的情結。

所以，儘管每次做多都有損失，隨著市場價格越來越低，投機者買入的欲望可能越來越強烈。無意之中，大多數人都變成逆勢交易者。

我在橡膠R708中的操作也是如此。很多次短線交易，我的本意只是想賺點小差價，結果在強勁的市場趨勢面前，我反而被迅速套牢，偷雞不成蝕把米。

五、R708市場價格的下跌過程中，每天都在增加持倉量

那一段時間，因為橡膠價格跌得很低了，不僅是我，也有場外資金在介入，試圖抄底。人的心理就是這樣，如果你獨自一人

在犯錯，你的心理壓力就會很大；而當周圍其他人也和你的行為方式一樣，你就會有一種安全感。即使你每天都在交易中虧錢，你的心裡也會好受多了。場外資金進入橡膠市場抄底，給我的錯誤行為提供了某種支援，使我在錯誤的路上越滑越遠。

從中，我學到了兩點：

一、在市場價格判斷上，價格變化本身透露出的資訊遠比持倉量、成交量的意義重要。在早期的期貨交易中，我曾經對此迷惑不解。為了預測市場價格的走勢，誤把許多精力集中在分析持倉量、成交量的微妙變化上，因而鑽牛角尖，誤入歧途。

二、對一個投機者來說，不要去參考市場中的他人行為，從眾是通向地獄最廉價的門票。

從眾心理不僅僅是大眾的思維偏向，據說在國外一些基金經理身上，其從眾心理也表現得非常明顯。原因是，如果市場大盤下跌，很多人在虧錢，基金經理隨大流行動，交易出現損失就不會受到過多的指責。而一旦他的行為和別人不一樣，在這種情況下，如果投資業績不好，他就會變得孤立，容易成為眾矢之的。所以，許多投資基金經理往往不敢單獨行動。為了迎合一般的社會心理，即使明顯地看出別人的行為不理智，他也不願有過分出格的舉動。

1997年初，海南橡膠市場的巨大損失，對我打擊很大。一方面，寶貴的投機資本大量流失，使我很難在短期之內從期貨交易中翻身；另一方面，這次失敗嚴重地打擊了我的自信心。進入商

品期貨交易已經將近兩年多時間，我一直在摸索、學習成功的投機策略。再一次的巨大失敗證明，我以前的所有努力並沒有什麼結果，我的交易水準還是停留在大多數失敗者的層次上。而且，當時我也確實看不出有什麼好辦法能夠使我在期貨交易中穩操勝券。

我已經知道不少期貨交易的知識，在局部範圍或某些特殊的市場狀態下，我對市場短期走勢的判斷也有了相當的經驗。但是，那一段時間，我卻沒有能力從整體、全域的高度把握期貨市場的價格趨勢，也沒有能力制定相應合理的交易策略，更談不上具備一個專業投機者的心理素質和境界修養。

我的頭腦中各種各樣的知識猶如魚目混珠，像一團亂麻，有的是關於市場價格預測，有的是關於交易心理，有的是關於投機的技巧及策略等等。無論是對市場還是對自己，我都理不出一個頭緒來，分不清哪些觀念是正確的，哪些觀念是錯誤的，到底是長線交易好還是短線交易好。觀念之間互相矛盾，我的行為在矛盾之中搖擺不停，徹底迷失在期貨交易的大海之中。

面對巨額的交易損失，我卻一籌莫展，無可奈何。做了兩年多的期貨以後，我甚至弄不清期貨到底是什麼。難道我也將如同大多數失敗者，在期貨市場賠了很多錢，最後連自己是怎麼死的都不知道？難道我永遠無法揭開期貨之謎嗎？

當時我的那種絕望、沮喪的感覺簡直難以形容。

有位哲人說過：「沒有理論指導的實踐是盲目的實踐。」直到1998年下半年，當我讀完了二十世紀初的美國投機大師傑西·李佛摩的著作，我才開始對期貨交易有了一個全面、整體的了解。原來，我所經歷的一切早在一百多年以前別人就經歷過，

我無非是在重複許多人犯過的錯誤而已。

我又拿著該死的多單！

我的最後一次爆倉記錄發生在1998年10月底，是在綠豆市場9811合約上。把帳戶上的資金賠得乾乾淨淨的經歷，總是不那麼令人愉快的。幸運的是，因為這次交易投入的資金量不大，只是我個人的一筆小錢。所以，這一次的全軍覆沒，實際造成的損失並不是太大。

1998年下半年，鄭州商品交易所的11月綠豆從3600元上漲到4000元以後，開始回落，進入調整狀態。當時，我判斷這次下跌只是一次正常的牛市修正，後市綠豆市場將重新回到上升趨勢，並且會突破前期高點4000元。所以，當市場價格跌到3840元時，我就入市做多。記得當天市場以中陽線收盤，我的帳面上有了一點浮動獲利，一出手就很順利，這更加堅定了我做多的信心。

令我感到擔心和不安的是，第二天市場並沒有繼續上漲，反而跌破了我買入的價位，以大陰線收盤。這種情況與我想像中市場應該出現的情形完全不同。我陷入了深深的矛盾之中。根據自己的主觀經驗判斷，我認為市場應該上漲，也希望市場上漲，但實際上，市場卻出現了下跌走勢，而且下跌的幅度之大超過我的預期。根據客觀的分析，我對市場的判斷可能是錯誤的；從理智上說，當市場價格跌破我的入市點時，我必須平倉出局，控制風險；但從感情上來看，我又捨不得在虧損的情況下離場。

現代決策心理學的研究表明，當一個人的內心充滿矛盾和衝突時，最典型的行為特徵是不採取任何行動。

接下來的幾個交易日，市場價格在一個狹窄的空間波動，我依然對多頭心存幻想，沒有在損失還不大的情況下果斷撤退。終於，令人難以置信的市場暴跌開始了。短短幾天時間，11月綠豆期價跌了800點。我從來沒有想過市場一下子竟會跌這麼多，還像傻瓜一樣一直拿著那該死的多單，眼睜睜地看著這一切發生，坐以待斃。

圖11.8　鄭州綠豆11月日線圖

A點：我在3840元的位置抄底做多，短時間帳面就有一點浮動獲利。爾後，市場跌破我的入市位置，但是，強烈的多頭情節使我心存僥倖，幻想市場能夠止跌回穩，沒有及時止損出場，接下來的市場暴跌將我的保證金一掃而空。

這次交易給我的教訓有：

一、在期貨交易中，投機者不可能每一次都正確地判斷市場運動的方向，這是投機交易的一個普遍規律。既然錯誤判斷、錯

誤決策的情況難以避免，如何在判斷失誤時減少虧損，是每一個投機者在交易活動中必須解決的最基本問題。及時止損被證明是投機者控制風險的有效手段。在這次綠豆交易中，正是我沒有採取嚴格的止損措施，導致慘劇發生。

二、我完全沒有意識到，綠豆市場在如此短的時間內會有這麼大的跌幅，所以，在市場下跌過程中一直持有虧損的多單，沒有及時認賠出局。市場價格越跌，我越以為底部就在眼前，不應該平倉，結果損失越來越大，變得難以收拾。這再一次證明，投機者不應該主觀地去猜測市場的頂部和底部，應該讓市場自己來告訴我們。

市場價格在漲勢中可以高得離譜，在跌勢中也可以低得慘不忍睹。有誰能想到，1979年美國的白銀期貨會從每盎司5美元漲到50多美元？有誰能想到，1995年上海的國債期貨319合約會從141元漲到191元？有誰能想到，2004年大連大豆會從2100多元漲到4100多元？又有誰能想到，2005年國際原油期貨會漲到每桶70美元以上，LME銅市會讓你看到每噸4200多美元這令人目眩的價格？由此，我們可以學到兩點有價值的教訓：

一、沒有「有效止損」的投機交易極為危險，虧得傾家蕩產是早晚的事。

二、順勢交易有可能把投機者帶到成功的彼岸。

第十二章

冥河的擺渡者

在投機方面的培訓，無論多麼精妙多麼全面，對個人來說都是埋下了不幸的根源。許多人都是被由此引入市場，初期小有收穫，最終幾乎人人慘敗。

——班傑明‧葛拉漢

如果你恨一個人，就讓他去華爾街；
如果你愛一個人，就不要讓他到華爾街。

時間是世上醫治心靈創傷的最好良藥。

1997年上半年，我在海南橡膠市場受到的重大打擊，幾乎使我對期貨交易徹底絕望。我不願意繼續玩這種毫無把握的遊戲，像個傻瓜一次又一次地受到市場的愚弄。因為各式各樣的原因，在那之後很長一段時間，我沒有再接觸期貨交易。

1997年9月份，因為一個朋友的邀請，我到他所在的公司擔任股票、期貨方面的投資主管。這位朋友是我的大學同學，他所在的公司在股票和期貨上各開了一個帳戶，原本主管投資的人因為業績不佳，已經離職了，現在由我負責日常操作。

公司的投資業務並不忙。這段時間的悠閒生活，給了我一個認真思考、反省的機會。作為一個職業的期貨操盤手，雖然前幾年我一直在市場中拼殺搏鬥，大輸大贏，上天入地，嘗遍人生的酸甜苦辣，但是我卻很少有時間和心情仔細地總結、回顧自己以往的交易情況。

從1994年進入國債期貨市場開始到1997年底，那幾年總的交易戰績證明，我的期貨交易做得並不怎麼樣，距離成為一個成功的操盤手不知還有多麼遙遠的路。敗軍之將，雖不足言勇，但是在我內心深處，期貨投機實際上已經成了我終身的事業追求，我感覺到我這一輩子也許永遠不可能和期貨絕緣了。

給新手的忠告：在開始之前就停止行動

　　大概是厭倦了日常生活的平淡、庸俗，或者是因為多年不見，我的大學同學工作之餘，經常跑到我的交易室來，和我一起看看行情，詢問一些期貨交易的基本情況。他非常羨慕我畢業以後從事期貨交易工作，也對我在市場中如何交易很感興趣。

　　對於同學的好奇心，我非常警惕，我十分害怕他受我的影響而貿然進行期貨交易。因為在此以前，我有一位親戚曾經因為我的原因誤入期貨市場，最後虧了大錢。這個慘痛的教訓使我認知到，讓一位新手輕率地進行期貨交易是不負責任的，後果可能會非常嚴重。

　　那一件事發生在1995年下半年。有一次，一位親戚來找我借錢，說他想從俄羅斯進口一批廢銅賣給中國的一家冶煉廠，每噸能賺5000元左右。因為我一直只做股票、期貨的投機買賣，對於現貨貿易，更不用說這種跨國生意，既不懂，也沒有興趣。所以我對他說：「錢我可以借給你一部分，但是你用不著大老遠跑到俄羅斯去做生意，你回去到當地的期貨公司開個戶，然後等我消息，我讓你買你就買，我讓你賣你就賣，做點期貨交易，賺到的錢肯定比你做現貨掙得多，也輕鬆。」這位親戚對我非常信任，

覺得我說得有道理，就打消了做銅生意的主意，回去等我的消息，準備炒期貨。

1996年初，有一天我發現上海膠合板市場蠢蠢欲動，根據我的經驗和市場分析，膠合板市場有可能大幅上漲。我立刻通知我的親戚以45.50元的價格買進膠合板。果不其然，三天以後，市場價格就漲到了47.60元。在我的指揮下，這位親戚短時間內就輕輕鬆鬆地賺了一大筆錢。

這次交易以後，我覺得我讓那位親戚在期貨上賺了錢，已經盡到了自己的責任和義務，同時，也因為我自己在市場交易中遭遇了重創，就再也沒有給他提供任何有價值的操作資訊，我甚至忘了他還在做期貨這件事。

半年以後，有一天，這位親戚突然給我打來電話，說他在期貨市場不但賠光了原來的利潤和本金，而且又把從別人那兒借來的十多萬塊錢全賠了，情況非常糟糕。我聽了以後大吃一驚，趕忙問是怎麼回事。

原來，第一次賺錢以後，因為長時間沒有我的消息，他又不好意思頻繁地給我打電話，就自作主張在沒有我指導的情況下繼續進行期貨交易。結果，除了偶爾賺點小錢，大部分時間都在虧錢，最後的一筆交易他以1萬3100元買進的海南橡膠竟然跌到了9800元，損失慘重。

知道了事情的經過以後，我如夢初醒，懊悔不已。為了防止事態進一步惡化，我讓他立即停止任何交易，並答應在財務上給他一定的幫助。

正因為曾經發生過這麼尷尬的事情，所以當我看到我的同學對做期貨非常感興趣時，一開始我就嚴厲警告他，不要離我太

近，更不要學做期貨。我甚至威脅他，如果他做期貨，我將馬上離開這個城市，並且我們的同學友誼也到此為止。應該說，當時我的這種態度是非常理智、冷靜的。也許是因為在期貨市場待久了，我更深知其中的殘酷和凶險。

我的同學立刻信誓旦旦地向我保證，決不染指期貨。

事情到此為止，我心裡感到很踏實，以為再也不會有什麼意外了。但是，這時候我卻做了一件後來令我非常懊悔的事，一方面確實是由於人手不足，另一方面則是出於好心，想幫同學一個忙，我把我同學的妻子招聘為助手做報單工作，月薪 1500 元。

後來一切的不幸就開始於這件極為偶然的事情。

交易的第一個月，一切都按照我們的約定進行。我做我的交易，我同學依然上他的班。閒暇時間，我們一起喝酒、聊天、釣魚，心情愉快，多年不見的朋友彷彿又回到了大學時代。我們什麼都談，唯獨不談期貨，這是我跟他在一起時定下的規矩。我從來沒有和他說過我的交易情況，包括交易什麼，結果是賠是賺等等，因為我害怕如果過多談論我在市場交易中的細節，可能會激起他強烈的興趣，誘導他的投機欲望。

交易的風險控制

離開了市場一段時間以後，1997 年初橡膠交易失敗的陰影在我心中逐漸淡化，我的精神面貌和心態也發生了一些微妙的變化。也許是重新開始交易，心理上沒有任何壓力；也許是當時的市場走勢恰好和我的操作理念非常契合；也許是我運氣來了。反正，1997 年底以前的那段時間，我的期貨投機生意做得好極了。

我像換了一個人，僅僅一個多月時間，我的投資回報就高達60%多。

記得我一開始做的兩筆交易是大連大豆和鄭州綠豆。

當時，大連大豆經歷了前期大幅下跌以後，在一個空間不大的範圍無序震盪。從圖表上看，多空雙方勢均力敵，達成了暫時的平衡，價格形態像一個矩形。對於相信技術分析的人來說，矩形這種圖形屬於市場中繼形態，即市場價格下一步突破的方向一般和原來的市場趨勢一致。儘管我也知道這一點，但是，我並不想在市場價格跌了這麼多以後再去做什麼空頭，我選擇了做多。我的想法是，一旦市場價格向下突破前期低點，我就砍倉出場。

有時候我總在想，期貨市場的價格預測其實和押寶遊戲並沒有什麼大的區別。別看有些預測家搞出一大堆貌似深奧的理論，例如周易預測法、波浪理論、日本K線理論等等，個個看起來一本正經，好像科學理論一樣，非常嚴謹、權威，其實，在我看來，這些東西基本上沒有什麼用處。至少在預測的成功率上，結果和胡亂地賭一下差別不大。一個經驗豐富的投機者有時候只要瀏覽一下圖表，就能對未來的市場走向猜個八九不離十，遠比那些預測家高明得多。

市場交易離不開預測，但是，預測只是一個合理交易計畫的一小部分。市面上有不少關於股票、期貨價格預測的書，我也不知道這些書中的內容到底是講什麼，但是，如果把複雜的交易活動過程簡單地終結於市場預測這個階段，認為預測是投機者最後成敗的關鍵，那實在是非常荒唐。

反正，我的大豆方向是賭對了。我記得，在真正向上突破的前一天，市場還搞了個假動作，收盤價格很差勁，看起來後市好

像要向下突破，整個晚上我都為自己的多單提心吊膽。結果，第二天一開盤，市場價格大幅跳高，一下子就突破了矩形的框架上限。

我拿著自己的多單一動不動，期待著市場價格朝往對我有利的方向前進。我也弄不清楚，當時為什麼我會毫不猶豫地堅持中長線交易。如果這筆交易發生在半年以前，很可能市場一跳空，我就會迫不及待地獲利了結，害怕到手的利潤得而復失。

接下來的幾天，大豆價格每天單邊大幅上漲。僅僅一週時間，我的大豆多單就獲利270多點，我投入的本金翻了1.5倍。

回頭看起來，那一波大豆上漲行情其實只是空頭市場的一次反彈而已，不過力度很大。後來大豆市場又重新恢復下跌趨勢，到1999年，最低跌到了1600多元。這一波空頭市場的驚人反彈行情，又一次證明，即使你順著市場重大趨勢方向交易，如果不能嚴格地控制風險，也可能遭到毀滅性的打擊，有幾個人能忍受大豆市場幾百點的浮動虧損？所以，在期貨交易中投機者即使是順勢操作，也不能高枕無憂，應該要有相應的風險控制措施，以防不測。

從大豆市場出來以後，我又接著做鄭州綠豆。

1997年，鄭州綠豆一直在走大牛市。到10月份，期貨價格已經漲到每噸5000元附近。

當時我自己親手畫了一張鄭州綠豆的日線圖，憑著自己看圖的經驗，我感覺市場漲勢還沒有到頂，還有上升空間。所以，在每噸4970元的位置做了一些多頭。我買入以後，鄭州綠豆確實又上漲了，我也沒有平倉，一直拿著自己的多單。

市場價格漲到5100多元以後開始回落，我的多單是在5050元

左右平倉出局的，小賺了一筆。我當時並不知道，這是綠豆牛市的頂點。此後，鄭州綠豆走上了漫長的下跌之路，向每噸2500元的價格回歸。

做完這兩筆交易以後，我又在別的市場賺了點錢，我的帳戶資金大幅升值，本金變成了原來的兩倍多。

失職的地獄守門人

老話說得好：「怕什麼，就來什麼。」儘管我處處小心謹慎，一和我同學談到期貨交易就緘默不語，但我卻忘記了一件最不應該忘記的事——我同學的妻子在我身邊工作，她自然對我的交易情況瞭若指掌。我還像傻瓜一樣對自己的交易守口如瓶，自以為是一個祕密，我同學其實早已對此一清二楚。

後來回想起來，我同學肯定在第一時間知道了我在市場中的精彩表現，而且他們兩口子在家裡可能天天在談論我到底賺了多少錢。可能是那種氛圍，短時間暴利的誘惑，讓我同學下定決心，不惜違反過去對我的承諾，堅決要到期貨市場試一試運氣。

有一天，我同學跑到期貨經紀公司來找我，說他自己有點錢，想入到我的帳戶，由我操作，一起賺錢。

碰巧前一段時間我剛好從市場中贏了一大筆錢，可想而知，那時候我的心裡肯定有點飄飄然，甚至可能忘乎所以了。我完全忘了當初自己在期貨交易中那種絕望的感覺，那種不知所措的混亂。就因為那一段時間做得比較順，我當時覺得在期貨交易中賺點錢簡直是手到擒來，輕而易舉。

也許期貨交易最困難的地方之一，就是投機者必須時時刻刻

保持一種理智、平靜的心態。不管賠錢、賺錢，都能客觀謙遜地評價自己，對待市場。成功的時候，多想想運氣的成分；失敗的時候，多找找主觀的因素。不為物喜，不以己悲。但是，投機者要達到這樣的高境界、大智慧，並非一日之功，這是一個漫長的學習、修煉過程。

那時候，我同學和我的關係非常好，我也覺得能幫同學賺點錢是我的義務和責任。我總不能光想著自己發財，有好事情一點也不想著他吧，那樣好像有點不近人情，也不夠仗義。我想，反正我的工作就是整天在市場中買進賣出，順便幫他做點交易也不費什麼勁，所以我就毫不猶豫地答應了他的要求。

當天下午，我同學就把錢送到了期貨公司。讓我大吃一驚的是，他帶來的錢竟然比我帳戶上的全部資金還要多。

我問他這麼多錢是從哪兒來的，他說自己有一部分，其餘是向公司借的。我對帳戶的交易資金突然大幅增加既感到興奮，又隱隱約約有些擔憂。我在期貨交易中曾經多次虧過大錢，虧錢後雖然心理上難免痛苦、難過和可惜，但畢竟是自己的錢，倒不會太在乎。但是，如果我把同學借來的錢做期貨賠了，這種責任我怎麼能夠承擔得起呢？因此，雖然當時我答應幫我同學操作，但在具體交易時，因為害怕虧錢，所以我下單非常謹慎小心。

也許是我的行動看起來太保守，也許是因為我沒有很快賺到錢，大約過了一週時間，我同學等得有點不耐煩了，也可能是對我的操作技術產生了懷疑，他對我說，他想自己獨立下單交易。

按照他的想法，就是在我的那個期貨帳戶中，他做他的交易，我做我的交易，盈虧自負，互不相干。對這種做法，我雖然有點不樂意，但也不好堅決拒絕。

作為大學四年的同學，雖然一開始我對他做期貨很擔憂，也堅決表示反對。但到了此刻，我卻有難言之隱，不好強烈阻止。

　　畢竟前一段時間我剛從市場上賺了一筆錢，如果我固執地堅持原來的想法，不讓我同學染指期貨交易，一方面，在強烈的交易欲望驅使下，他一定不肯聽我的意見；另一方面，這樣做，好像我從內心深處看不起我的同學，輕視他的智力。既然我做期貨能賺到錢，為什麼他不能呢？

　　這時候我已經完全違背了當初堅決不讓他涉足期貨的初衷，糊塗地被他的賺錢欲望控制、左右了。

　　幾天以後，兩個大廚在同一個廚房的運作方式誰都覺得不方便，我們又把帳戶上的資金分開了。我同學在期貨公司單獨開了戶，完全擺脫了我的束縛，開始自作主張，買進賣出。從此，我徹底喪失了對他的任何控制。

　　出於責任，也由於擔心，在我同學剛開始交易時，我還是勸過他幾次，讓他放棄期貨生意。但是，對一個滿懷希望，正做著發財夢的人來說，這種提醒顯然無濟於事，還會讓人有點不愉快，好像是我在擋他的財路。

　　我同學的妻子和我一起交易了一個多月以後，也覺得自己很有經驗了，迅速回到丈夫身邊，為他的交易出謀劃策。

　　接下來的一段時間，真是尷尬極了。每天早上9點，我們都會在期貨公司碰面，然後，各做各的交易。因為同在一個期貨公司，我們對彼此的交易品種、交易方向一清二楚。有時候，我同學正在買入，我卻想放空。我對這種局面感到非常彆扭，可能我的同學也有這種心情。但是事情發展到這一步，一切已經不可逆轉。

故事發展的過程，和大多數進入期貨市場的新手的經歷完全一樣，不用我說，大家也可以猜想得到。先是我同學覺得自己運氣不好而賠了錢，然後兩口子互相抱怨，開始吵架，越賭越輸，越輸越賭，最後交易徹底失敗，債臺高築，生活陷入困境。

　　在這期間，我也曾屢次苦口婆心地勸導，希望我同學能夠懸崖勒馬，回心轉意，但一切無濟於事。

　　記得他們最後一筆交易做的是北京綠豆，在4500元放空，十分鐘以後，市場價格漲停。之後幾天，綠豆市場每天開盤就無量封住漲停板。他們絕望地盯著行情顯示幕，希望漲停板能夠打開，給他們一個逃命的機會。然而，市場根本不給他們這種機會。等到價格漲到5100元左右，我同學才有機會割肉離場。

　　誰能在綠豆交易中忍受600點的交易損失？也就是說，投入了8萬資金實際虧損卻接近25萬。經此一役，我同學帳戶上的資金所剩無幾。

　　1997年底到1998年的那一段時間，中國期貨市場正處於重大的轉折關頭，市場上已經在流傳國家將要把十四家期貨交易所合併成三家的消息。各個期貨交易所的市場主力都想在交易所關門以前撈上一筆，作為最後的晚餐。所以，當時的市場操縱行為無法無天，其手法之凶殘、惡毒令人髮指。

　　罪惡沒有人制止，可憐的投機者，他們的命運就像一場噩夢，我同學只是其中一個可憐的犧牲品而已。

　　那段時間，因為我自己的交易也做得一塌糊塗，無力在財務上給朋友更多的支持。帶著極度的內疚、痛苦之情，我悄然離開這個傷心之地。雖然我沒有直接給同學帶來損失，但他的一切皆因我而起，從道義上，我感到自己負有不可推卸的責任。

市場沒有永遠的贏家

在過去的幾年中，我曾經多次碰過這樣的情形，很多人（包括親戚、朋友和陌生人）一旦知道我是一個操作股票、期貨的投機者，而且又有多年的市場交易經驗，都非常急切地希望我給他們推薦一兩支能夠賺錢的股票，或者一次期貨交易的發財機會。

剛開始，我對這樣的請求總是有求必應，我讓他們耐心等待，一有合適的機會，就通知他們。這一方面是好心，我確實想讓親朋好友賺點輕鬆錢；另一方面，則完全是我內心的自負和虛榮心在作怪，想讓別人知道我有這種點鐵成金的魔法，或者說煉金術。

結果，幾次這樣的經歷中，只有一次，一位朋友因為聽了我的建議真正賺到了錢。另外幾次，我的好心非但沒有給親戚朋友帶來收益，反而替他們帶來了巨大的麻煩。

那麼，問題究竟出在什麼地方呢？

是不是我提供給他們的買賣建議不準確，或者說，我根本就沒有讓他們賺錢的本事，而只是在胡亂吹牛呢？事情並不這麼簡單。

作為一個職業的交易員，這十多年我幾乎每天都在市場中進進出出，總的交易次數可能已經超過一萬次。成千上萬的錢一會兒匆匆而來，一會兒又匆匆而去，輸贏是極尋常的事。我對自己的交易活動曾做過仔細的分析、研究和總結，我將自己以往的交易分為幾種情況：

有些交易是因為我無法遏制內心的衝動，禁不起市場的誘惑，在鹵莽中做出的決定，一入市我就知道自己做錯了，開始懊

悔，交易結果可想而知，通常都是虧錢；有些交易則是我內心深處並沒有什麼把握，但忍不住想試試自己的手氣，這種交易其實就是賭博，有時候贏，有時候輸，輸的時候多，贏的時候少，完全靠運氣，結果很不確定。

總的說來，這兩類交易我都做得非常勉強，很不自然，對交易結果也沒有什麼信心和把握。從事後的統計資料看，成功率甚至不到40%。

當然，因為長期從事投機交易這一行當，有時候在市場經驗和內心深處某種直覺的指引下，偶爾我確實會發現一些極有價值的投資機會，要嘛風險很小，一旦判斷準確，獲利極大；要嘛成功賺錢的可能性非常大，幾乎在90%以上。在這種時候，我對市場價格的判斷準確無比，猶如神助。我說漲，市場果然上漲；我說跌，市場真的下跌，還沒有入市交易，我就知道肯定會贏。這確實有些不可思議，你嘴裡哼著小調，輕輕鬆鬆地走過去，大把大把的錢就像久別重逢的情人，你還沒有足夠的心理準備，就飛快地撲進你的懷抱。

也許你不相信市場交易中有我講的這種幾乎百發百中的賺錢機會，但事實就是如此。

股票、期貨這種投機生意確實很奇怪，有時候無論你怎麼努力，也休想從市場中弄到一分錢；有時候，錢來得又快又輕鬆，彷彿天上掉下的餡餅。我以前有過好多次這樣的經歷，而且也相信以後還會發生這樣的事情。

投機需要取巧，而不是蠻幹，但取巧需要智慧和經驗。

毋庸置疑，因為真心地想讓朋友們賺錢，我不會給他們提供我認為沒有把握的交易機會，我告訴他們的交易機會都是我精心

挑選，最有把握的。因為我要證明自己高明的炒股技術。

後來的結果也證明，他們聽我的建議而做的幾筆交易都賺到了錢。但是，當他們從市場上賺到第一筆錢以後，接下來發生的一切卻完全出乎我的意料。

唯一的老實人——姜大爺

唯一一個聽了我的意見做股票，最終賺錢離開的是姜大爺。

大約1999年初，那時候期貨的網路交易還不流行，我每天早上8點多就離家到期貨公司去看行情。因為路不太遠，我經常坐三輪車。一來二去，認識了退休的姜大爺。姜大爺為人熱心但沒有什麼文化，聽他說解放前做過點小生意。不久，我們彼此就非常熟悉，成為朋友了。

從閒聊中我得知，姜大爺的大兒子因為犯事進了監獄，小兒子的工作也不穩定，老倆口只靠著微薄的退休金生活。因為廠子不景氣，有時候連那一點很少的退休金也不能按時拿到，只好出來賺點外快。

我對姜大爺的處境非常同情。有一天，我突發奇想問他想不想在股票市場賺點錢。我也就是隨便一說，沒想到姜大爺對我非常信任，竟然同意了。

我回家以後仔細研究了一下當時的股市狀況，發現上海申華這支股票好像有莊家在吸籌，當時這個股票的價格是9塊多，後市上漲的潛力很大。

第二天，我把我的建議告訴了姜大爺，但同時對他提了一個要求：必須在賺錢以後立刻離開市場，撤銷股票帳戶。姜大爺一

口答應了我的要求。

不久，姜大爺真的到證券公司開了個股票帳戶，並按照我的建議買進了2000股申華實業。半年以後，我讓他在14元拋出，獲得了大約40%的回報。

姜大爺確實信守諾言，及時把股票帳戶撤了。從那以後，我再也沒有讓姜大爺買賣過任何股票。

這次交易雖然賺的錢不是很多，但最後姜大爺確確實實從市場中拿走了一筆錢，而不僅僅是紙上富貴一場，所以結果還是令人愉快的。我認為，這次交易成功的主要原因可能有兩個：一是姜大爺對我非常信任，從開戶、買入、賣出到最後撤銷帳戶，都嚴格地聽我指揮，整個過程沒有失控；二是恰好姜大爺對市場交易所知甚少，這樣他就不會自以為是、自作主張，重演外行投機從而導致慘敗的悲劇。

炒股就像吸毒，戒不掉也停不了

2003年，北京「非典」時期（編注：SARS時期）。這一次教人炒股的經歷有點令人啼笑皆非。

有一天，我和幾個朋友一起聊天時談到炒股。因為有前幾次讓人做股票、期貨的經驗教訓，我對他們說：「炒股票賺一筆錢並不難，但是，這東西就像吸毒，一個人一旦沾上了，就會上癮。要想戒掉真是太難了。結果，不賠到難以收拾的地步，大多數人是不會心甘情願離開市場的。」

有一位朋友比我年長十歲，正處於人生和事業的巔峰狀態，他對我的說法不以為然。一是他不太相信我有能力讓人在股票市

場賺一筆錢；二是他認為，別人做股票可能會上癮，失去自我控制能力，而他卻不會。

我對這位朋友的自信非常懷疑。

作為一個在市場中沉浮多年的老手，因為看過太多牛市熊市的悲喜劇和中小散戶最終的不幸結局，我深知股票、期貨投機確實不適合一般人沾手。一個人一旦上了股票、期貨投機這條船，從某種意義上說，就像走上了一條不歸路。尤其是在第一筆交易有了利潤以後，人性中的投機欲望更是像決堤之洪水，勢不可擋；他會沉溺於市場交易而不能自拔；他會變得無比地固執和自信；他會像賭場中輸紅了眼的賭徒一樣，完全失去理智等等。

道不同不相為謀。顯然，我們的爭執不會有結果。為了分出一個勝負，我們決定打一個賭。我來選擇股票，然後告訴他什麼時候買進、什麼時候賣出，他嚴格按照我的指令操作。交易結束以後，就可以證明：一是我的水準怎麼樣，到底能不能找到可以賺錢的股票；二是他能不能不折不扣地貫徹我的交易命令，並且在賺錢以後自動收手，從此遠離股票市場。

半個月以後，根據我的研究結果，我向朋友推薦了兩支股票——石油大明和中海海盛，他也按照我的建議順利買入，記得石油大明的買入價是8.50元，中海海盛的買入價是6.45元。如果從中長期看，我絕對相信，我讓他做的這筆交易肯定能賺到錢。

大約過了半年時間，石油大明上漲了12%左右，中海海盛則漲了30%多。有一天，市場的走勢讓我覺得有點不安，我懷疑股票市場的反彈行情可能結束了。

反正我們的股票已經賺錢，實驗證明，這次我對股市的判斷是準確的，打賭結果我是贏定了。我決定讓我朋友拋出手中的持

股。

　　令人驚奇的是，當我通知那位朋友，讓他以市場價格賣出石油大明和中海海盛這兩支股票時，他不但完全忘記了當初我們的約定，而且竟然開始給我上股票、期貨的投資課，說做股票、期貨交易不能賺點蠅頭小利就跑，這兩支股票潛力很大，至少能翻一兩倍。他對我賣出股票的建議簡直是嗤之以鼻。

　　我滿懷希望地想要朋友肯定甚至表揚我的炒股技術，結果，估計我在他心目中的地位非但沒有上升，反而可能大幅降低。

　　瞧，我又犯傻了吧！

　　過了一年半，上證指數從當初的1700點跌到目前的1200點以下，我朋友當然被牢牢套住。有時候兩個人碰到一起，我都不好意思提到股票這兩個字，可能他也一樣。相對於他的資產，我朋友投入股市的資金微不足道，這點小損失他也完全不會在乎。但是，這個玩笑又一次證明了這樣一個真理：股票、期貨是一種投資，但不是一般意義上的商業投資，它更像是一種賭博。大多數人一旦進入這個領域，往往會失去自我控制，最終演變成真正的賭徒。

投機就是一場豪賭

　　善始未必善終。我的幾次經歷中，只有一個人在我的指導下賺錢離開市場，是名副其實的贏家，其餘幾次，結局都不太妙。

　　我讓一個人在股票、期貨市場賺了點輕鬆錢，同時也把他帶進了一種極為凶險的境地。天下沒有免費的午餐，股票、期貨市場不是賺輕鬆錢的地方。正像二十世紀初美國的投機天才傑

西・李佛摩所說，股票、期貨交易是一項專業性極強的冒險事業。出於良好的願望而讓朋友們做股票、期貨，結果總是背道而馳。

我的所作所為真是應驗了股票市場一句古老格言的後半句：「如果你想讓一個人進天堂，就讓他到華爾街；如果你想讓一個人進地獄，也讓他到華爾街」。也許，所有想在股票、期貨交易中賺輕鬆錢的人，都應該讀一讀這位朋友的投機經歷：

「以我的收入，本可以買下這個城市的任一幢住宅，過著無憂的生活，可我現在卻蹲在平房裡，經常凌晨驚醒，為將來擔憂。這一切都緣於三年前偶然踏進了股市。自從與股票交上朋友，我就像誤入煙花的女子，不安與恐懼、自責與痛苦常伴著我。原以為有了第一桶金，第二桶會來得更快，沒料到有些人就是沒有不勞而獲的命。總之，我的資產迅速縮水，我的生意一落千丈，我成了窮人。我富過，如今養家的男人常帶著愧疚面對妻子和女兒，我曾經發誓要讓她們成為最幸福的人，如今，我開始懷疑自己。唉！都怪這市場交易的高風險。」

（附記：我非常敬佩李澤厚和鄧曉芒兩位學者，他們都研究了康德哲學。本文的題目來自鄧曉芒教授一本書的名字。我好意想讓朋友們在股票、期貨市場賺點小錢，卻替他們打開了通往地獄的大門，我彷彿是想像中進入地獄之前那條大河——冥河上擺渡的人。所以，用「冥河的擺渡者」這個題目，能夠非常貼切地表達我內心的某種遺憾感受，也很形象地刻畫了我所做的一切。）

第十三章

與魔鬼進餐
智鬥天津紅小豆

理性只是洞察到它自己按照方案造出的東西，理性必須挾著它那些按照不變規律下判斷的原則走在前面，強迫自然回答它所提的問題，絕不能只是讓自然牽著自己的鼻子走；因為如果不這樣做，那些偶然的、不按預定計畫進行的觀察就根本不會聯繫在一條必然的規律裡，而那卻是理性所尋求、所需要的。理性必須一隻手拿著原則，拿著那些唯一能使符合一致的現象成為規律的原則，另一隻手拿著自己按照那些原則設計的實驗，走向自然，去向自然請教，但不是以小學生的身分，老師愛講什麼就聽什麼，而是以法官的身分，強迫證人回答他所提出的問題。

——康德《純粹理性批判》

投機者應該走在市場的前面，
不能讓市場牽著自己的鼻子走。

1998年初，中國期貨市場上的活躍品種越來越少，交易機會也因此大幅減少。作為一個以期貨交易為職業的投機者，我無所事事，幾乎到了失業的邊緣。冷清的市場狀況讓我非常痛苦和無奈。為了生存，只能到處尋找波動幅度稍大一點的交易品種，此時，天津紅小豆的走勢引起了我的關注。

關於天津紅，最為引人注目的是兩次逼倉事件：一是「天津紅507事件」；二是「天津紅9609事件」。有一件事到現在我還印象深刻，大約在1997年初，有一天我所在的期貨公司收到一份傳真檔，內容是中國幾家大型期貨公司的一個聯合聲明，建議各期貨公司和客戶們堅決抵制天津期貨交易所，不要參與天津紅小豆的交易。讓我感到奇怪的是，這並不是官方的通知，而只是一個民間的呼籲。我估計，這件事可能和1996年天津9609紅小豆操縱案件有關。許多大型期貨經紀公司在9609紅小豆多逼空行情中，因為客戶爆倉而受到了巨大的傷害，憤怒之下，就做了這麼一個

書面抵制。

此後一年多時間，天津紅小豆市場實際上已經一蹶不振，苟延殘喘了。場外大額資金對天津期貨交易所敬而遠之，不再輕易介入，這從當時天津紅小豆日漸減少的持倉量和成交量上就可以看出來。

皮之不存，毛將焉附？活躍的市場行情是交易所的生命，沒有巨大的價格波動，投機者就沒有入市交易的興趣。沒有投機者參與，市場就如同一灘死水。一旦出現這種情況，對地方政府和交易所而言，都是巨大的損失。

主力的圈套

經過一年多的修生養息，市場慢慢恢復了人氣。1998年初，沉寂多時的天津紅小豆市場又有大資金介入，突然活躍起來。

那時，天津紅小豆的市場價格幾乎每天都在大幅震盪，盤內波動的幅度高達幾百點。從盤面上看，行情變化很大，機會多多。但是，在其背後卻是市場主力故意設下的一個賭局，或者說騙局。場內主力自拉自唱，又賣又買，熱熱鬧鬧，似乎真有多頭和空頭在激烈廝殺，實際上這不過是主力左手和右手之間的互搏而已，目的只是為了吸引像我這樣的投機者參與。這樣的市場結構，對於參與其中的投機者來說，有非常大的交易風險。

在此之前，其他期貨市場交易的品種相對比較多，價格波動幅度也大，那時我很少關注天津紅小豆市場，也從來沒有交易過這個品種。而當下中國期貨市場的蕭條狀況不容許我挑肥揀瘦，在其他市場我根本找不到適合自己交易模式和個性的交易品種和

機會。相較之下，天津紅小豆還是一個市場走勢比較活躍的品種，無奈之中，明明知道天津紅小豆市場是一個火坑、泥淖，我也不得不往裡跳，勉強參與交易。

從圖表上看，當時天津紅已經進入了空頭市場，市場價格從前一段時間每噸6900元跌到大約6200元左右。我對這個市場感興趣的那一段時間，紅小豆價格一直在6100元到6500元之間無序震盪。和當時其他品種如大連大豆、鄭州綠豆相比，行情明顯要大得多。

如果說當初市場主力對海南咖啡市場的操縱是通過慘烈、殘酷的暴漲暴跌這種方式來實現的話，那麼，對天津紅小豆市場的操縱則是通過陰險、狡詐的市場短期震盪來完成。當然，市場主力目的是一樣的，讓大多數投機者犯錯，然後從中獲利。

雖然紅小豆的價格幾乎每天都有幾百點的波動，但是主力的操作策略非常高明，一般投機者對這種短期行情非常難以把握。而我一進入市場交易就發現了這一點。

有時候，市場明明走勢良好，一旦我滿懷希望地買入以後，市場價格卻再也不漲了，剛才的強勢忽然間消失得無影無蹤。我拿著多單，卻不知道下一步怎麼辦才好。

有時候，市場價格長時間一動不動，在一個狹窄的空間盤整，就在我失去耐心、胡亂平倉以後，市場價格卻沿著我原來判斷的方向大步運動，我只能眼睜睜看著利潤與我擦肩而過。

有時候，市場價格一旦突破，幾分鐘之內就快速波動幾百點。還沒等我反應過來，行情就絕塵而去。

有時候，從前一天的市場走勢看，多頭氣勢極盛，所向無敵，於是我滿懷信心地衝進市場做多。而第二天一開盤，市場卻來了個一百八十度的大轉彎。尾市殺入做多的投機者莫名其妙地

被當頭一棒，無不身受其害。我也只好狼狽逃竄。

我每天全神貫注、精神緊張地盯著盤面變化，憑著自我的本能和感覺，在盤中搶進搶出。但操縱者似乎完全摸透了我的心理，總是與我反著做。往往我一買入做多，市場價格就立刻下跌；我一賣空，市場價格就迅速上漲。我要嘛買在頂上，要嘛賣在谷底……

總之，剛開始的那段時間，在這場鬥智鬥勇的遊戲中，我所做的每一筆交易幾乎都是錯誤的，都在虧錢。我在盤中衝動、情緒化的短線交易方法，剛好中了主力的圈套，被他們搞得暈頭轉向。面對一次又一次的損失，我卻束手無策，任人宰割。

根據盤面感覺操作，顯然是很不可靠的，為了應對這種怪異的市場走勢，我冥思苦想，嘗試著使用其他各種各樣的預測工具和交易策略。

市場突破交易法

為了克制自己盤內的交易衝動，我決定在市場真正突破有意義的技術點位以後再入市，例如：市場價格突破前幾天或一周的重要高低點後。

這種交易方法是我以往在期貨交易中最常用的策略，多數情況下都非常管用。

但是，在天津紅小豆市場，這樣交易的效果卻不佳。市場主力最擅長的把戲就是製造假突破的陷阱，引誘投機者上當。例如，假設價格波動的下限是6100元，上限是6500元。主力在製造下跌行情的時候，故意讓市場價格跌破6100元；在上漲的時候，

故意讓市場價格越過6500元。投機大眾根據一般的市場技術分析理論，往往會誤以為突破有效，迅速順勢追入。其實，這只是市場主力虛晃一招，剛才還好端端的價格走勢隨後會突然掉頭，包括我在內，一大幫自作聰明的投機者自投羅網，只好爭相割肉砍倉。這樣連續被市場愚弄幾次以後，我的帳戶已虧損累累，不得已只好放棄了這種交易模式。

根據日線、週線的預測交易

根據單根日K線或者幾根日K線的組合形態來預測市場走勢，事先制定相應的交易計畫，確實可以避免臨場決策的衝動行事和情緒化。但是，我發現在天津紅小豆市場，這樣做也不可行。

為什麼？

一是日K線預測理論本身就不是一門精確的科學，預測結果總是非常籠統、模糊，或者說太抽象，沒有多少確定性。從事後看，無論市場價格是漲了還是跌了，都能從前一天的K線圖中得到合理的解釋。但是，如果給你一張K線圖，問問你明天市場可能怎麼走，結果會怎麼樣，你一下就傻了。無論你怎樣努力研究，也不可能通過分析K線性質、形態，對第二天的市場走勢得出一個明確的結論。當然，等第二天的市場走勢出來後，再看看圖表，你會發現前一天你冥思苦想而不得其解的答案，竟然是那樣的簡單。

二是即使日K線預測的最終結果是正確的，由於天津紅小豆市場盤內震盪的幅度太大，投機者根據日K線的預測操作，面對反復無常的短期大幅波動，很難有足夠的信心一直堅持自己的觀點而不動搖。

在做天津紅小豆的那一段時間，白天短短幾個小時的交易，我就像坐在火山口上，時時刻刻都會擔心市場出現意想不到的變化。盤中走勢對我帶來的挑戰和考驗，簡直是一種殘酷的折磨。

而一旦日K線的預測結果錯誤，由於止損的幅度較大，投機交易造成的巨大損失實在讓我無法承受。

當然，依據週K線操作，面對紅小豆價格一週期間上上下下更大幅度的反復波動，風險控制就更加困難。

在一個精心設計的賭局中，常規期貨交易的輔助手段——基本分析和技術分析等工具，在天津紅小豆市場確實難以奏效。實際上最後往往成為市場主力愚弄散戶的道具。

怎樣才能增加我盤中操作的勝算，在天津紅小豆交易中取得成功呢？

自訂交易系統，兩週資本翻倍

根據自己的經驗教訓和邏輯推斷，我想到了以下兩點：一是需要克服過去入市交易時的隨意性，主觀性；二是我的交易策略必須在賺大錢、虧小錢的原理基礎上設計。

由此，我想到了利用市場價格和移動平均線的關係來操作，也許可以達成上述目標。

一是市場價格對移動平均線的突破能給我提供一種客觀定量的入市信號。而利用日K線或其他預測工具，沒有這種精確的資料作為入市操作的依據，價格預測只能是一個大致的範圍和方向，非常模糊，可操作性不強。

二是根據市場價格突破移動平均線入市，一旦交易成功，

也許可以獲得較大的利潤，而在信號錯誤的情況下，止損點位明確，損失很小。這是我這個交易系統最大的優勢。剛好符合期貨交易的最根本原則——賠小錢，賺大錢。

當時，我採用的是市場價格和一條平均線的穿越和突破作為入市信號。

因為我要抓住的是紅小豆市場盤內短線波動的機會，所以我就利用市場價格對短期移動平均線的突破作為入市信號。

根據天津紅小豆價格波動的歷史資料，經過長時間的測試，我發現市場價格和週期太短的移動平均線，由於每天相互交叉的次數太多，入市交易的失誤率太高。也就是說，市場價格頻繁地穿越平均線，導致交易信號中有大量的噪音，在實際操作中無法取捨。而時間週期太長的平均線也有弱點，在很多時候，市場價格和平均線相距太遠，交叉穿越的次數太少，不能及時捕捉到交易機會。

經過反復測試，最後我選擇了市場價格和55個15分鐘價格的平均線的穿越作為入市交易的信號。市場價格向上突破15分鐘的55均線，我就買進做多；反之，我就賣出做空。

由於天津紅小豆市場被嚴重操縱，短期價格波動的幅度非常大，一段時間以後，我發現這套交易系統的效果還是不錯的。噪音小，成功率高，可以有效地幫助我把握紅小豆市場的盤中走勢，減少人的感覺和情緒對交易的負面影響。

通常我進場以後，如果市場隨後的走勢沒有證明我是正確的，我一般會在出現10～20點左右的虧損時就砍倉離場。而一旦方向準確，我就持倉等待。在很多次交易中，我都獲得了200點以上的利潤。這樣，只要我做對一次交易，即使隨後犯了十次錯誤，也不會有大的損失。

有了這套交易系統，在隨後一段時間的天津紅小豆交易中，我不再神經緊張地盯著盤面變化，整天揣摩主力的動向，希望預測市場未來的走勢。現在，我唯一需要關注的就是市場價格什麼時候和移動平均線交叉，只要市場一出現我設定的行動信號，我就迅速出擊。如果沒有交易信號出現，我就袖手旁觀，在場外耐心等待。

　　這套交易系統成為我對付天津紅小豆主力的利器。記得也就短短兩週的交易時間，我的投機資本就翻了一倍。

　　可惜，最後的晚餐也終究要結束。

　　這樣的幸福日子沒有持續多久，隨著中國期貨市場整頓的深入，天津紅小豆市場就關門了。而這套我剛剛開始得心應手的工具也只好束之高閣。

提高交易勝算的操作工具

　　後來幾年，我曾經試圖把自己對付天津紅小豆市場的平均線交易法則應用到其他市場，如大連大豆、上海橡膠、倫敦銅等。結果發現，這套捕捉盤內價格變化的短線交易系統並不是放之四海而皆準。它只適合短期價格波動幅度大、速度快的市場，如2003、2004年的橡膠市場。而對大連大豆這樣走勢比較平緩的市場，效果就不太理想。

　　在這個交易系統運用的早期，我只是根據市場價格對移動平均線的突破作為開倉入市的依據，並沒有考慮自己的操作方向和市場趨勢之間的關係。即不管市場趨勢是上漲還是下跌，只要價格從上向下穿越平均線，我就做空；市場價格從下向上穿越平均

線，我就做多。

後來，在上海橡膠市場的實際交易中，我發現這種做法有問題。有些突破信號發生以後，我入市交易的利潤可能很大；有些信號則只有一點蠅頭小利，而且如果我平倉速度慢一點的話，非但這點小小的浮動獲利會轉身即逝，而且還經常伴隨出現大的損失。

所以，我就加了另一個規則作為我的交易系統的補充，限制某些方向的交易。即遵守這樣一個原則：多頭市場不放空，空頭趨勢不做多。

圖13.1　滬燃油02（30分鐘線）

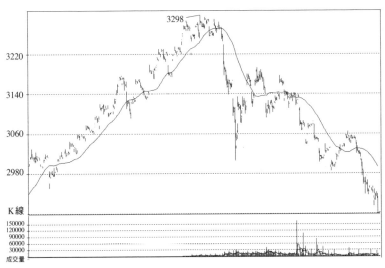

根據這個系統交易時，投機者還需要思考、解決幾個問題：一是市場趨勢如何確定；二是怎樣應對較大的跳空缺口。前者決定我們的交易方向，後者和交易成本關係很大。當然還有一個更重要的問題是，入市的單子出現浮動獲利後，什麼時候平倉離場？這並沒有固定、現成的答案，需要根據每個投機者自身情況以及市場狀態判斷。

這樣，我的交易就變成了順勢而為，交易次數確實減少了一些，但安全性、可靠性增加了。

　　2005年，我讓我的幾個學生按照我對付天津紅小豆的思路研究上海燃料油市場，找出一個中短線操作的模型來。結果，他們的測試和研究表明，市場價格對30分鐘的55均線的突破非常有價值。在多頭行情中，市場價格回檔結束，向上突破55均線時買進；空頭行情中，市場價格反彈結束，向下突破55均線時做空。止損設在20～30點以內。有一段時間，那幾個嚴格按照這個模式操作的人，都取得了很好的回報。

　　隨著對平均線理論研究的深入，針對各個市場的不同特點和運動週期，我制定了自己的交易規則。例如，在倫敦銅的交易中，我使用市場價格和55天均線的突破作為入市操作的信號，具

圖13.2　LME銅2000-2001年走勢圖

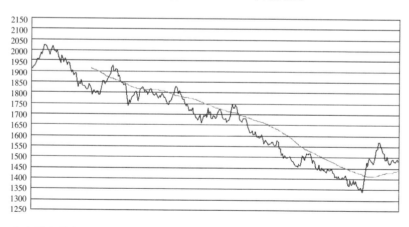

在空頭市場中，根據我的交易規則，每次市場反彈結束，跌破55天均線時就大膽放空。這是一種有約束、有優勢的交易模式。

體要點如下：

一、在多頭市場中，市場價格跌破55天均線，不做空。而當市場調整結束，市場價格重新向上穿越55天均線時，入市做多。止損點放在當日最低位以下。

二、在空頭市場中，市場價格向上穿過55天均線，不做多。而當市場反彈結束，市場價格重新向下穿越55天均線時，入市做空。止損點放在當日最高點位以上。

現在，包括55天均線在內不同參數的移動平均線，已經成為

圖13.3　綜合銅（日線）

LME銅2001開始的上漲行情，到了2004年以後，走勢明顯趨於複雜。根據我的移動平均線交易法則，市場每次下跌結束，價格重新向上突破55均線位置時，投機者就可以買進做多，交易風險可以得到良好的控制。

我觀察、理解市場，確定市場運動狀態和價格變化關鍵特徵，把握重大交易機會的核心工具。只有當市場發出明確的突破信號，符合我的平均線理論時，我才入市交易。

我認為，投機者應該走在市場的前面，不能讓市場牽著自己的鼻子走。如果投機者頭腦中沒有像移動平均線這樣一些事先預定的原則、框架和模型，那麼，漫無目的的市場觀察得到的將只是隨機的、沒有規律的價格波動。

對我來說，移動平均線不是一種市場價格預測工具，而是幫助投機者監控市場、提高交易勝算的操作工具。而這也是我在天津紅小豆這個妖異至極的市場氣氛下體悟最深的一環。

—————————— 第十四章

傑西・李佛摩
我的精神導師

公正而溫柔地記住你們的先輩吧，
如果你們不這麼做，
當你們逝去之後，就必須償還這筆債務。

——法蘭西斯・培根

時代在前進，但每一個個人都在重新開始。
——歌德

　　從事期貨交易多年以後，我常常感嘆，如果自己初入這一行就遇到一位名師指點，而不是「摸著石頭過河」，那該是件多麼幸福的事啊！可惜期貨投機這一領域，要領悟其真諦和奧祕，似乎沒有現成的「程門」可以供投機者「立雪」，知者不言，言者又大多不知。

初得交易聖經，大喜若望

　　從1993年到1998年，我在股票、期貨交易中一直只靠自己的摸索，在市場中橫衝猛衝，無意中重複著歷史上無數的投機者曾經犯過的錯誤，代價慘重，所獲卻甚少。直到我發現傑西‧李佛摩及《股票作手回憶錄》（*Reminiscences of a Stock Operator*）。

　　1998年，一個偶然的機會，我在書店中看到當時剛剛出版的《股票作手回憶錄》一書，我驚呆了，我感受到強烈的震撼！世上

竟有如此人物，在市場交易中有這般神奇的經歷。我彷彿從中看到了自己的影子。

他寫的很多東西不就是我剛剛經歷過的嗎？他在交易中遇到的煩惱不就是我的煩惱？他經歷的痛苦不就是我的痛苦？他的困惑不就是我的困惑？他找到的答案不就是我百思不得其解的答案？

想不到時間過去了近一百年，我們在投機市場碰到的一切是那麼的相似。

當時，我對李佛摩的一切一無所知，也不知道他在股票、期貨投機的歷史中是一個怎麼樣的人，有什麼地位與影響，僅僅翻了幾頁他的書，我就被深深地吸引住了。他的魅力、風采、神態和氣質在我的頭腦中留下了不可磨滅的印象。

記得那一天晚上，我一夜未睡，沉浸在李佛摩的世界裡。之後有相當長一段時間，我仍然翻來覆去地讀這本書。過了幾天，因為我擔心會把這本書翻爛，又特意去了那家書店，把書架上所有的《股票作手回憶錄》都買了回來，我給自己留下了兩本，把其他的幾本全部寄給了我的朋友們，希望他們也能和我一樣聆聽這位大師的言傳身教，分享這種精神、思想上無法言說的快樂。

無意中得到李佛摩的這本書，對我來說簡直是相見恨晚，如獲至寶。多年以來，我在市場交易中的困惑有了答案；我頭腦中的混亂得到了梳理；我對市場的許多錯誤認識得到了糾正；我在未來交易中有了行動的指南。

從此以後，對待市場交易，我有了基本的標準、原則和依據，不再憑藉猜測、想像、預感、直覺、衝動隨意行動，不再因為不知所措而盲目出擊、胡亂賭博，而是從整體、全域的高度分

析大勢，制定計畫，依靠高瞻遠矚的目光，超凡脫俗的思想取得勝利。

沒有理論指導的實踐是盲目的實踐。

1998年到1999年，因為李佛摩的到來，這成為我交易生涯中的重要轉捩點和里程碑。在傑西‧李佛摩為我確定了基本的投機理論和策略之後，儘管前面的路依然曲折，我免不了會繼續遭遇挫折，偶爾有一段時間我無意中也會偏離航向，但是，我很快就能夠意識到自己的錯誤，迅速回到正確的軌道上來。自此，我的投機事業確實進入了一個新的境界。

唐代大學者、詩人韓愈說：「天不生仲尼，萬古長如夜。」這也許是個過分誇張的比喻，不過的確可以很貼切地表達李佛摩在我個人投機生涯中的意義和心目中的地位。傑西‧李佛摩對我的啟迪和影響，就像孔子在中華文明史上的地位及貢獻一樣。孔子為中華民族總結了一整套哲學、倫理、道德的法則，奠定了幾千年來中國人思想和行為的基本規範。傑西‧李佛摩對股票和期貨市場的認識，他的交易策略，他對待投機事業的精神態度，也為我的思考、行動構築了堅實的基礎。

如果說，班傑明‧葛拉漢是價值投資的奠基人，1934年出版的《證券分析》（*Security Analysis*）是投資者的聖經；那麼，傑西‧李佛摩則是投機領域的北斗星，1922年出版的《股票作手回憶錄》就是投機者的航海圖。

後來的幾年，我一直潛心學習、研究李佛摩的思想，將其貫徹於自己投機實踐的各個方面之中。李佛摩的精神態度、市場智慧、投機策略和技巧，深深地影響了我的交易活動，成為我長期自我教育的精神導師。

關於傑西・李佛摩

　　1877年，傑西・李佛摩出身於美國一個貧困的農民家庭。14歲的時候，他就離開了自己的家鄉，前往波士頓，在一家股票經紀公司做報單、記帳工作，週薪3美元。

　　在繁忙的日常工作以後，李佛摩開始思考並研究自己白天從市場中觀察到的股價波動情況。他確實擁有罕見的投機天賦，僅僅過了一段時間，他對股票價格波動的韻律就有了深刻的領悟，並且開始嘗試這種遊戲。

　　第一次交易，李佛摩和他的同伴合夥在一家股票對賭公司賺了3.12美元。從此，他放棄工作，走上了股票、商品期貨職業投機之路。

　　在二十世紀初期的幾十年中，恬靜而執著的青年李佛摩曾經許多次靠著一筆數目不大的小錢贏得了巨額財富，成為股票、期貨市場中令人聞風喪膽的投機之王。1929年，華爾街股市從最高381點開始的大崩潰中，大多數投機者都輸得傾家蕩產，血本無歸，而李佛摩卻因為順勢做空，據說賺到了上億美元。

　　1922年，李佛摩與人合作撰寫的《股票作手回憶錄》一書，詳細描寫了他的投機生涯中幾起幾落的傳奇故事，有系統地闡述了他的投機思想、策略的形成、變化和發展過程。

　　《股票作手回憶錄》的前半部分，詳細地記錄了李佛摩從一個市場投機小子到頂尖大師的經歷，包括從最初進入股票市場開始，作為一個新手他是怎樣做交易的，如何預測股價走勢，為什麼有人能夠賺到大錢，有人卻總是賠錢，他前後幾次破產的經過等等。李佛摩對股票、期貨市場由淺入深的認識過程，揭示了一

個投機者在股票、期貨交易中，其思維、認知、態度、心理、精神等主體內心世界複雜的演變、發展過程。他在書中對這些令人困惑而艱難的問題，提出了深刻而又可行的解決之道。

每一個投機者進入市場以後，都有一個曲折的成長過程，《股票作手回憶錄》一書，可以使投機者在市場交易中盡快走向成熟，少走很多彎路。李佛摩的這些經驗和教訓，具有普遍的指導意義和巨大的參考價值。

對我來說，當時對這本書感觸最深的一點是，李佛摩在書中詳細描述了他在早期的交易中，好幾次陷入破產，最後卻反敗為勝，重新崛起的經歷。尤其是1910年左右的那一次，因為在棉花交易中的失誤，他不但把自己的幾百萬美元全部賠光，而且債臺高築，欠了許多人的錢，被人誤解、被人逼債。而隨後幾年的市場行情又非常冷清，沒有交易機會，李佛摩陷入了困境，幾乎不名一文，無論是生活或精神都遭受了巨大的壓力和沉重的打擊。但是，他並沒有倒下，憑著頑強的意志、毅力和信心，李佛摩從失敗的陰影中振作起來，繼續等待時機。

終於，隨著第一次世界大戰的爆發，美國的股票、期貨市場又恢復了活力，股市大漲，期貨火爆，李佛摩再次展現出大師的風采，僅僅重出江湖一年多的時間，靠一點微薄的本錢賺了幾百萬美元，還清了債務，東山再起。

李佛摩的這種人生和精神歷程，給了我巨大的力量和勇氣。

1999年以前的幾年中，我也在期貨交易中遭遇了重大的失敗，後來期貨市場也進入了低迷的狀態，賺不到錢，和美國1910年到1914年的情況類似。因為李佛摩的影響，我沒有放棄努力，繼續在期貨市場思考、學習和交易。如果我沒有接觸到李佛摩的

書，不了解他的經歷，也許在1999年到2002年的期貨市場蕭條期間，我早已經離開了期貨市場，不會堅持到今天。

《股票作手回憶錄》帶給我的思想轉變與啟迪

《股票作手回憶錄》是一本非常系統、全面、深刻的交易經典讀物。從內容上看，大致可以分為三大類：市場認識、交易策略和投機者的心理、精神態度。

所謂市場認識，就是李佛摩對股票、期貨市場的重大原則問題的基本觀點。包括市場趨勢出現的原因；市場價格變化的必然性和偶然性關係；操縱行為對股票、期貨價格的影響；意外事件的發生與市場重大趨勢的關係等等。

所謂交易策略，就是李佛摩應對市場價格變化的基本方法、策略和技巧。包括入市時機、點位的選擇、投入資金的安排、出現有利或者不利局面時如何處理、什麼時候是最佳離場時機等。

所謂投機者的心理、精神態度，在李佛摩看來，包括投機者對待金錢的態度；如何看待交易時的虧損和獲利；在長線交易中，投機者如何從心理上做好市場短期大幅回檔的準備，堅定持倉信念；在市場趨勢沒有明顯的反轉信號出現以前，投機者如何處理手中獲利的交易；為什麼投機者常常喜歡盲目而頻繁的交易；為什麼投機者對內幕消息樂此不疲，等等。

這些對每一個市場參與者意義重大，事關投機者生死存亡的複雜問題，書中用一個個極為生動的案例娓娓道來，用作者的親身經歷言傳身教，讓讀者興趣盎然，回味無窮，在潛移默化中受到深刻的啟迪。

和《股票作手回憶錄》相比，金融領域的另一個投機大師索羅斯的書——《金融煉金術》，則完全是另外一種風格。儘管索羅斯書中的思想非常深刻，內容也很精彩，但其晦澀的表達方式、缺乏嚴格邏輯約束的跳躍性思維、前後矛盾、混亂的觀點和用語，實在令大多數讀者難以閱讀，無法理解。

每當我陷入交易的低谷，對股票、期貨的操作失去信心和希望的時候，重讀李佛摩的書往往會給我灌輸巨大的精神力量。更為神奇的是，通過直接模仿他的操作策略，有好幾次在很短的時間內，我都在市場交易中獲得了巨大的利潤。

記得以前看過的電影中有這樣的一個鏡頭，八路軍、游擊隊在打鬼子遇到麻煩時，大家會立刻坐在一起學習毛澤東的書，過了一會，困難就解決了，然後就開始打勝仗。我不清楚這到底是歷史事實還是藝術家的虛構想像，不過，當我在期貨交易中陷入困境的時候，李佛摩的書確實幫過我的大忙。

我認為，每一個想進入股票、期貨市場的人，每一個在股票、期貨市場上摔過跤的人，都應該仔細研讀這部投資經典。有人說，從這本書中你對自己和市場的了解，比在市場中親身滾打幾年還要來得多。

對市場的認識

在1994年到1998年的期貨交易中，我對市場的認識是非常膚淺、感性、混亂的。具體表現在以下幾個方面：

一、短視

　　我把自己的精力全部集中在預測市場短期價格變化上。無論是1994年底到1995年5月，我在上海國債期貨的交易中，每天盤內殺進殺出，還是在1997年初的海南橡膠操作中，以兩三天為一個交易週期，我都是憑著自己的本能及感覺去預測市場短期非常細小的變化，或者是一兩天的價格波動。鼠目寸光，只看得到眼前一點動靜，希望把握短時間內的市場走勢。

　　那幾年，我最渴望抓住的是市場一天之內盤中的變化；其次是第二天的市場變化；再次才是下週行情的變化。對更遠的市場趨勢，我既沒有能力去預測，也沒有興趣去判斷。顯然，那一段時間，我對市場的這種認識只是一些局部的看法，搞不清市場的全貌，沒有從全域、宏觀的角度把握市場走勢的能力。

　　李佛摩告訴我，我這種打游擊式的短線交易方法，企圖在短期波動中獲取更高的利潤，往往是一種代價昂貴的辦法。我想快一點成功，什麼錢都想賺，其實卻離目標越來越遠，反而更慢。

　　李佛摩說：

　　（投機者）「不能醉心於對當前股市下注押寶，而應從更廣的角度來預測其變化。」

　　「一個生意人應該像一個職業億萬大玩家那樣做，也就是說，他應該看遠一點，而不是只注意眼前那麼一點。」

二、對市場趨勢產生、持續的必然性沒有深刻的了解

　　在接觸李佛摩以前，我對期貨市場波瀾壯闊的大趨勢產生、持續的原因並不了解。也許這和早期中國期貨市場頻繁的價格操

縱、一次一次的多逼空、空逼多的特殊市場狀況有關。在我的想像中，市場趨勢就是主力資金人為製造出來的，沒有什麼規律性和必然性，完全是一種偶然的變化。我沒有看到，主力也並不能為所欲為，市場趨勢實際上受到背後的基本面因素、供求關係制約，有其深刻的內在原因和客觀性。

思想上的糊塗必然會在一個人的行動中表現出來。在早期1995年到1998年的交易中，很多時候，市場趨勢剛剛開始上漲或者下跌，我就莫名其妙地擔心它會突然調頭，害怕它當天反轉，把我逮個正著。我對市場走勢充滿驚恐，被自己虛妄的想像、莫名的情緒所困擾和折磨，對市場運動缺乏起碼的常識和理性分析能力。這是很荒唐的，對我的交易產生了嚴重的破壞。

而李佛摩告訴我：

「只要條件具備，股市該是牛市就是牛市，該是熊市就是熊市，誰也無法阻擋，因此每個想賺錢的人必須估量條件是否具備。」

「股市不可能達到其光輝耀眼的頂點，也不會突然以其相反的形式告終。」

「無論大幅度波動的首次衝擊會帶來什麼，它的持續性都不是資本家投資或詭計的操縱結果，而是依靠於基本條件，而且無論誰想抗衡，只要推動力允許，它都會不可避免地產生廣泛、快速、持續的影響。」

其實，市場趨勢單日反轉的情況也不是沒有，但是在大多數時候，市場的轉勢一般都有一個過程。我誤把一些特殊的市場

走勢、偶然的趨勢突然逆轉情況，當作一種普遍的市場特徵，對極為普遍性的規律卻熟視無睹。李佛摩告訴我，這種認知是不對的。以前，因為我天天擔心市場趨勢會突然反轉，那種想法使我在每天的交易中，就像背著一座大山，心理和精神壓力都極大。李佛摩幫我卸下了這個沉重的包袱，讓我重新以一種理性的思維、目光和態度對待市場發生的一切，而不是像驚弓之鳥，整天憂心忡忡。

現在，我能夠以一種不慌不忙的態度看待市場趨勢的變化，不像原來那樣一刻也坐不住，每天在交易中忙進忙出。

市場正沿著古老的腳步前進，我著什麼急？市場價格不會因為我的原因，漲得快一點、跌得慢一點。更不會因為我昨天做了多頭，今天就突然變成空頭市場。認識了市場趨勢產生、持續的必然性以後，我對自己的行動變得胸有成竹，我完全沒有必要匆匆行事。按照李佛摩的說法，市場一定會對我的胃口。

三、對股市長期趨勢和短期波動之間的關係，我的思維混亂

市場趨勢的發展，並不完全是一帆風順的，中間難免包含著一次一次的反向運動。而且，有時候這種相反方向的上漲或者下跌的幅度，還非常大。在1998年以前的交易中，我分不清市場的主流動向和短期大幅逆向運動之間的主次關係，對於市場短期走勢太敏感。每當熊市中出現無法避免的反彈走勢時，我就自己嚇唬自己，以為市場已經轉勢了，牛市來了。反之，在牛市中，只要市場一出現調整行情，我都會懷疑擔心是不是牛市已經結束。顯然，這種對市場短期走勢過於敏感的觀察，往往分不清局部變化和整體趨勢之間的界限，從而在思維和行動中陷入混亂。就像

《人性箴言》的作者所說的：「過於關注小事情的人，往往對大事一無所知」。

李佛摩是這樣挖苦那些對市場變化過於敏感的短線炒手的：

「（市場稍一反彈），大多數人就開始認為牛市來了。」

「在熊市中，股市經過一場大幅的反彈以後，簡直是求人賣了它。可天哪，人們又開始談論牛市了。」

「一般來講，人們並不想知道市場是牛市還是熊市，他只希望確切地知道到底該買入什麼，拋出什麼。」

「大多數人有著一種總是充滿希望的假想家傾向。對於一個投機者來說，這種態度是致命的。」

那李佛摩自己是怎麼做的呢？他說：

「我將主要精力集中在判斷到底投資了什麼股市。」

「我從具體事件考慮到基本原則，從價格波動考慮到基本條件。」

「我的偉大發現在於人必須研究總體條件，衡量條件，由此能夠預知可能性。」

「我已賣出10萬股，已經看到股價會反彈，我已預料到這種情況會出現，（如果我馬上獲利平倉，這樣我就可賺得100萬美元，然而我仍按兵不動，眼睜睜地看著50萬利潤消失，簡直沒有想過先買回拋出的股票，等股價反彈時再拋出去。因為那樣做，我就失去了位置（position）。坐得住，一定會賺大錢，只有大的起落，你才會賺大錢。」

「失去自己的位置（position）是誰都付不起的代價，甚至洛克菲勒。」

四、我不清楚意外事件、消息對市場的意義和影響力

在期貨交易中，投機者時時刻刻都可能遇見意外事件或突發消息。空頭市場來了大利多消息，多頭市場來了大利空消息等等。大多數投機者不會處理這樣的情況，沒有基本的原則以及相應的應對策略。看過李佛摩的書以前，我也是這樣。這時候，我特別容易犯錯，自我人性中的恐懼和貪婪就會跑出來，讓我追漲殺跌或者低買高賣。結果，我總是在市場交易中受騙上當。

舉一個最普通的例子，一個在中國期貨市場從事銅、大豆交易的投機者，每天都必須面對倫敦銅和CBOT（編注：芝加哥期貨交易所）大豆的可能意外變化。

假如我在牛市中買進了上海銅以後，偏偏當天晚上倫敦銅的走勢不爭氣，跌了20美元，第二天我該怎麼辦？是砍倉還是忍耐等著市場後來的上漲？

按照我以往的交易方式，在上海市場第二天必然跳低開盤的形勢下，我會感到自己太倒楣了，昨天剛剛買進，今天市場就下跌，因為擔心市場繼續沒完沒了地跌下去，我很可能一開盤就砍倉。

從表面上看，我的風險控制得很好。在交易出現虧損的情況下，及時採取止損措施。不是每一本期貨書上都這麼說嗎？「最早的損失是最廉價的損失」、「如果你不能控制風險，早晚你就會被風險所控制」。

而現在，我再也不會這麼做了。面對有浮動虧損的交易，我

不會簡單地一砍了之，只要我對市場走勢的戰略判斷沒有被證明為錯誤，我就會繼續持倉等待。原因有兩個：

一是李佛摩告訴我，一般情況下，牛市中利空的消息對市場只有短暫的影響，雨過天晴，市場就會回到上升的軌道，恢復漲勢。反之也是。所以，既然我的交易一開始就是順勢操作，就用不著過於擔心市場暫時的不利局面。耐心等待，忍一忍。

二是不能無原則地止損。我的經驗告訴我，在期貨交易中，確實有些人因為沒有止損概念，在市場重大趨勢運動中，一次方向做反，導致全軍覆沒。所以，止損是期貨交易者最後的自我保護措施。但是，我發現在期貨交易中，更多人的失敗往往不是因為止損不及時、不果斷，或者是根本沒有採取止損措施，而是他們太過於頻繁地止損了。只要自己的交易出現一點點的浮動虧損，他們就惶惶不安，害怕損失不切實際地擴大。因為情緒、心理和精神等主觀的原因，毫無原則地止損、胡亂地止損，來回割肉。結果，許多方向正確的交易也讓投機者止損了。我認為，這是期貨交易中非常忌諱的，可說是危害極大。

根據李佛摩三十年的交易經驗，意外事件或消息的發生，往往是和市場阻力最小的方向，即趨勢方向一致的。在牛市裡，人們會忽略熊勁，而關於牛的消息總是被誇大。反之也是。所以，大多數情況下，投機者面對不可避免將會出現的各種各樣的意外消息，選擇順勢交易，依然是最聰明的交易策略，往往更可能得到獎賞，而不是懲罰。就算利空和利多的消息發生的可能性各占50%，顯然，順勢交易也比逆市操作勝算大得多，處於更有利的地位。

五、關於市場操縱

是不是主力莊家真的可以為所欲為，打遍天下無敵手？

原來我在市場交易中，唯主力馬首是瞻，也不管主力是順勢操作還是逆市而為，我想當然地認為，無論他們怎麼做，他們都肯定會贏，我和他們站在同一條戰壕，自然也能分享成功。

李佛摩教育我，市場主力的行為是受制於環境的，逆勢操縱的市場主力，最後很可能要失敗，沒有好下場。

李佛摩說：

「長期以來，期貨的價格就不是被壟斷著的，而是由法定供求關係所決定的。」

「任何操縱手段都不能把股價一直壓低並始終使之保持低價。」因為，「知道實際價值的人會迅速買進而使你處於巨大的風險之中」。

「因虛構的理由來支持或反對期貨市場的某種趨勢，成功是暫時性的，因為最終獲勝的是事實。」

「所有熊市中的牛操縱都注定是要失敗的。」

「以整體股票市場走勢來說，不可能被操縱。但在單支股票上，過大的空盤量，即放空部位超過一定比例以後，做空──持有空頭部位是極為危險的，市場空頭可能被軋。早年內線人士經常軋空頭而大賺其錢。」

並不是說李佛摩的這些話都是絕對真理，而是李佛摩給了我新的啟迪。他提醒我注意期貨市場價格變化背後最簡單的原因──市場供求關係。這些話從一個職業投機家的口中說出，令

我感到驚奇。

在大學期間，我也學過不少經濟學方面的課程，當然也知道一些經濟學的基本原理。但是，這些理論在我進入期貨市場以後，幾乎沒有任何用處。在我的印象中，期貨市場就是一個投機者之間相互搏殺的地方，市場主力完全可以操縱一切。無論是國債期貨、上海膠合板、蘇州紅小豆，還是海南咖啡，要嘛多逼空，要嘛空逼多，哪有什麼經濟規律在起作用？我原來以為，市場價格完全是錢堆出來的，誰錢多，誰說了算，市場主力說漲就漲，說跌就跌，還有制約他們的東西嗎？顯然，我把早期中國期貨市場特殊的混亂、無序狀態下的市場運動特性，當作了普遍、一般的東西。

李佛摩讓我對市場的認識從原來的臆測、想像，回到了理性、現實的軌道。市場主力也有他們的局限性，也要受制於經濟規律。如果他們憑藉資金優勢，違背市場供求這個基本面，對抗市場大趨勢，失敗是早晚的事，是注定的。李佛摩的思想是對的，你看，中國期貨市場早期的風雲人物，現在還有幾個依然活躍在市場之中？

從此以後，我在市場交易中開始警惕那些違背大趨勢的主力操縱行為，再也不輕率、盲目地追隨。因為明白了這一點，在後來許多次實戰交易中，我都受益匪淺。而且，因為李佛摩讓我了解到逆勢操縱的市場主力的悲劇命運，我順著這個思路開始研究，如果市場主力順勢操縱，情況會怎麼樣呢？包括市場走勢的特點，市場主力的交易命運等等。結果，我發現自己的研究很有收穫，從中找到了一些很有價值的規律，得以直接為我的交易帶來可觀的利潤。

交易策略

一、關於短線交易和長線交易

在看到李佛摩的書以前，我的交易策略雜亂無章、反復無常、互相矛盾。

在1995年到1998年間，我在市場中主要是短線交易、日內炒作，都只在很短的時間操作。偶爾我也做過幾次中線交易。我的主要交易策略剛好是李佛摩最反對的日內短線交易方式。那時，我對短線交易的風險、危害和局限都還沒有足夠的認識。

是李佛摩讓我重新思考，到底該怎麼做期貨。他說：

「盲目而頻繁的交易是造成華爾街投資者虧損的主要原因，即使在專業投資者中，也是這樣。但我必須做正確的選擇，我不能草率行事，所以我靜等著。我賺大錢的祕密就是我常常只是靜靜地坐著。」

「有些華爾街的呆子，他們認為要不停地做交易。任何人都沒有足夠的理由，每天買賣股票。」

「（賺大錢）不能靠看盤，而在於估價整個股市行情和走勢。」

股票交易沒有槓桿效應，風險小，所以從1993年到1995年的股票操作中，我做過很多次長線交易，也取得過輝煌的業績。但是，在1994年底進入期貨市場以後，我幾乎很少做長線交易。1995年下半年，我在北京綠豆上做過一次中線交易，但是，那不是一種有意識的、事先計畫好的、自覺實施的交易策略，不是經過深入研究以後深思熟慮的選擇，而是有一定的偶然性與自發

性。這種交易策略和行為並不穩定、持續、一貫。在偶爾嘗試了一下以後，我並不能堅持下去，在下一次的交易中，我馬上會改變主意，又回到短線交易的老路上。

因為李佛摩的教育，我逐漸擺脫短線交易的誘惑，開始有意識地從事中長線交易。李佛摩讓我從一個日內交易者、短線交易者逐漸變成為一個中長線交易者，一個自覺的趨勢交易者。後來，我不再沉溺於短線交易，盡一切可能在綠豆、大豆、橡膠、銅市中尋找市場趨勢，順勢操作。

二、關於試探─加碼的交易策略

在投機資金的使用上，在1999年以前的期貨交易中，我是非常激進的。一旦我決定入市交易，往往是重倉出擊，完全是孤注一擲式的賭徒行為。當然，豪賭贏了，可以在短時間內賺到大錢，但是一旦輸了，則會大傷元氣，陷入絕境。1995年，我在327國債期貨的大賭中僥倖成功，確實使我賺了大錢；1997年，我在海南橡膠R708的交易中，則身受其害。

當我研究了李佛摩的交易策略以後，我感覺自己原本的行為極其愚蠢。李佛摩徹底改變了我以往交易中那種「要嘛大賺一筆，要嘛輸得一塌糊塗」的愚笨交易方法。我學到了「虧小錢、賺大錢」的交易手法，這就是試探─加碼的交易策略。

李佛摩認為，如果一個投機者看好市場，想買500股股票，那他不應該賭博式地一次性買入。假如他買了100股，結果立刻虧了，他就不應該買更多。他應該馬上看出自己錯了，至少暫時錯了。第一步走完以後，除非真的有利潤，否則不要採取第二步，觀察、等待，直到良好時機來臨時才重新開始。職業的投機

家對猜測、賭博不感興趣，他只想要賺穩妥的錢。而要做到這一點，就必須在能夠贏的時候下大注，而輸的時候只是虧了一點點探測性的賭注。

假如通過分析，李佛摩預設棉花市場顯示出牛市的動向，他估計需要買入四、五萬包多頭，他會先買入1萬包。如果市場比他最初買進的1萬包漲了10個點，就再買1萬包。隨後如果他能得到20點的利潤，就會再買2萬包。但是，如果他買了第一個1萬包或2萬包以後，出現虧損，他就賣出。因為他可能錯了，市場走勢沒有如他所願。也許只是暫時的錯誤，但任何犯錯都不會有利潤，不能固執己見地繼續蠻幹。

現在，我在期貨交易中，總把自己的投機資金分成三支部隊。如果我發現某個市場品種有利可圖，我就派出先頭部隊投石問路。情況不妙，立刻逃跑，損失往往不大。一旦市場走勢與我的預測相符，我的第一部分交易有了浮動獲利，而且市場表現良好，我就派出第二支部隊加碼。第三支部隊作為後備力量，通常很少動用。只有在我對市場走勢穩操勝券，前面的交易已經有了可觀利潤的情況下，才偶爾讓它去做點錦上添花的事情。

總之，李佛摩判定大趨勢、長線持倉的觀點，讓我在期貨交易中確立了投機優勢，而這個試探—加碼的交易方法使我能在風險很小的情況下，更加完美地貫徹我領悟到的高明投機理念，獲取市場長期波動帶來的可觀利潤。

精神態度

一個新手和一個高手對待市場交易的態度肯定不同，投機者的精神態度和交易策略實際上和他對市場認識的水準密不可分。

在我早期的交易中，我對許多市場的重大原則問題並沒有系統、深刻的認識，包括對市場趨勢產生的原因、市場趨勢的持續性和長期性、意外事件對市場價格的影響、市場是否能被主力完全操縱等問題。

在無知或者說所知甚少的狀態下，一個人的交易策略會高明到哪兒去呢？又怎麼可能有什麼理智的精神態度呢？

在1999年前的幾年時間裡，每天一大早，我就抱著急於發財的念頭，滿懷希望、匆匆忙忙地趕往期貨公司。一坐到市場行情面前，我就頂不住市場的巨大誘惑，衝動、急躁、盲目地開倉平倉，庸庸碌碌。一旦交易出現虧損，我會執迷不悟、心存僥倖，眼瞧著損失一點一點地擴大，我的情緒也跟著跌入低谷。而在交易出現獲利時，我又會自我膨脹，充滿幻想，喪失基本的常識和理性。一天交易結束時，我往往已經累得筋疲力盡，大量的體力、精力、感情耗費在一些我現在看來毫無價值的事情上。

不，那時我所做的一切不僅僅是毫無價值，簡直是在自殺、自我毀滅。

是李佛摩，把我這個正在走向一條通向地獄道路上的人拉了回來。

為什麼一個人要把主要精力集中在判斷市場的大勢方向？李佛摩告訴我：

「多頭市場股票價格大幅度地上升，空頭市場劇烈地下跌，都不是由於個別投機家人為操縱的結果，而是由基本的經濟形勢、經濟因素決定的。多頭市場或空頭市場的氣候一旦形成，它自身就有巨大的力量，任何人都不能阻擋它前進的步伐。除了個別例外，牛市中所有股票都會上漲，熊市中所有股票都會下跌，這是市場的普遍規律。」

如何看待、處理交易中的損失？李佛摩告訴我：

「為了抓住一次重大的市場波動，投機者損失一點小錢是無法避免的，也是可以接受的。因為你不賭就永遠不知道什麼時候你該大膽出擊了。」

在李佛摩的交易經歷中，經常在賺大錢以前的試探中損失幾萬美元，在他看來這是很正常的，他並不在乎。

「你是一流的輸家，你也因此而成為一流的贏家。」

為什麼堅持不動，一定會賺大錢？李佛摩告訴我：

「世界上沒有一個人能夠抓住市場所有的波動。多頭市場中逢高賣出，等到市場回檔以後再低價買入；空頭市場中逢低買入，等到市場反彈以後再拋出，這種看似聰明的短線操作方法其實並不明智。多頭市場上買進股票並牢牢持股不動，空頭市場中賣出股票並且長時間地持有空頭部位不輕率平倉，這才是正確的做

法。重大的利潤只能來自於市場價格的重大波動。」

「只有既能駕馭股市又能坐得住的人才算了不起，這的確最難做到，但只有真正做到了，投機者才能賺大錢。」

什麼是投機，什麼又是賭博？李佛摩告訴我：

「僅僅依靠觀察盤面跡象，賺取一、二個點利潤的炒作方式是一種賭博。利用短期價格反復無常，來回炒作的人是賭客。而投機則要預測市場價格長期的變化，根據市場價格中長期變化的趨勢交易。短期價格變化具有極大的偶然性，而中長期價格變化則有一定的必然性。賭博主要靠運氣和天賦，而投機則主要靠知識和技巧。」

面對交易獲利時，因為擔心市場趨勢突然反轉，我往往急於實現利潤，害怕已經看見的東西得而復失。李佛摩說：

「市場很明顯地按我的思路進行著，我沒有必要整天坐在顯示牌前，時刻盼望著得到什麼資訊脫手。在退卻的響亮號角吹起以前，當然，這不包括出人意料的大災難，股市會猶豫，或者為我準備一個逆向的投機形勢。」

為什麼要採用試探—加碼的交易策略？李佛摩告訴我：

「一個投機者如此行動，那麼，他在市場判斷正確時，可能賺到大錢；而在市場判斷錯誤時，只會損失一點小錢。」

為了東山再起，他又是如何行動的？

「我太急於開始投資了，其他事情想都沒想，但是，我還是控制住自己。」

「我端坐在那兒，不是傾聽心中喋喋不休的希望和鬧鬧嚷嚷的信念，而是只留意來自經驗的平穩聲音和常識的忠告。只要我一旦籌集到像樣的股資，就可以抓住這些機會，但是，沒有股資，抓機會，哪怕是微不足道的機會，都是力所不能及的奢望。最終，還是自己的常識戰勝了貪婪和希望，耐心等待了六週。」

「在那等待最佳時機的六個星期，是我度過的最使人緊張和疲乏的六個星期。但是，我得到了回報。」

李佛摩的思想對我實際操作的影響

案例一：不巴著主力的大腿，也能賺

1999年初，我在鄭州綠豆的交易中，因為遵守李佛摩的思想原則，不但避免了重大的損失，還獲得了一定的利潤。

鄭州綠豆從1997年底的5400元跌到1999年初的3400元以後，市場暫時在此盤整。多空雙方重兵對壘、互不相讓，一直僵持了近兩個月時間。

多頭因為市場價格跌了這麼多，認為底部就在眼前，堅決做多；空頭則以市場趨勢為依託，認為空頭市場還沒有結束，價格還有下跌空間，堅決放空，面對多頭的挑戰，寸步不讓。近月合約被多頭牢牢把持，不管空單的拋壓如何巨大，就是不跌，多頭力量非常厲害；遠月合約則由空頭占據，無論多頭投入多少資

金，市場價格就是不漲。在一段時間裡，市場保持著這樣一種脆弱的平衡。但是，我知道這只是大戰前的暫時妥協，山雨欲來風滿樓，離主力之間攤牌亮底的時間已經越來越近了。

由於綠豆市場從最高點5400元下跌至今，時間已經過了一年多，下跌幅度也已經非常巨大了。一般說來，以往面對這種情形，我這個人不喜歡再去做空頭。按照我原來的交易方式，面對當時綠豆市場上多頭主力氣勢洶洶的情形，我肯定是站在多頭這一邊，買進綠豆。1997年底，我在大連大豆跌到2700多元的時候，也是做多頭，結果那一次我的操作成功了，市場操縱者逆勢把價格拉到了3100多元。

所以，我總是對市場主力們寄予幻想，總想跟上他們的腳步。但是，大多數情況下，我跟著他們總是吃虧。

我不明白順勢交易的道理，我以為投機者也只能看市場主力的眼色行事。1997年初，我在海南橡膠上之所以逆勢交易虧大錢，其中一個原因，就是當時持倉量大幅增加，確實有場外資金在抄底，我以為市場大勢就要反轉，所以一直至死不悟，在多頭操作中屢敗屢戰。其實，那一波行情中橡膠價格一直跌了2000多元也沒有像樣的反彈，更沒有什麼反轉。不過，後來市場確實在多頭主力的操縱之下而上漲到1萬2500元以上，釀成了中國期貨市場中又一次巨大的風險事件。但是，那時我的損失已成為事實了。

這就是相信主力，不相信市場趨勢者的下場。李佛摩讓我轉變了這種錯誤的觀念。

在這次鄭州綠豆交易中，我遵循李佛摩的思想，沒有做多，而是加入了空頭的隊伍。如果不是交易所、市場主力要賴（據說多頭主力的錢是挪用了國家財政的資金，絕對不能虧），在市場

暴跌剛剛開始時，就強行把所有多頭空頭的頭寸全部對沖，相當於推倒重來，我的空單就會賺大錢。不過即使如此，我也賺了不少錢。

案例二：沒人能左右市場趨勢，除了事實

也是1999年，鄭州綠豆市場關門前夕。綠豆價格從2500多元漲到3500元，當時市場已經有傳聞說交易所要關門。如果沒有綠豆期貨交易，誰會要綠豆的現貨倉單？因為沒有人願意接貨，綠豆期價在最後的日子，肯定會暴跌。我看著盤面的走勢很好，想做多，但是我聽到的消息又是這麼大的利空，心裡覺得應該放空，我感到左右為難，無從下手。做空明顯違背市場趨勢，做多又擔心綠豆市場關門，沒有人接實盤，期價暴跌。這時候，李佛摩的一段話提醒了我：

「不管大波動起步的因素可能是什麼，事實俱在，大波動能夠持續下去，不是內線集團炒作或金融家的技巧造成的結果，而是依靠基本形勢。不管誰反對，大波動一定會照著背後的推動力量，盡其所能地快速推動到盡頭。」

綠豆從2500元開始上漲，是基本面的因素推動還是市場主力人為炒作的結果？我仔細考慮了一下，認為主要是前者的力量。我決心不管亂七八糟的消息，在3500多元買進做多，也許是李佛摩的原因，也許是碰巧我運氣好，也就一個星期，我的投入就有了很可觀的回報。綠豆期價漲到了4000元。又過了幾天，鄭州綠豆也真的因為多年以來惹事太多，壽終正寢。

沒有想到，在綠豆交易的最後一段時間，我還從鄭州綠豆市場賺了一筆錢，這主要都應該歸功於李佛摩冥冥之中對我的幫助。

案例三：一個操作失敗的故事

傑西‧李佛摩的思想不是紙上談兵的空洞理論，而是他在市場實戰交易中領悟出來的，因此具有非常強大的現實意義。李佛摩不但如此思考，而且也根據這套理論行動。

1907年初，華爾街股市在恐慌中下跌，大多數股票在熊市中普遍結伴而行，開始接連下跌。但是，有一支股票卻被一個實力財團所壟斷、操縱，市場價格就像直布羅陀海峽的礁石一樣屹立不動不屈服，彷彿一切平靜如初，根本不理會市場大環境的變化。李佛摩根據自己的股市基本理論，認為操縱者逆市而為的舉動是不明智的，堅持不了多久，這支股票的下跌是不可避免的。所以，在眾人都害怕放空這支股票的情況下，李佛摩卻主動對它進行攻擊，放空了幾千股。結果，借助於市場大環境的配合，在很短的時間內，這支股票終於開始暴跌。李佛摩的行動取得了巨大的成功，他賺了大錢，他的理論也被證明是正確的。

想想中國股票市場前幾年的大莊家 —— 中科系、新疆德隆等，莊家的實力不可謂不強，氣勢不可謂不凶，結果又如何呢？在中國股市四年以上的熊市中，還是避免不了土崩瓦解、轟然倒塌的命運。

在二十一世紀的中國股市，傑西‧李佛摩的思想依然對投機者具有很大的指導意義。

2000年，我在大連大豆市場看到了類似傑西‧李佛摩在1907年放空的那種場面。在熊市中，大豆價格卻被主力哄抬到了荒唐

的高價。我想模仿傑西‧李佛摩做一次成功的空頭炒作，但最後卻沒有成功。

發生了什麼事呢？

市場的走勢其實一模一樣，大豆價格後來確實崩潰了，但是傑西‧李佛摩成功地從市場中賺了成千上萬美元，我卻一無所獲。這讓我想到，我的耐心、意志以及不屈不撓的精神實在和傑西‧李佛摩差得太遠。交易的策略、市場的判斷可以學習，但一個人的心理、修養、境界無法簡單複製。投機者的境界和修養的培養，是一個長期而艱難的過程，非一日之功。

當然，這兒也可能有運氣的成分。

2000年11月，大連大豆在前期大幅上漲以後，高位盤整，市場疲態畢現。根據基本面的狀況和自己過往的交易經驗，我堅決看空大連大豆，認為未來市場將出現不可避免的暴跌走勢。為了在即將到來的熊市行情中獲取暴利，我不但自己做空，而且動員一位朋友和我合夥開立一個帳戶，由我操作，共同加入空頭陣營。有了充裕的資金和預期市場後期下跌走勢的巨大信心，我不計價位、迫不及待地在市場中建立了大量的空頭部位，生怕市場行情在我還沒有準備好時就爆發，喪失難得的投機機會。

在我滿懷希望，深深地介入市場以後，大豆行情並沒有立刻出現我所期盼的走勢。原因很明顯，多頭主力在前一段時間憑藉強大的資金實力，快速拉高大豆價格以後，並不能在高位逼迫空頭砍倉，也沒有能力誘惑中小投機者跟風做多，把帳面利潤變成實際利潤。在這種情況下，多頭主力是不願意讓市場價格跌下去的。

市場中似乎只有多頭主力一家在買大豆，只要它平倉賣出，市場價格就會下跌，甚至崩潰。多頭主力肯定也對這種情況非常

苦惱。所以，他們費勁心計，想方設法在大豆市場營造一種多頭氣氛。那一段時間，每天的盤面上經常掛出動輒幾千手的買單，多頭主力刻意做出的圖表也顯示，大豆市場好像還要上漲的樣子。但是，市場中大多數投機者似乎仍不為所動，對做多大豆沒有多少興趣。我感覺，多頭主力當時在市場中的尷尬處境，完全像一句古老諺語所描述的那種情形：「你可以把一匹馬牽到河邊，但無法強迫牠喝水。」

　　也許是僥倖心理，也許是本能地、無意識地逃避失敗的心理，多頭主力為了避免市場價格下跌，每天在開盤和收盤階段頑強地護盤，大豆價格繼續維持在高位震盪。碰巧的是，那一段時間CBOT的走勢也出現上漲，似乎在鼓勵、配合多頭主力這種不明智的操縱行為。

　　由於入市時機選擇不對，倉位太重，面對市場長時間的高位震盪，我對自己的行動也有些擔心，懷疑是不是我的判斷有誤。有好幾次，因為市場價格短期急速的上漲，我的帳面上出現了巨大的浮動虧損。由於實在無法忍受市場的這種折騰，我被迫止損離場。

　　隔了一兩天，市場價格在反彈結束以後重新回落，我又一次以為放空的機會到了，鼓起勇氣，大膽殺入。然而，市場似乎成心和我作對，我一入市，價格就立刻上漲，我又被迫止損離場。我一次又一次地放空，一次又一次地無功而返。非但沒有從市場中賺到一分錢，連續的止損反而使帳戶上的資金大幅縮水。

　　我完全被市場的行為搞糊塗了，對市場未來的下跌走勢也失去了信心，不再抱任何希望。終於，有一天我被搞得精疲力竭、心灰意冷，徹底放棄了做空頭大賺一筆的念頭。

　　在我退出大豆市場以後不久的一天，CBOT大豆出現意外的

暴跌行情。第二天,中國市場的僵局終於打破了,多頭主力徹底放棄了抵抗。

市場價格和我當初設想的一樣,向下突破。隨後的一段時間,大豆價格從2400多元下跌到1900元。我喪失了交易良機,眼睜睜地看著市場暴跌,卻一手空單也沒有。巨額利潤與我擦肩而過。

圖14.1　黃豆0409(日線)

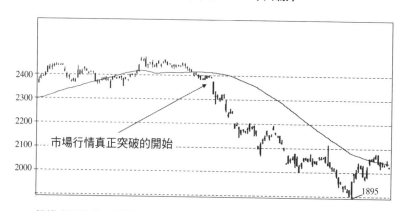

投機者的修養、境界不到,往往看對行情也賺不到錢。

本案例的教訓:

1. 倉位太重,形成心理壓力

假如你判斷市場大勢將要反轉,想做空頭交易,在熊市還沒有真正到來之前,應該先試探性地投入一點小單子,而不能一上來就重倉出擊,投入過多的資金。如果試探性的交易失敗了,你就退出,損失不大;如果成功了,你就在適當的時候加碼!牛市

做多時也應該這樣。

2. 受短期價格波動所迷惑

市場走勢難免一波三折，直上直下的可能性很小。如果你對市場的未來走勢有堅定的信念，入市以後，你需要忍受市場在一定程度上對你不利的價格逆行，牢牢地堅持自己的觀點不動搖。投機者不能對市場短期的風吹草動過於敏感，驚慌失措地胡亂砍倉。期貨交易需要有嚴格的止損意識，但不能輕率、無原則地改變自己的市場觀點。短期市場價格變化有很大的隨機性、偶然性，但這並不能改變市場的根本趨勢。如果投機者被市場短期價格波動的假象所迷惑，就會在市場重大方向問題上犯致命的、不可饒恕的錯誤。

3. 缺乏持倉的勇氣

為了捕捉到一波重大的市場行情，投機者需要有屢敗屢戰的膽識、勇氣和不屈不撓的精神，直到抓住你所希望的機會。在本次交易中，如果我在幾次失敗以後依然咬緊牙關，不輕易放棄，結果也許就大不一樣。

4. 出手時機過早，應等市場突破臨界點

當代美國期貨專家史坦利‧柯洛爾認為，投機者應該著重於追市，而不是對行情進行預測。市場預測很不可靠，投機者應該在行情發生真正突破時才介入市場，這一觀點很有啟發性。在這波大豆下跌走勢中，也許我應該在市場向下突破的臨界點進入市場，這就可能避免前期震盪行情中產生的交易損失。

第十五章

我的兩條短線交易經驗

一般人會參考世俗的分析或看法，作為買賣的依據。事實上，你所需要的作業系統只要能夠迅速告訴你如何行動就夠了。

——《華爾街操盤高手》

獵狗們迄今仍在庭院中嬉戲，但牠們的獵物無法逃脫，
儘管牠或許正在森林中飛跑。

——卡夫卡

　　我在期貨交易中有過一條短線操作的經驗，這條經驗來自於
1996年我在海南咖啡上的交易。

　　1996年初，咖啡9605在突破長期盤整區域以後，大幅上漲，
接連三天收在漲停板的位置。我在市場價格剛剛向上突破時就做
了多頭，帳面浮動獲利非常可觀。第四天，市場價格又以漲停板
開盤。

　　當我正陶醉在成功的喜悅中時，咖啡市場風雲突變，幾分鐘
之內，市場價格竟然從漲停板急速下挫到跌停板。我被市場的反
復無常嚇出了一身冷汗，立刻跑到負責下單的小姐面前，準備在
跌停板附近狼狽逃竄，把多單平倉。

　　突然，又一件令人驚奇的事發生了。咖啡9605這架從1萬
米高空快速下墜，眼看就要觸地，空難已經不可避免的飛機，似
乎突然被一隻無形的巨手托住，又迅速地開始向上反彈，起死回
生，穩穩地恢復到了原來的高度。也就幾分鐘時間，咖啡價格又

從跌停板回到了漲停板。

短短一會兒工夫，咖啡市場就發生如此不可思議的巨大變化，當市場價格再次到了漲停板位置時，我老老實實地把自己的多單平倉了。如果那一天市場沒有發生這麼激烈的動盪，我是不會把多單平掉的。

主力的震憾教育

我對當天的咖啡走勢非常迷惑，對這種局面確實不知所措。我想不通，為什麼在一個好端端的上漲趨勢中，會出現這麼驚心動魄的一個場面。

在我平倉以後的日子裡，咖啡市場繼續大幅上漲，不到一個月時間，9605就漲到4100多元。而我卻像一個傻瓜一樣，在3100元左右就被多頭主力騙走了手中的低位多單。我大夢初醒，原來這一切只是主力們玩的一個小把戲而已。我竟然連這樣一個小騙局也沒有識破，感到非常惱火。

那一次交易，因為過早地平倉出局，我喪失了暴漲行情中的一大段巨額利潤，簡直心痛之極。這一次教訓對我影響極為深刻。

咖啡9605的震憾教育後，我開始認真思考如何處理類似的情況，也想出了應對這類情況的策略。在後來一些交易中，當市場再次出現相似的波動時，我處理得就比較得當，這說明我的應對策略是行之有效的。

在強勁的趨勢行情的早期或者中期，無論市場趨勢是上漲還是下跌，也不用管市場價格高低，如果有一天因為某個偶然的原因，例如交易所的一個政策、市場裡傳來的一條意外消息或者其

他你無從得知的原因，期貨價格短時間突然出現和原來趨勢方向相反的大幅運動，這時候，投機者應該逆著當時市場的運動方向操作。如果原來的趨勢是上漲，目前市場價格出現急速下跌，你就買進；如果原來的趨勢是下跌，而現在市場價格在大幅上漲，你就入市放空。

一般情況下，這種讓順勢交易者心驚膽顫的騷動走勢，往往很快就會結束，市場價格運動會回到原來趨勢的方向。有時候，市場恢復的速度飛快，幾分鐘以後我就獲利豐厚；但也有幾次，市場恢復得慢一點，直到第二天，市場走勢才回到原來趨勢的軌道。

幾次漂亮的伏擊戰

這一條看似簡單樸素的經驗，讓我在多次交易中賺到了錢。

因為誰也不知道市場什麼時候會出現令人意外的變化，這條經驗往往在你不經意時才會派上用場。

案例一：1999年鄭州綠豆交易

1999年，鄭州綠豆在3400元附近，出現了多空大搏殺的局面。就在多頭潰退，空頭正要乘勝追擊的關頭，交易所突然一聲令下，多空雙方全部協定平倉，就地休戰。

過了一段時間，鄭州綠豆重新開盤，在新的起點，多空雙方再次開戰。

市場趨勢的力量確實強大，儘管在上次停盤和這次開盤之間隔了一段時間，交易所根本就沒有開門交易。當綠豆期價重新出

現在人們面前時，市場價格已經比協議平倉時又跌了好幾百點。

雖然停盤的那幾天市場上沒有發生實際的多空之戰，但是我想，那幾天多頭和空頭肯定在心理和意志上還在使勁地較量，而且在這場無形的戰爭中，多頭又輸了，否則市場怎麼會一下子低了好幾百點重新開始交易呢？

我記得綠豆重新開盤時的成交價格好像在2900多元。當我一看到綠豆市場新的定位竟然這麼低時，我一下就感覺到，市場的下跌趨勢還沒有結束。當然，我也不敢太過於鹵莽、過於自作聰明，只先試探性地做了一點空頭交易。果然，從開盤的第一天開始，綠豆市場又出現了猶如疾風暴雨的下跌走勢，市場價格連續幾天跌停板。有一天早上，可能是交易所的頭頭們覺得市場跌得太凶，空頭們太肆無忌憚了，為了延緩市場下跌的速度，交易所出臺一項臨時措施，具體內容是什麼我已經忘了，反正是對綠豆市場利多的消息。

也許是綠豆價格短期之內下跌的幅度實在太大了，交易所干預市場的消息一傳出，綠豆期價倏忽在短時間暴漲。因為事情來得非常突然，大量買盤湧現，但上面卻沒有多少賣單。所以那一天早上，綠豆價格跳著往上漲，有時候一跳就漲幾十點，中間根本就沒有任何成交的價位。

一看到市場出現這樣混亂的局面，我馬上想起了咖啡9605交易的教訓，內心一陣激動。我知道這種情況是我最拿手的好戲，我立刻下令賣出綠豆——做空。因為我擔心如果按照盤面上看到的成交價報單的話，有可能因為場內價格已經開始下跌，我的空單無法成交，在這種時候，我可不想因為要高賣幾個點，結果卻使空頭交易沒有做成。於是，我以低於當時市場價格50點的價格

賣空，期待場內交易員迅速把我的單子敲進電腦。那時，鄭州綠豆的漲跌停板幅度也就只有120點，我以這麼低的價格去賣空，很多人都認為我簡直是瘋了。

場內交易員一接到我的下單指令，他第一感覺是我的單子下錯了。他以為我在慌亂之中，搞錯了多空方向，這也是交易中常有的事情。他馬上打電話給我公司的報單員小劉，核對交易方向和價格。當時我就站在小劉旁邊，當小劉再次問我有沒有搞錯時，我對他們這種不緊不慢的動作很是惱火，生怕耽誤了我的交易。

我立刻對他說：「沒錯，快敲單。」

一會，成交回報過來了，我樂了，我的賣單竟然成交在漲停板的價格上，賣在了當天市場的最高點上。

一切都如我所願，綠豆市場這種曇花一現的漲勢很快就結束了。不到半小時，市場價格從高處回落，猛一下被打到了跌停板附近，我立刻買進平倉。我賣在漲停板，買在跌停板附近，一下就賺了近200點的利潤。短時間之內，我的投資就有了100％多的回報。

你瞧，我的這筆短線交易做得不錯吧？過了六、七年，現在說起來還是津津樂道。

案例二：2003年底的一次橡膠短線操作

2003年底，上海橡膠期貨在漲到1萬7000多元以後，見頂回落，出現暴跌行情。短短幾個交易日，橡膠價格就從1萬7000多元跌到了1萬4000元附近，下跌幅度之大令人咋舌。

根據橡膠市場前一段時間多頭主力表現出來的力量和我以往

的交易經驗，我斷定，市場價格這種短時間高達3000多元的劇烈下跌走勢，很可能是多頭主力有意為之。即這波下跌行情並不是被空頭的力量打下來的，而是多頭主力主動地把市場價格從1萬7000多元放到1萬4000元。

市場主力為了達到他們的目的和企圖，總是無所不用其極。上海橡膠市場的走勢就像一條美麗的毒蛇，看上去市場價格波動幅度大，對投機者有巨大的誘惑力，一不小心，市場參與者就會跌入陷阱，受到致命的打擊。一大批散戶多頭在這波行情中損失慘重。

多頭主力為什麼要用這種極端的手法操縱市場價格呢？可能是有他們的難言之隱，只不過我們不知道事情的內幕罷了。

也許是過高的期貨價格會使實盤壓力大增，多頭主力的本意只是通過操縱市場價格，在期貨交易中賺點差價，所以他們不想引誘現貨商們都把橡膠拉到交易所的交割倉庫，他自己成為最大的買家；也有可能是他們對未來的橡膠走勢不再看好，態度已經變得比較謹慎，所以不願再把橡膠價格維持在不切實際的高位；也可能是前一段時間多頭主力過分出格的操縱行為引起了麻煩，受到了交易所或者有關方面的警告，被迫讓橡膠價格跌下來。

多頭主力這種有意識壓低市場價格的行為，最容易使大多數投機者上當受騙。我知道，市場主力當然也知道，大多數機者往往有低買高賣，買便宜貨的習慣，他們的思維常常比市場運動慢一拍。

因為前一段時間，橡膠價格還高高在上在每噸1萬7000多元的位置，而幾天以後，橡膠價格卻跌到了1萬4000元左右。許多人對橡膠前期的高價肯定印象深刻，揮之不去。相較之下，現在

的市場價格很低，便宜多了，顯然很容易吸引人們的買入興趣。

但是，此一時彼一時。市場局勢已經發生了根本性的變化。

根據圖表的走勢和我的推理分析，我判斷多頭主力短期之內已經不想再做出一波上漲行情，如果有任何人幻想多頭主力再次介入市場、快速抬高價格，這都是不切實際，純屬一廂情願罷了。

就我的交易習慣而言，我不喜歡利用過多地揣摩市場主力的意圖來做交易。在實際操作中，我主要還是根據圖表告訴我的資訊，根據自己的交易模型來確定入市時機。在過去的交易經驗，我曾經花很多心思去琢磨主力們的動向，卻往往忽略了市場價格變化中最明顯的特徵——趨勢；忘記了市場交易最根本的原則——順勢操作，我在這方面吃過大虧。

所以，儘管橡膠市場在1萬4000元附近盤整了一段時間，做出了一個短期見底的圖形，但我沒有理睬橡膠市場的走勢。我不但不想做多頭，反而有做空頭的欲望。儘管市場價格已經下跌了這麼多，但是這一點並不能讓我對做空感到害怕。根據我的交易經驗，投機者的操作方向不應取決於市場價格的高低，而是要根據市場的實際情況，順勢而為。

當然，在目前的市道中，我對做空橡膠也不是太著急。我知道多頭主力肯定會玩些小把戲，給我創造一個良好的交易機會。

在前一波從1萬元啟動，最後漲到1萬7000多元的上漲行情中，多頭主力主要是通過資金實力的優勢，強行抬高價格，逼迫空頭高位砍倉而獲利。

波浪理論中有這樣一個規則：市場上漲波浪的形態不會簡單地和前一波走勢完全一樣。我認為很有道理。

在橡膠價格從1萬7000多元跌到1萬4000元以後，我的判

斷是，多頭主力絕對控盤的市場格局並沒有改變，市場價格繼續大幅下跌的可能性不是很大。但是，市場主力肯定會改變交易策略，不會再簡單地通過迅速拉高價格的手法來逼迫空頭砍倉，從中漁利。而是會在市場上漲行情的途中，通過大幅度的市場震盪走勢，來搞亂投機者的思維，讓投機者分不清東南西北，一買就跌，一賣就漲，用這種方式從市場中榨取利潤。

有一天，我記得是星期五，我等待許久的多頭主力表演終於開始了。橡膠價格經過幾天的低位震盪，給了市場中的投機者一種跌不下去的感覺，接著確實出現了人們盼望已久的反彈上漲行情。我估計，有很多散戶跟風買進，多頭主力又順水推舟。那一天，橡膠市場大幅上漲，尾市竟然收在漲停板的位置。我對市場的上漲並不覺得意外，但是對市場漲幅之大倒有點吃驚。

日K線圖表上鮮紅的大陽線拔地而起，顯得突兀，從表面上看，多頭力量確實非常強勁。大多數小多頭似乎忘記了市場前期大幅下跌時的絕望，又開始對橡膠市場的上漲滿懷幻想，希望2003年下半年的漲勢再重演一次。

對待這種市場狀況，我的觀點非常明確，依然運用我在海南咖啡交易中總結出的老經驗：在如此強烈的下跌趨勢中，任何短期的反彈很快就會夭折，投機者的最佳策略是逢高放空。

按照上海期貨交易所的交易規則，橡膠週五封在漲停板以後，週一的漲跌幅度將擴大到5％。雖然週五的漲停板封得比較勉強，好幾次被打開，這種現象也和我對市場的弱勢判斷相符合。但是，畢竟市場最後還是到了漲停板的位置，我對自己是不是該在當天漲停板的價格上做空也有點猶豫。雖然我對自己的經驗並不懷疑，但是任何一個人面對市場這種短期強勁的走勢，敢冒天

下之大不韙，在漲停板上放空，一點也不感到害怕是不可能的。

逆向思維、逆向交易需要智慧，但更需要投機者具有巨大的勇氣。

我採取了一個保守、折中的辦法，不像以往那樣，一開始就投入一半交易資金，這次我用了三分之一的錢在漲停板做了空頭。我期待週一市場有更好的價格，更穩妥的放空機會。

週一，多頭借著週五漲停板的餘威，高開了100多點。但是，市場只向上衝了幾十點，走勢開始變得不穩，虎頭蛇尾。當市場價格又跌破開盤價時，我加碼的空單就衝殺了進去。那一天，市場價格雖然有到較低的位置，但是我沒有平倉。結果，尾市多頭主力又略施小計，把收盤價拉了上去，我的空單一點利潤也沒有，反而有一些浮動虧損，弄得我很難受。

不過，我也就不安了一個晚上，到了第三天，一切對我來說

圖15.1　上海天膠2004年6月合約走勢圖

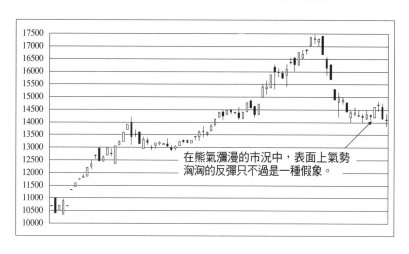

在熊氣瀰漫的市況中，表面上氣勢
洶洶的反彈只不過是一種假象。

就雨過天晴了。

在橡膠價格跌破1萬4000元，創下新低的那一天，我的空單平倉出局。這一次交易持續了三、四天，在橡膠的下跌走勢中讓我每噸賺了700多元。

案例三：「911事件」那一天LME銅的走勢

2001年，美國911事件的發生，對國際政治格局的變化有著深遠的影響。我對那一天晚上的事情記憶猶新，倒不完全是911事件本身非常令人驚恐，而是當天晚上倫敦銅戲劇性的走勢，剛好和我上面談到的那一條交易經驗非常吻合。在空頭市場中，即使像美國911事件這樣重大的意外情況，它也只有極為短期的影響力。

911事件發生的那一天，我剛好在看LME市場銅的走勢。2001年9月以前，國際銅市一直處於下跌趨勢之中，雖然當時銅的價格已經很低，大約跌到了每噸1450美元左右，但是市場下跌的趨勢依然非常完好、穩定，沒有任何反轉的跡象。

大約是晚上9點多，當我漫不經心地看著盤面變化時，倫敦銅突然開始出人意料地上竄，不到五分鐘，銅價就漲了幾十美元。當時我也不知道市場發生了什麼事情，過了一會，我才從電視新聞上看到了911事件中，恐怖分子駕駛的飛機撞擊紐約世貿大廈的鏡頭。市場價格的變化顯然比我們的新聞報導的反應要快得多。

記得LME銅前一天的收盤價是1444美元，那一天晚上，銅價瞬間衝到了1512美元的位置。我眼睜睜地看著銅價急速上漲以後，很快就又開始下跌，直到收盤，市場總的上漲幅度很小。我

記得那一天銅的收盤價好像是1460美元，只比前一天漲了16美元。當我在寫這部分資料時，根本就沒有回頭查看LME銅的長期走勢圖，因為市場當時的表現給我留下的印象太深刻了。

銅作為一種重要的戰略物資，在911事件發生的那一天，竟然以這麼匆匆忙忙的上漲和下跌方式，來回應這起對今後幾十年意義深遠的重大政治事件，確實令人不可思議。按理來說，市場價格即使上漲200～300美元也不會讓人感到驚奇。更有甚者，過了幾天，倫敦銅價格又創下了新低，最低到了每噸1336美元。

美國911事件中，倫敦銅的走勢又一次證明我的觀點：在強勁的趨勢行情中，即使像911事件這樣可能引起世界大戰的重大利

圖15.2　LME銅對911事件的反應

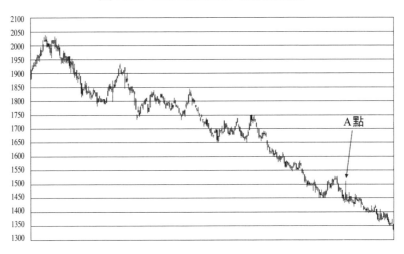

A點之處表示，911事件發生的那一天，LME銅在短期出現大幅反彈，隨後一段時間，市場下跌趨勢沒有任何改變，直到銅價跌到1336美元，市場才走回上升的軌道。

多消息，也不足以一下子改變市場的方向。市場價格出人意料的大幅逆向運動，往往只是一種短期行為。很快，市場就可能回到趨勢的軌道。

這就是市場趨勢的強大力量。

當市場走勢和消息不一致？我的兩次交易經歷

在期貨交易中，市場經常會受到一些意想不到的消息影響。有時候，這些資訊對市場價格的變化影響很小，不管消息是利多還是利空，市場依然我行我素；有時候，一條極不起眼的消息就會在市場中引起軒然大波。

我有這麼一條經驗，當市場價格對明顯利多或者利空消息麻木不仁、置之不理時，投機者應該採取和消息的方向相反、和市場實際的走勢方向一致的操作方式。通過市場對不利消息的反應方式，投機者可以提早察覺市場未來的運動方向。

案例一：1998年的大連大豆交易

1998年4、5月，大連大豆在經歷了一段時間的大幅下跌以後，在2400元附近企穩。這波下跌走勢開始於2900 ～ 3000元位置，顯然，巨大的跌幅使多頭受到了重創。

當時，市場中大多數投機者還沒有擺脫這一次下跌的陰影，對大豆的後市普遍充滿悲觀情緒，我也一樣。

屋漏偏逢連陰雨。那一段時間，CBOT的走勢也對多頭極為不利。大連大豆剛剛勉強在2400元站住腳，美國大豆卻開始大幅下跌。連續一段時間，CBOT每天的下跌幅度都在10美分以上。

受此影響，大連大豆也跟著每天低開許多。

那時，我在期貨交易中有逆市抄底的不良習慣，雖然我對多頭也沒有多少信心，但看到大豆價格實在很低，我還是在2400元做了一點多單。

所以，每天早上當我到了期貨經紀公司以後，一聽到CBOT又跌了不少，心裡就感到非常不安。大連市場一低開，我總是極為恐慌，擔心市場新一輪的下跌行情又開始了。

不過，有一點讓我非常高興。大連大豆只是開盤價很低，但在低位停留的時間卻往往很短。連續好幾天，市場低開高走，日K線要嘛以陽線收盤，要嘛是下影線很長的小陽線、小陰線。所以，我拿著多單，只有在每天開盤的那一段時間很難受，到了下午收盤，因為市場價格實際上並沒有跌多少，我也就踏實多了。

這種情況持續了有一兩週，我逐漸意識到，大連市場有大的多頭主力在抄底，否則，在這樣惡劣的形勢下，大豆價格根本不會這麼堅挺。但是，對於大豆市場到底能不能成功漲起來，我還是心存疑慮。

有一天，CBOT在經過連續下跌以後，終於反彈了。中國大豆好像吃了興奮劑，一下子牛起來！大豆價格突破了前期反彈的高點，大幅上漲。

這時候，我對市場的走勢已經看得很明白了。多頭主力既然頂住了前一段時間如此惡劣的局面，說明他們的實力非常強大，一旦周圍的形勢變暖，做空的人肯定要倒楣，因為市場已經不可避免要出現一波上漲行情。

記得那一天，坐在我旁邊的是一個姓王的小散戶，他的圍棋下得不錯，平常我每天總會和他殺個幾盤。面對大豆洶湧的上漲

走勢，他想買又不敢，猶猶豫豫，沒過多久，市場就已經漲了好幾十個點。

我給他壯了一下膽，我說：「你買進5手多頭，虧了算我的，賺了我們倆一人一半。」

在我的鼓勵下，他跑到交易台前，迅速買進了5手多頭。第二天，他一平完倉，就從帳戶上取了2600多元給我拿過來。我死活不肯接受，說我是跟你開玩笑的。他非常感激地說：「沒有你，我也賺不了這些錢。」一定要我收下。結果那天中午，我拿著那筆錢請營業部的朋友們在樓下的飯店喝了一頓酒。

我持有多單的時間長一些。我大約是在2600元左右平倉的，

圖15.3 黃豆0509日線

大豆價格跌到2400元以後，CBOT走勢惡劣，連續暴跌，中國大豆市場就是不跟，多頭主力頂住了這種嚴峻的考驗。隨後，市場終於出現大漲行情，自然在情理之中。聰明的投機者應該能夠從市場對消息的反應方式中，提前知道未來的走勢。

後來市場又向上漲了不少。

　　在這次交易中，有一段時間，在CBOT連續下跌的情況下，大連大豆卻天天低開高走，對此我曾經迷惑不解，不清楚這意味著什麼。後來大連大豆的強勁反彈，終於揭開了這個謎底。這讓我學到了一條短線交易的技巧，就是我一開始說的那條經驗。

案例二：2004年關稅政策的消息對上海橡膠市場的影響

　　2004年2月中旬，上海期貨交易所的橡膠在1萬5000元得到支撐，多頭主力發力上拉，市場價格迅速上漲。在1萬6000元關口，市場稍稍停了一下腳步。

　　我的看盤感覺和圖表分析經驗告訴我，這一次上漲行情還沒有結束，後市還有向上拓展的空間。我就在每噸1萬5950元附近做了一部分橡膠多頭，等待市場價格的進一步攀升。

　　第二天一早，上海市場離開盤還有半小時，我所在期貨公司的劉經理就慌慌張張地給我打來電話，告訴我一個不妙的消息。

　　當天早上的報紙登了一則新聞，國家稅務總局決定大幅降低橡膠進口關稅，以兌現中國政府對世貿組織的承諾。關稅高，進口橡膠的價格就高；關稅低，進口橡膠的成本就低，關稅的高低直接影響著中國橡膠期貨的價格，這是一個十分淺顯的道理。

　　雖然，前幾天的盤面多頭顯示出強大的實力，圖表也告訴我，市場價格上漲趨勢明顯。但是今天的這條消息對多頭太不利了。

　　離市場開始交易還有一段時間，我內心忐忑不安。我在評估今天我可能會遇到最壞的幾種局面。

　　一種可能，市場價格一開盤就跌停板，我根本就沒有逃命的

機會，那我只能拿著虧損的單子等下去，直到有一天我能順利地出場，這是最惡劣的情況，究竟會有多大損失，無法估計。

第二種情況，市場一開盤就跌200到300點，我已決定如果出現這種走勢，立刻把多單平倉一半，其餘的多單見機行事。

我想不出市場還有其他什麼可能變化，我認為今天自己虧錢是無法避免了，只是虧多虧少的問題。

準確地預測市場確實是一件非常困難，甚至說根本不可能的事情。和市場實際走勢相比較，有時候你的預測會顯得非常荒唐，簡直錯得離譜。

那一天的情況就是這樣。我費了半天勁，假設當天市場各種各樣的可能變化，但是，我就是沒有想到，市場走勢完全超出了我思維框架的範圍。

9點整，上交所準時開盤。我緊張地盯著顯示幕，期待著市場不要出現最糟糕的場面。當我看到開盤價格甚至比我買進的價格還要高的時候，我驚呆了。

我什麼也沒有想，也不去考慮後市會如何，風險控制第一，我立刻敲了一下電腦上的回車鍵（編注：大陸用語，Enter輸入鍵），把一半多頭平倉了。

當我看到自己平倉的單子已經成交時，我彷彿遭遇了一場空難卻大難不死，感到幸運極了。

奇怪的是，在我看來今天早上的這一條消息是重大利空，而橡膠期貨市場似乎完全沒有理會，彷彿什麼事也沒有發生過。橡膠價格並沒有大幅下跌，而是在昨天的收盤價附近徘徊。看到這種情況，我對自己手中另一半的多單都不知道該怎麼處理。

過了大約半小時，橡膠價格開始上漲，完全不再理睬什麼關

稅降低的消息。下午，市場警告竟然封在漲停板上。

　　我拿著其餘的一半多頭，跟著市場的腳步，沒有平倉。接下去的一天，橡膠期貨又奮力向上，突破了1萬7000元大關。

　　當市場價格對明顯的利多或者利空消息麻木不仁、置之不理時，投機者應該採取和消息的方向相反，和市場實際的走勢方向一致的操作方式。這一條我從大豆市場得出的經驗，在上海橡膠市場的這次交易中，又一次得到了完美的證明。

圖15.4　上海橡膠2004年2月日線

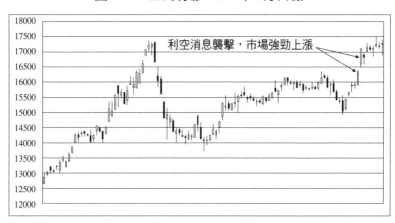

2004年2月，上海橡膠面對突然而來的巨大利空消息，竟然完全置之不理，正常的思維方式肯定想不到會出現這種局面。所以，投機大師李佛摩才會說出這樣的話：「市場是投機者最好的嚮導。」

第十六章

離市場遠一點

不知常，妄作，凶。

——老子

我認為奧馬哈是一處更能令人心智健全的地方。
　　　　　　　　　　　　　　　——巴菲特

　　1997年下半年，東南亞金融危機爆發以後，由於中國經濟運行的模式和這些國家有類似之處，社會各方對造成這次危機的直接原因——金融投機的危害性，有了強烈的感受。

　　索羅斯——這個本是專業投機圈裡才熟悉的人物，一下子成了中國老百姓家喻戶曉的「金融大鱷」。馬來西亞總理馬哈蒂爾（Mahathir bin Mohamad）和索羅斯在世界經濟論壇上，為了誰應該對這次危機負責，相互攻訐，更成為當時新聞報導的熱門焦點。

逐漸蕭條的期貨市場

　　這次金融危機使政府對金融業的監管態度更加嚴厲，股票、期貨的投機活動帶來的消極後果，被過分誇大，這對今後幾年中國期貨業的發展帶來了較大的消極影響。

　　1998年8月，期貨市場在經歷了前幾年連續的疾風暴雨式的

整頓，各個市場已經非常蕭條的情況下，國務院依然發布了《關於進一步整頓和規範期貨市場的通知》。要求中國證監會對期貨市場再次進行力度較大的治理整頓，對期貨交易所及期貨經紀公司進行調整。期貨交易所從原來的十四家撤併為大連、鄭州、上海三家，國家允許的期貨交易品種也只剩下了六個，包括大豆、銅、鋁、小麥、橡膠、綠豆。1998年到2002年這幾年，中國期貨行業的生存變得非常艱難，真正活躍且適合投機者交易的品種已經很少。

上海期貨交易所的銅，完全是倫敦市場的跟屁蟲，毫無個性。外盤一漲，上海市場第二天就跳空往上漲；外盤一跌，上海市場第二天就跳空往下跌。對於從事短線交易的投機者來說，這種市場價格走勢，由於缺乏連貫性，做起來風險極大，完全是一種賭博。如果允許中國投機者直接在LME市場操作，風險反而能夠得到有效的控制。不過那樣的話，我估計很少會有人再到上海市場做交易，上海期貨市場也就完了。

大連期貨市場的大豆，情況也好不到那兒去。大多數時間成交清淡，波動幅度很小，這可能和當時大豆價格低迷，處於熊市的末期也有一定的關係。那幾年之中，大豆價格一直在每噸1800元到2400元這個範圍不規則地遊走。市場大主力偶爾也會光顧一下大連市場，掀起一波大的行情。但是，這種突然襲擊式的操作手法，一般投機者往往很難把握。市場價格一旦動起來，變化就像直升機，暴漲暴跌，垂直上下。主力機構一個星期做完一年的行情，一般投機者根本就趕不上主力的腳步，還很容易受到巨大的傷害。

1999年前後，中國期貨市場逐漸邊緣化。市場參與各方朝不保夕，生怕哪一天早上起來，就聽到了期貨交易被徹底禁止的消息。

最後的投機天堂——鄭州綠豆

在其他交易品種大多已經半死，幾乎很少有人參與的情況下，當時期貨市場唯一可圈可點的品種就是鄭州綠豆。

鄭州綠豆作為期貨市場的一個小品種，沒有外盤的影響，價格變化大小也不會對整體的國民經濟有什麼致命的影響，因此國家並不怎麼干預。所以，鄭州綠豆曾經火爆過很長一段時間。1998到1999那兩年，鄭州綠豆市場的行情活躍，波動幅度大，到最後，大多數期貨市場的參與者都躲到了綠豆這塊最後的存地，一起玩著這最後的賭博遊戲。這令綠豆市場一度成為投機者的天堂，操縱者的樂園。

雖然鄭州綠豆市場運作很不規範，交易所頻頻出臺各種各樣的臨時政策干預市場走勢。但是，在那一段中國期貨業最為艱難的歲月，也幸虧綠豆交易為期貨經紀公司、為投機者提供了一口飯。令人難以置信，小小的綠豆竟然為中國期貨市場的生存立下過汗馬功勞，做出了不小的貢獻。

但是1999年下半年，綠豆市場也終於被命令關門。

在綠豆市場出事前後的一段時間，也就是1999年前後，作為一個從事期貨交易多年的職業操盤手，我幾乎每天都在為自己的未來擔憂。萬一期貨交易被政府徹底禁止，我該怎麼辦？我的心裡非常悲涼，中國的期貨行業怎麼會到這個地步呢？我進入市場的那幾年，期貨交易是多麼火爆，參與的人是那樣的多。但是，現在市場蕭條、門可羅雀，竟然到了死亡的邊緣。我度日如年，雖然每天還在期貨經紀公司出入，但是要依靠交易過日子根本就不可能，我甚至連基本的生存也成了問題。市場如死水一灘，投機者縱有飛天本

領，在這樣的市場狀況下，又有何用？這一切應該怪誰？

1999年6月，在期貨市場整頓了四、五年以後，國務院終於出臺了《期貨交易管理暫行條例》。雖然前幾年期貨市場出了許多不愉快的事件，市場各方在期貨交易上傷痕累累，但是《期貨交易管理暫行條例》的出臺，說明政府基本上承認了中國期貨市場還有存在的必要性。我像吃了一顆寬心丸，也不再對自己的未來感到太絕望。

追隨李佛摩，久違的勝利

和前幾年的幾個春節相比，2000年春節期間，是我過得最愉快的一段時間。在春節閉市前的最後幾個交易日，我把持有了一個多月的大連大豆多頭平倉了，獲得了很大的一筆利潤，投資回報率超過100%。在經歷了一個多月的緊張、艱難的考驗以後，我終於放下了這顆一直提心吊膽的心，長吁了一口氣。最後一天，我從期貨經紀公司帳戶上提了一筆數目不小的錢，作為新年對自己的獎賞。

在期貨交易中賺點錢並不會使我很激動，長期在市場中炒作，輸輸贏贏對我這個操盤手來說，是一件非常尋常的事。但是，這一次賺錢的情況有點不一樣，給我留下的印象也最深刻。

一是很長一段時間以來，因為期貨行情實在蕭條，我已經好久沒有從市場中賺到較為可觀的利潤。記得上一次我賺到的一筆數目較大的錢，還是在1998年的大連大豆交易中，距離當時已經一年多了。2000年前的一個多月，我從市場中獲取的利潤比1998年我在大豆交易中賺得還要多。同時，這也是1999年綠豆期貨關

門以後的幾個月中，我唯一賺到的一筆錢。

做這一筆交易前的一段時間，期貨市場的狀況讓我憂心忡忡，市場的沉寂簡直令人窒息。這一次的交易利潤，使我對期貨交易重新有了信心，對期貨市場的未來也減少了一點悲觀的想法。

二是這次交易的成功，是我自覺地運用中長線交易策略的結果。在1999年的那一年時間，我反復研究李佛摩的思想，希望把它運用到實際交易中去，為我創造利潤。但是，市場價格動也不動，毫無生機，我感到空有一身武功，卻無用武之地。如果期貨市場一直按照這樣的情況繼續下去，還是沒有大的價格起落，縱使李佛摩的思想最高明、最深刻，我學完了以後又有什麼用呢？大連大豆春節前最後一個月的大幅波動，總算又讓我抓住了。李佛摩的交易策略，終於讓我在實際交易中得到了落實，為我賺到了錢，我認為這是我在期貨生涯中意義重大的一件事，遠遠超過這一筆錢本身的價值。

這次交易的整個過程是這樣的：

1999年底的一段時間，大連大豆在前一段時間的反彈結束以後，回落到2200元附近止跌回穩，然後市場在幾十個點的空間小幅震盪。我對大豆後市的走向也捉摸不定，從圖表上看，市場盤整了一段時間以後，向上突破和向下突破的可能性都有。我試探性地做了幾次交易，有時候做空，有時候做多，但都沒有太大的收穫，也沒有因此得到市場會向哪個方向突破的啟示。

當市場價格第二次在2230元獲得了支撐以後，我最終選擇了做多頭。當然，我也不知道市場上漲的幅度會有多大，上漲的時間會持續多久。所以，我第一次操作的單量也不大。我的交易策略是，如果第一筆交易有了利潤，我就加碼買進。過了兩天，我

第一筆的買單有了30多點的利潤，我又買了一點。當市場價格漲到2290元的時候，我又加碼買進。我手中大豆多單的平均價格大約是2268元左右。

在完成最後一次買入計畫以後，碰巧，我因為有其他重要事情，之後很長一段時間都無法每天到期貨公司看行情。在這種情況下，我本來是非常不願意離開市場的，無論後市大豆價格怎麼變，是繼續上漲還是下跌，我都非常希望自己能在期貨公司每天看著它的變化。但是，由於這一次的外出對我來說很重要，我不得不放棄平常的交易習慣，在看不見盤面變化的情況下繼續持有自己的多單。

市場敏銳度的修練

1999年的時候，中國期貨市場網上交易還很少見，全國也就一兩家期貨經紀公司開通了這項業務。期貨行情不好，我所在的公司也不願意增加資金的投入。

所以，這一次離開期貨公司以後，無論是在家裡還是外面其他地方，我都看不到大豆的盤面行情。

我時時刻刻地惦記著自己的那些大豆多單，做什麼事情都有點心不在焉。雖然人離開了期貨公司，心卻沒有離開。我放不下市場行情，生怕市場出現意外的變化，我又看不見，無法及時處理手中的交易。

那一段時間，我每天早上起來以後，第一件事情是打電話給期貨經紀公司，了解CBOT大豆前一天晚上的漲跌情況。對中國市場的變化，我倒是不怎麼擔心，因為中國大豆市場在漲到2290元時，我就已經看出來，多頭主力對市場的介入很深，不把市場

價格拉到很高位置，把空頭逼死，他們那些多單就沒有辦法平倉，他也出不來。

我擔心的是CBOT發生意外變化。只要CBOT的價格不出現大幅度的下跌，中國多頭主力對付市場中的那些小空頭是不會有任何問題的。

就這樣，在離開期貨公司的那些日子裡，我一天到晚頻繁地給我開戶的那家期貨公司打電話，有時候一天可能會打十多次，了解我交易的那個月份的大豆價格情況。幸虧那時候期貨經紀公司的客戶不多，否則，像我這樣神經質地隔一會打一個電話，他們肯定煩死了。

記得向我報價的小伙子姓劉，我們都叫他小劉，他非常有耐心。不，現在應該叫他劉總。幾年以後，有一次我打過去還是叫他小劉，電話那一頭的小姐告訴我，小劉已經是那個大營業部的老總了。

這樣的日子過了一段時間，我發現自己身上有一種奇怪的現象，雖然我不在市場中，但對市場大勢的感覺卻異常敏銳。以往，如果我在電腦前一直看著行情的變化，我往往會被市場的短期波動搞糊塗了。市場價格一會上漲，一會下跌，我的思維和情緒也很難長久地保持清醒，有時候，我甚至會忘記市場大趨勢的方向，不由自主地做出追漲殺跌的短線交易。

現在，只要我得到不同時段的兩三次市場價格的資料，我就對一天的走勢很有把握。我不再對市場價格短期變化斤斤計較，只要我感覺到市場的小變化不對大趨勢構成威脅，我就置之不理。

在我離開市場以後的一段時間裡，大豆價格一直在震盪中上漲，走勢穩健，我的交易單已經有了較大的浮動獲利。尤其是後

來隨著市場價格越漲越高，我買進的位置又很低，我已經完全不再擔心自己的交易是否會賠錢，我主要考慮的是在什麼位置平倉出局。

過了大約一個月，2000年春節馬上就要到了。有一天早上，我打電話詢問我買進的那個月大豆價格，小劉告訴我，因為受CBOT上漲的影響，當天大連大豆大幅跳高開盤，比前一天多漲了四、五十點。

我心裡感覺好極了，前一段時間，我手中持有的多單已經比我買進價格漲了將近100點，今天市場又漲這麼多，這次交易收穫確實不小。

過了一會，我又拿起電話，想了解市場目前的行情。突然，我發現我們家的電話壞了，什麼聲音也沒有。我一下子就慌了，這麼大的市場變化，我不知道現場的情況可不妙。我馬上跑出去找到一個公用電話，氣喘吁吁地問小劉市場的情況。小劉告訴我，大豆漲停板了。我略考慮了一下，馬上對小劉說：「在漲停板位置給我平倉一半。」

我有一個經驗，在緩慢上漲的行情中，如果市場漲勢突然出現加速，這往往就是市場將要見頂的信號。當然，有時候這種加速上漲的走勢會持續幾天，這要看具體的情況，我也不敢太確定。但是對待加速行情，我總是比較警惕。所以，當時我平了一半倉，剩下的單子準備見機行事。

第二天，我放下手中的其他事情，跑到期貨公司去看盤。結果，前一天晚上CBOT只下跌了幾個點，幅度很小，而大連大豆一開盤就沒有了昨天漲停板的氣勢，按理說市場至少應該高開10點、20點，實際上卻低開了10多點。我立刻感到大事不妙，馬上

把剩下的多單市價平倉出場。

在春節前的最後兩個交易日，大豆價格出現了較大幅度的回檔，我的多單賣了一個很好的價錢。春節以後，市場又完成了最後一波上漲行情，我又做了幾天的多頭，賺了一點小錢，但這和年前的交易已經沒有什麼關係了。

多數時候，市場沒發生重要的事

在這一個多月的交易過程中，有一件事我認為可能對這次交易的成功起了關鍵的作用：在這段時間，我沒有在期貨交易的現場，也就是說我根本沒有看到市場行情的盤面變化過程。

我懷疑，如果我一直在市場中看著行情的變化，我是不是能夠在大豆交易中把多單堅持這麼長時間。很有可能，在市場價格漲到一半的時候，我就會忍不住利潤的誘惑，落袋為安。碰巧我沒在電腦前看著市場的變化，結果反而避免了市場短期波動的干擾，賺到了我意想不到的大錢。

這一次交易提醒了我，在期貨交易中，為了抓住大的市場波動，一個人不應該整天盯著盤面的變化，寸步不離。

大行情不會一天之內從開始到結束，它有一個發展過程。投機者必須給市場足夠的時間，這意味著投機者沒有必要天天注意市場運動的細節，忽略它，離市場遠一點。

圖16.1　黃豆0509日線

2470
2470
2491
2410
2350
2290
2230
2186

2000年春節前後，大豆走出了一波從2230元到2491元的上漲行情。我沒有在場內看盤，卻獲得了巨大的回報。而與我在同一公司的客戶，天天盯著行情，最後卻損失嚴重。這讓我開始尋思，投機者是不是應該和市場保持一定距離呢？

打個麻將吧，巨大的成功！

　　無獨有偶，2003年，我又碰上了類似這樣的一次經歷，更加證明了我上面的觀點。

　　毋須諱言，期貨交易不可避免地包含有一定成分的賭博色彩。在市場價格判斷和入市時機的選擇方面，投機者儘管有各式各樣看似科學合理的分析方法，包括技術分析、基本分析、心理分析等市場價格預測工具，從本質上說，我以為根據這些東西得出的市場預測結果，並不可靠。尤其是對市場價格的短期波動，運用這種預測方法得出的結論，和閉著眼睛瞎猜一下沒有任何區

別，甚至還比不上瞎猜的成功率高。

當然，這並不意味著我認為期貨交易就是賭博。期貨交易的內涵，它所涉及方方面面的問題，遠遠超出了賭博的範疇。

作為一個期貨操盤手，以前，我也喜歡各種不同的小賭博。但是，在所有賭博中，我最不喜歡打麻將。這主要是因為麻將的節奏慢，耗時太長，一坐上去沒有一天半天下不來。從我個人的性格而言，我喜歡很快就能見到輸贏結果的娛樂方式。在選擇期貨交易的品種時，我這種個性也表現得非常明顯，我願意操作那些市場價格波動幅度大，速度快的品種。像原來的鄭州綠豆，2003年到2004年的上海橡膠等等。

之所以談到賭博和麻將，是因為2003年我在上海橡膠市場的一次巨大成功操作，碰巧和打麻將聯繫在一起。

我現在住的地方是一個老師的宿舍區，我周圍的一些朋友都是老師，往往喜歡在下班時間打麻將。尤其是在每年放暑假期間，他們打得簡直是昏天黑地。以前我很不喜歡打麻將，所以我從不參與他們的這項活動。

2003年7月，我正在關注上海橡膠期貨的走勢。橡膠市場上一次重大的價格變化發生在2002年底，多頭主力憑藉強大的資金實力和所謂的一些利好消息，在很短的時間裡強行抬拉價格，幾天之內把橡膠價格從每噸1萬3000元炒到1萬5500多元。空頭主力被逼無奈，在1萬5000多元的高價含淚砍倉，損失慘重。我所在的那家期貨公司客戶，剛好是大空頭主力，我估計在這波行情中，他們損失起碼在一個億以上。

2003年上半年，橡膠價格大幅回落。到了7月份，市場價格已經跌到了每噸1萬元附近。我感到一波新的上漲行情正在醞釀

之中。

　　我該如何才能抓到這一波可能出現的巨大行情呢？我仔細設想著未來市場可能出現的各種各樣的走勢方式，以及自己的應對策略。我決定先在1萬200元左右的價格買進一部分多頭，然後當市場價格向上突破幾個重要阻力位置時，分批加碼買進。這樣一來，如果我的判斷錯誤，也不會有大的損失，一旦市場真的大幅上漲，我就有可能獲得暴利。

　　橡膠市場在低位徘徊了有好幾個星期，我已經提前買進一些，作了多頭。但是，市場價格卻沒有直接漲上去，一直在我買入價格的附近震盪。我的交易沒有什麼利潤，但也沒有套牢多少。記得那個夏天特別熱，我每天坐在電腦前看著行情，市場又不隨我心願馬上漲起來，心裡煩得很，實在非常無聊。

　　有一天，住在我樓上的牟老師正在召集人打麻將。可惜，那一天人不齊，三缺一。牟老師找到我，一定要我湊個手。小牟是我的朋友，雖然我不愛好麻將這玩意兒，但他來叫我，我也不好意思拒絕。也因為期貨行情沒有任何起色，我索性加入了他們的麻將隊伍。

　　結果，我樓上的電腦行情系統一直開著，我坐在樓下的樹蔭下打著麻將。隔一會，我就給我兒子打個電話，問一下橡膠的價格。那一天直到收盤，橡膠市場也沒有什麼變化。傍晚，我回家以後看了一下市場走勢圖，發現即使不去打麻將，看著沒有什麼起色的行情，也是白白浪費一天的精力，毫無意義。

　　麻將這東西，認真打起來，也有它的樂趣，只不過原來我對此並無體會。那一天打完麻將以後，我一想，這一段時間橡膠市場也未必一定會出現我原來想像中的什麼大行情，我整天盯著

它，也不一定有什麼好結果。大熱天，還不如和他們一塊玩玩牌。

我一向對期貨交易都非常認真。在這十多年的期貨生涯中，除了法定的節、假日和一些極偶然的日子，基本上我天天盯著盤面的行情波動。這一次，我也不知道為什麼，第一次打完麻將以後，我變得非常放縱，竟然在期貨交易的時間也開始打麻將，而不在乎市場價格可能出現的意外變化。

接下來的那一段時間，我天天一邊打麻將，一邊拿著手機打電話問行情。

市場行情不會一直半死不活，總會發生變化。你急切地希望它按照你的想法變化時，市場可能一動不動。當你對它不再注意的時候，很可能大行情已經悄悄啟動了。

有一天，當我漫不經心地打電話問橡膠價格時，我兒子給我報的成交價讓我嚇了一跳。橡膠市場的漲勢已經開始了，市場價格一下子到了我想加碼買進的位置。我立刻放下手中的麻將牌，讓他們等著我。我跑到樓上的電腦前，迅速市價加碼買進。看到當天巨大的陽線巍然聳立，我知道我的多單不會有任何危險。看了一會行情以後，我又急衝衝地回到麻將桌邊，繼續玩牌。

過了一天，市場價格又向上突破了我心目中的第三個阻力位置，我又加碼買了一點。我粗算了一下，我幾筆交易的平均成交價大約是1萬550元左右。我第三次買進的價格是1萬750元，我對自己的交易非常有信心。

很快地，橡膠市場價格就突破了每噸1萬1000元，這下我更放心了。

就這樣，後來那一段時間我天天打牌，橡膠市場的主力也非常賣力地天天抬高市場價格。僅僅過了兩週時間，橡膠價格就突

破了1萬2000元。我一直拿著多單，一動不動。

我有一個看圖經驗，在大幅下跌以後的市場行情中，如果市場價格連續兩週上漲，週K線都是中等長度的陽線，後市往往極度看好。在多次市場的交易中，我都利用過這條經驗，基本上都有不錯的收穫。

這一次，橡膠市場的情況也是如此，在前期大幅下跌以後，市場連續兩週出現週陽線，我感到前途非常光明。

既然如此，我又有什麼必要天天看著行情的變化，對市場的風吹草動神經過敏呢？

我索性故意去打麻將，再也不去想橡膠市場的變化和自己的多單。就讓橡膠市場的主力折騰去吧，眼不見心不煩。我看不見市場短期價格的波動，也就不會去做短線交易。

這似乎是一種鴕鳥政策。不過，我也想透了，只要能夠讓自己的長線交易策略得到落實，當一下鴕鳥又有什麼關係呢？我沒有得道高僧們的那種修為，能夠心如止水，不受到任何誘惑。那就只好躲出去，離行情板遠一點。

說實話，雖然打麻將能夠吸引我的部分注意力，但其實我心中還是對橡膠市場非常牽掛。當橡膠的價格終於突破1萬3000元的那一天，我確實不能再裝著若無其事。龐大的浮動利潤使我一想起來就心驚。那一天，我的麻將打得一塌糊塗，盡給人點炮。好不容易等到市場收盤，我的心才平靜下來。我決心第二天再也不打麻將了，一定要坐在行情前，密切地看著市場變化。

第二天早上，市場大幅高開，一下就到了1萬3650元以上，我再也忍不下去了，也不去管橡膠後市是不是還會漲，把全部的多單平倉了。

圖16.2 天膠5月週線

2003年，上海橡膠在從1萬元開始的上漲行情中，我在做了多單以後，天天打麻將，最後卻獲得暴利。這讓那些成天辛辛苦苦看著盤面變化，最後卻沒有賺到錢的人來說，簡直要氣炸了肺。投機需要取巧而不是蠻幹，但取巧需要智慧和境界。

這一筆交易，我在橡膠市場的上漲行情中每噸賺了3100元左右，我所在的期貨公司，橡膠交易的保證金是8%，意味著我這次的投資回報率高達350%多。我賺到了這幾年裡期貨交易中最大的一筆錢。

投機之外，還要學會放鬆

做完了橡膠這次交易以後，我曾經做過總結，思考這次交易的成功原因。我也想起了2000年春節前的那次大豆交易。

它們確實有一些共同點，例如，我做的都是中長線的投機交易，持倉時間都超過一個月。

但是，我感覺最重要的一點，就是它們都是我在一種特殊的狀況下完成的交易。即當我不在交易現場時，我卻做出了平時很難做到的事情，獲得了令我自己也感到意外的收益。

看來，和市場保持一段適當的距離是一個職業操盤手成功的重要因素之一。

但是，畢竟期貨交易是我的職業，大多數時間我必須守在行情板前度過。為了和市場保持一段距離，我總不能故意天天躲到外面去，或者一直去打麻將吧？

後來很長一段時間，我都在考慮如何解決自己和市場的適當距離問題。最後，我還是找到了其他的一些途徑，例如：寫作、釣魚、旅遊等等，使自己不至於過分沉溺於市場而無法自拔，時刻對交易保持一種清醒、超然的態度。

本章的最後，我想再一次借用投機大師李佛摩的兩句話作為結束：

「只有既能駕馭股市又能坐得住的人才算了不起，這的確最難做到，但只有真正做到了，投機者才能賺大錢。」

「市場很明顯地按我的思路進行著，我沒有必要整天坐在行情板前，時刻盼望著能得到什麼訊息脫手。在退卻的響亮號角吹起以前，當然，這不包括出人意料的大災難，股市會猶豫，或者為我準備一個逆向的投機形勢。」

第十七章

投機者的修養、
境界和市場交易

吾十有五，而志於學。三十而立。四十而不惑。
五十而知天命。六十而耳順。七十而從心所欲，
不逾矩。

——《論語》

當適當的氣質與適當的智力結構相結合時，
你就會得到理性的行為。

——巴菲特

《傅雷家書》中記載了這樣一件小事：傅聰年輕時彈奏鋼琴的姿勢不太好，身體經常搖擺。傅雷先生覺得這樣既不雅觀，也讓人感覺不夠穩重，多次提醒傅聰注意。傅聰也做過很多努力，希望改掉這個壞習慣，但效果並不理想。

多年以後，有一天傅聰很高興地寫信告訴他父親，他已經改掉了身體搖擺這個毛病。傅雷先生在回信中一針見血地指出，即使這樣一個細節問題，也不是單靠有意識地注意就能解決的，修養到家了，自會迎刃而解。

坐得住的人，才是贏家

不單是彈琴，人生的各個方面，包括股票、期貨的投機領域，一個人的修養和境界，都深深地支配著他的思想和行為，無形之中起著舉足輕重的作用。

為什麼面對同樣的市場行情，投機者會有各種各樣不同的應對方式？交易結果是如此的截然不同？

　　例如，任何一個市場，在同一瞬間，有無數人在做多，也有無數人卻在放空；同樣看對了行情的方向，有人賺了點小錢就跑，有人卻不為所動，試圖獲得市場重大趨勢運動帶來的暴利，即使眼看要到手的利潤可能得而復失也在所不惜；當交易出現損失時，有人心存僥倖，不願及時認賠出局，結果釀成大禍。有人卻把市場判斷失誤看作交易中不可避免的正常現象，在損失發生還很小的時候就果斷撤退，沒有受到大的傷害……

　　市場交易就是簡單的一買一賣，但在這一買一賣的背後，隱含著投機者不同的觀念、意識、目的與動機，反映出投機者不同的價值觀、市場交易理念、對待金錢的態度、對待風險的態度等等。

　　從表面、局部看，市場交易的成敗，好像是一些偶然的事情、運氣在起作用。但是，我認為投機者在金融領域的最終命運，深層次的原因取決於投機者的綜合素質，這就是一個投機者的人生修養和境界。

　　投機者的修養和境界並不神祕，也不玄虛，它是建立在兩個方面之上的。一是投機者對市場的理解、對市場交易中一些重大的原則性問題的基本態度；二是投機者對自我的認識，這種認識既包括對人類千百年來亙古不變的本性，如希望、貪婪、恐懼、僥倖、自負等洞察和了解，也需要投機者對自己特殊的心理弱點、性格缺陷、思維、行為習慣等主體身心活動的深刻反省。

　　股票、期貨市場的投機遊戲是人與人之間思想、意志、心理的對抗與較量。對市場的理解和對自我的認識這兩方面之間，本

質上是相互影響、相互制約的。

　　早在一百多年以前，一位投機市場的老手就說過這樣的話：「成功的股票、期貨投機定律是建立在這一假設的基礎之上的，那就是──人們將重複過去的錯誤。」

　　因此，投機者對人性的認識越深刻，對市場的理解就越深入；反之也是。從這種意義上說，股票、期貨的交易實質也就是一種心理遊戲，既是與市場中其他人的角逐，更是與內心自我本能、人性弱點的對抗。

　　每一個立志獻身於投機事業的人，都是一個孤獨的攀登者！大多數人最終不能抵達理想的彼岸。但是，隨著市場認識的深化，投機者修養、境界的提高，一旦你突破了自我的局限，超越了平庸凡俗，就會頓悟成佛，有一個質的飛躍。一個成功的股票、期貨投機高手，往往既有深刻的市場見解，也能洞悉自己的內心世界，同時在這兩方面達到很高的修為。

　　投機的旅途沒有捷徑可走，是一個螺旋式上升的過程，沒有終點。這個漫長而孤獨的修煉過程，就像屈原所描述的：「路漫漫其修遠兮，吾將上下而求索。」投機者在摸索前進的道路上，會遇到難以想像的艱難困苦。除了個人的天分外，唯有時間才能幫助投機者學到和證明一些東西。每一個看似輝煌的成功背後，無不是由一系列的失敗和痛苦的教訓換來的，哪怕是一點點在別人看來非常樸素、簡單的經驗，投機者都可能為之付出過慘重的損失、血的代價。

　　華爾街的一位操盤高手曾經說過這樣的一句話：「我的投資績效完全是在於我二十八年來錯誤經驗的累積。」

　　西方諺語云：「上帝總是幫助自助者。」如果一個投機者自

己不能拯救自己，誰還能幫得了他呢？

　　例如，在股票、期貨交易中，我們曾經日復一日、年復一年地犯著同樣的錯誤。判斷失誤時不及時止損、逆勢交易、孤注一擲、急躁衝動等等，這些現象幾乎長期困擾著大多數市場參與者。

可悲的是，我總是一錯再錯

　　我手頭保存著四十多本過去的交易日記。有時候隨便一翻，就會發現雖然隔了很久，各個日記本上記錄的交易經過，自己曾經犯過的錯誤，都有非常相似之處。如果不看上面的日期，我實在很難分清哪一篇寫在前面，哪一篇是後來寫的。

　　顯然，有許多錯誤我過去很長時間一直在重複地犯。曾經有一段時間，我對自己不可救藥的愚蠢行為痛苦之至，絕望之中甚至想徹底放棄股票、期貨的投機生意。

　　並不是我沒有意識到自己一直在幹傻事，有很多問題我在進入期貨市場的初期就已經發覺。但是，幾年以後這些錯誤卻依然頻繁地出現在我的交易中。古人云：「事不過三。」又說：「三折肱，成良醫。」但是在期貨交易中，問題卻遠非我們想像的那樣簡單。

　　每一次，當我因為犯錯而受到市場的懲罰時，我都會清醒地告誡自己，不能再這樣下去了，我重複類似的錯誤已經遠遠超過三次，應該學得聰明一點。但是，當懲罰的痛楚過去以後，我會立刻忘掉令人不快的經歷，好像什麼也沒有發生過，重新回到老路上。

　　傑西・李佛摩：「如果一個人不犯錯的話，那他一個月之內

就能擁有整個世界了，但如果他不從錯誤中吸取經驗教訓的話，那就連上帝所賜的東西都得不到一件。」

但是，期貨交易的錯誤不是那樣容易改正的。

我一次一次下定決心不再重複過去的錯誤，但一旦進入市場交易，依舊故態復萌，情況似乎沒有得到絲毫的改變。在期貨交易的前幾年，我的投機活動一直迷失在這種惡性循環的怪圈中，彷彿進入了暗無天日的地獄，心靈和精神長時間在痛苦、絕望、懊悔中煎熬，卻無法自拔。

現在看來，這一切的發生並非偶然。孔子登東山而小魯，登泰山而小天下。投機者在市場交易中所犯下所謂數不勝數的錯誤，只有在時過境遷，當投機者的思維、認識、境界到了一定層次以後才能恍然大悟。一個投機者的修養和境界不達到一定的高度，儘管你殫精竭慮、苦苦掙扎，努力想避免各種各樣看似非常簡單的錯誤，結果仍然總是令人失望的。

你注意了這一方面的問題，錯誤就會從另外一個意想不到的地方冒出來。就像一個新手開車，注意了前面路上的障礙，卻忘記了後面和旁邊的危險；注意了手上的動作，卻忘記了腳下油門和剎車的位置。

所以，從某種意義上說，大多數市場參與者日復一日，像噩夢一樣無法擺脫的錯誤，只能隨著投機者的修養和境界的提高而被超越，被消解，而無法在當前的境況下徹底消滅，不再重犯。

例如，投機交易中的止損問題、市場新手衝動性交易的問題等等，都不是一個孤立的問題，也不是一個簡單的技術問題，牽一髮而動全身，投機者整體的交易理念、修養、境界不到一定的高度，這些錯誤就難以徹底解決。

關於衝動性交易的問題

　　許多經驗豐富的老手都已認識到，衝動性交易具有巨大的破壞性，嚴重威脅投機者的資金安全。

　　從進入期貨市場的那一天開始，我就一直身受其害。這麼多年過去了，我還在同它作殊死的搏鬥。不知道有多少次，前一天晚上我在分析、判斷市場走勢時非常冷靜、理智，做好了詳細的交易計畫。但是，僅僅過了一個晚上，第二天我一走進交易大廳，一切就變得讓人難以理解。我會徹底忘記原來制定好的交易計畫，忘記自己究竟應該怎麼操作，而完全被市場價格的波動所牽引。

　　我的思維、心情隨著市場價格的變化而變化，一會看多，一會看空，全然不顧原先的想法，頻繁地在市場中買進賣出。

　　顯然，這種毫無章法的交易方式注定不會有好結果。每天交易結束以後，我總是發現自己傷痕累累，損失慘重。更令人沮喪的是，如果我機械地遵守前一天的操作計畫，非但不會虧損，還有可觀的利潤。

　　衝動性交易的主要原因是投機者缺乏足夠的自我控制能力，沉溺於短時間從市場波動中賺一筆大錢的想法而無法自拔。既不能抵擋外在的市場波動的誘惑，也不能遏制內在強烈的交易欲望。從交易理念來說，衝動性交易是一種短線交易，而且是超級短線。

　　這樣的局面一直維持了好幾年，人的本能、無意識的力量是如此的強大，市場的誘惑是如此難以抵擋，我就是無法控制自己的交易衝動。一次又一次，市場把我打倒在地，我又掙扎著爬起

來。

　　我一再下定決心，要謹慎交易，三思而後行，結果卻總是不盡人意，事情始終沒有朝好的方面發展。直到有一天，我徹底放棄了戰勝衝動性交易的幻想，在絕望中放縱自己，無可奈何地承受著由此帶來令人痛心的交易損失。

　　幾年以後，不知不覺中，隨著年齡的增長、閱歷的豐富、經驗的積累、對市場認識的深化，我突然發現自己已經很少出現衝動性交易的行為。這種曾經長期困擾我的疾病，我花了好幾年的時間也沒有遏止住的情緒化行為方式，彷彿一下子痊癒了。

　　仔細想來，這一切的發生也在情理之中。我對市場運動的理解，我的交易理念，我對自我的認識，包括對自己的個性、思維、情緒、習慣的了解，已經有了質的飛躍，今非昔比。一句話，我進入了一個新的天地，我在投機領域所達到的修養和境界使我遠遠超越了衝動性交易這種低層次的錯誤。

　　現在，我已經很少從事短線交易，尤其是日內短線交易，因為我知道這是毀滅投機者最快捷的途徑。我把自己的注意力完全集中在尋找、發掘中長線交易的機會上，對短時間從市場波動中賺一筆大錢的想法已不感興趣。原來像裸體美女一樣誘人的市場短期波動，再也不能激起我的交易欲望和衝動。

　　每一天，我仍會關注各個品種的盤面變化，但是作為一個長線交易者，我不會再被驚心動魄的短期市場波動牽著鼻子，搞得心神不定。我平靜、淡然地欣賞著市場的變化，也審視著自己的內心世界。我以我自己的方式理解這一切。

　　星星還是那顆星星，月亮還是那個月亮。市場依然在激烈動盪，用看似巨大、可觀的利潤，誘惑、吸引著一批又一批新的、

老的投機者前赴後繼，飛蛾撲火。而這一切，在我眼裡已有了全然不同的意義。

衝動性交易，那還是一個問題嗎？我問自己。

關於止損問題，我總被僥倖矇了眼

每一本關於期貨交易的書，都會不厭其煩地提醒投機者，交易不利時要及時止損，迅速退出市場以降低損失。「如果你不願意虧小錢，遲早就會虧大錢」、「剛開始時的損失總是最廉價的損失」等等。

儘管有如此多的提醒和忠告，面對交易不利的局面，投機者普遍性的習慣仍然是不願迅速認賠，避免重大虧損的發生。理性上，一個投機者可能認識到止損的重要性，但在實際交易中卻往往做不到。

十多年前，我進入期貨市場不久就對止損在期貨交易中的重大意義有了銘心刻骨的體會。

在我隔壁的大戶室有個客戶老陳，在52元放空上海膠合板9507，結果多頭主力憑藉資金優勢操縱市場價格，膠合板在很短的時間內就一路上揚到62元。老陳心存僥倖，追加了幾回保證金就是不平倉，結果最後損失五百多萬元。其實，他完全可以在虧損較小的時候退出市場，避免悲劇的發生。

我自己也有過類似的經歷。1994年底，我做多上海國債期貨316品種，剛剛買入，市場價格就開始下跌。我絕望、緊張地盯著盤面變化，希望市場價格止跌回穩，但是市場並不理會我的期盼。一天之內，316合約竟然下跌了3、4元，這可能是國債期貨

火爆的牛市行情中，非常少見的幾次暴跌走勢之一，卻是我十多年期貨交易中損失最大的一天。

從那時起，我就非常重視市場交易中的止損問題，下定決心嚴格控制風險，永遠不要讓小損失演變成災難性的巨大虧損。

但是，問題似乎不像我想像的那麼簡單。

一是交易不利時能夠果斷地壯士斷臂，迅速止損，需要投機者具備極大的智慧、勇氣和毅力。這不僅涉及到投機者對市場交易的本質問題理解是否正確，投機策略是否合理、科學，是否具有虧小錢、賺大錢的基本交易思路，更是和投機者的精神態度、心理、意志力等方面有著重大的關係。

在交易明顯出現不利局面時，迅速改變自己的想法、推翻原來的市場判斷、承擔實實在在的損失，這一切都會給投機者帶來沉重的心理、精神負擔。尤其是對一個市場新手，這種壓力可能會徹底摧毀他的意志和信念，使他在應該採取止損措施的那一刹，放棄努力，敗下陣來，成為精神上的軟骨頭。

其次，每一次交易中，具體止損點位的設立，也是一個比較複雜的問題。

有時候，我剛剛才從絕望之中止損離場，市場價格立刻回到了我原來交易的方向。如果我再堅持一會，我不但不會虧錢，反而能大賺一筆。回頭一看，我正好買在市場的最高點，賣在市場的最低點。

從理性的角度思考，為了控制交易風險，在入市以後出現損失時，我及時離場是一種聰明的舉動。但是，因為止損點設置不科學，我一而再，再而三地被市場愚弄，被迫來回割肉，又深受無原則、不合理止損的傷害，我的行為看起來完全就像一個大傻

瓜。

終於有一天，我的精神狀態到了崩潰邊緣，對這種盲目的止損措施已經非常厭倦。當市場價格走勢再次對我不利時，我變得非常麻木，眼瞧著浮動虧損的擴大而無動於衷，沒有採取任何措施。結果，我的帳戶被洗劫一空，我爆倉了。

問題又回到了起點。

天衣無縫的止損策略為何使不上力？

只要我還在期貨市場從事投機交易，止損是幫助我躲過重大災難的唯一辦法。儘管每一次砍倉都要經歷一次精神上痛苦的折磨，但是，鴕鳥式的逃避顯然無濟於事。如果你不能控制風險，風險遲早會控制你。

也許是對自己的自我控制能力缺乏足夠的信心，有一段時間，我甚至請了兩位助手幫助我進行止損。

我在下單之前就告訴他們，市場價格一旦到了我事先確定的止損點，他們立刻幫我砍倉。我當時應該說非常理智，甚至考慮到了自己心理、性格上的弱點，並且事先做了預防。因為我知道，如果入市以後市場價格走勢真的對我不利，我很可能仍然會堅持原來的判斷，心存僥倖，固執己見，阻止他們的行動。畢竟我是老闆，他們是手下。到時候，他們很可能屈從於我的權威而唯唯諾諾，這樣一來，我們原來的約定就會變成一紙空文。所以，有一天我特意請我的兩位助手吃飯，強調他們在交易中的責任，鼓勵他們在交易時不要顧忌我的脾氣，嚴格執行止損紀律。

看起來這個方案非常周密，幾乎萬無一失。如果能夠順利

實施，交易方向準確時，我就可能賺到大錢，而一旦我的判斷有誤，別人會在旁邊盯著我的交易，幫我控制風險，只會損失一點小錢。

後來的交易實踐表明，我當時自以為萬無一失的方案，實際上毫無用處，只是一個市場新手非常幼稚、可笑的想法。不但孤立、靜止、機械地看待市場交易中的止損問題，而且根本無法在實戰過程中確切做到。

首先，止損策略只是投機者在市場判斷失誤時的一種保護性措施，用來阻止重大交易虧損的出現。但是，當一個投機者總的交易獲利小於一系列止損所帶來的損失，即投機者沒有能力在市場交易中賺取足夠的利潤時，嚴格的止損措施只是延緩投機資本減少的速度，不能改變投機者最終失敗的命運。

其次，止損和投機者的交易理念密切相關。

對於一個長線交易者來說，由於他每年交易的次數很少，每次入市前都做過充分的研究，可以很從容地確定交易失敗時的退出位置。止損點位非常明確，執行起來也相對簡單。

而對於一個短線交易者，尤其是根據市場盤面變化操作的日內交易員，他每天頻繁地進出市場，面對瞬息萬變的市場波動，只能依靠某種本能、感覺做出買賣決策。有時候，我一天要交易十多次，一筆交易從開始到結束可能只有幾十秒鐘，很難有時間在入市交易以前詳細策畫，設立明確的止損點位。從入市到止損，一切取決於操作者非常個性化的市場感覺，旁觀者很難插手。

在早期的期貨交易中，我純粹是一個短線作手，我以為請兩個助手幫我進行止損操作，就可以避免出現大的損失。實際上，我的短線交易方式天然地排斥這種看似聰明的合作，由始至終，

我都必須獨立決策、獨立承擔交易後果。如果我自己缺乏足夠的自我控制能力，在市場走勢和我的判斷不一致時不能果斷撤退，我的兩個助手又能有什麼辦法呢？

最後，我們的合作就這樣無疾而終，不了了之。

和衝動性交易的最終解決方式一樣，也是到了近幾年，隨著交易理念的轉變、自我修養的提高、市場境界上升到一個新的層次以後，止損問題才迎刃而解，我也不再對此感到煩惱和困惑。

高手過招，心態與修養的較量

現在，交易不利時我能夠很輕鬆地退出市場，完全沒有原來止損操作時內心那種痛苦、絕望、沮喪的精神感受。因為我知道，這是交易中最正常的現象。市場總會出現意外的變化，一個人的判斷也不可能百分之百地準確。只要你從市場交易中賺取的利潤遠遠大於止損時造成的損失，你的某一筆具體交易是賺是賠無關緊要。「賠小錢，賺大錢」，這是期貨交易必須堅持的最簡單的思考原則。只要你一直沿著這條正確之路走下去，早晚會到達成功的彼岸。

這麼看來，止損對我也就不再是個問題。

人不能兩次踏進同一條河流。

一天又一天，一年又一年的市場運動，看起來似曾相識，好像簡單地重複著，好像背後有一個我們所不知道的規律存在。只要我們努力探索，鍥而不捨，有一天就會發現市場運動的規律，我們的投機事業就可以進入天堂。

其實不然，這是一條死胡同。

現代科學在微觀和宏觀方面的研究，都取得了長足的進步，人類對地球、對宇宙、對生物基因工程的探索和認識，是幾百年前的人們根本無法想像的。然而，一個導彈專家、一個研究火星探測器的工程師、一個諾貝爾科學獎的獲獎者，一旦進入投機市場，在市場預測、價格判斷、實際交易等許多方面，和幾百年前日本大米期貨市場中的市井無賴或賭徒比起來，有什麼高明之處嗎？沒有，一點也高明不到哪兒去。

1998年，由兩個諾貝爾經濟學家掛帥的投資基金——長期資本管理公司（Long-Term Capital Management L.P）的破產，又一次殘酷地證實，科學在投機領域的無能為力和悲哀。

有人說，市場運動的本質是隨機性；有人說，投機市場是一個隨機性與規律性共存的市場，其規律性的一面是非常顯而易見的，簡單到你對它視而不見的地步，而其隨機性的一面，則表現得極為複雜。有人說，市場是自然的函數，它的行為並不遵循古典物理學、參數統計學，或線性數學……

總之，作為一個投機者，我們面對的是一個不確定的世界。這裡永遠不存在一個能夠被大多數人輕易掌握的走向成功的簡單方法。美國前財政部長羅伯特・魯賓（Robert E. Rubin）的決策祕訣，我認為對每一個投機市場的參與者都有很大的借鑒意義：

一、天下唯一確定的事就是不確定性。
二、任何決策都是均衡機率的結果。
三、一旦做出決定，立刻付之於行動，行為要果斷迅速。
四、決策者的品質遠比決策結果重要。

是的，確實像魯賓所說的，決策者的品質遠比決策結果重要。交易結果的好壞我們無法控制，但是，我們可以控制自己的欲望、情緒、思維和行為。

　　「認識你自己。」人類這句古老的格言，在現代的金融投機市場依然具有鮮活的意義。那些不能遏止、克服人性弱點的人，無論是多麼偉大的人物，相信在這裡，結果都將喪魂落魄，被市場風雲所淘汰。

　　期貨交易不是一門科學，一門機械的手藝，更不是一種簡單的重複勞動，只要長期反復的練習，熟能生巧，就可以從市場中賺到錢。這是一門真真切切「行動第一，實踐第一」的藝術。投機者要達致成功，不但要成為思想的巨人，知識的巨人，更必須是行動的巨人。

　　交易技巧和知識可以學習，市場經驗可以累積，投機者更重要的是要培養起成熟的心理並能迅速地付諸行動，這卻是一個長期的培養、追求、領悟過程。

　　有人說，期貨交易是科學和藝術的結合。我的觀點是：面對市場的不確定性，哲學的世界觀、方法論和價值觀，哲學的抽象思維模式，也許可以更為有效的幫助投機者把握市場運動的脈絡，領悟到市場交易成功的奧祕。

　　索羅斯的投資名著《金融煉金術》中有大量的哲學思考，雖然讓人感到有一點混亂，卻絲毫不令人奇怪。

　　一個高明的投機大師的修養和境界往往與哲學家屬同一層次。就像網路一位朋友說的那樣：「期貨市場上高手之間的較量絕不是技術水準上的較量，而是投資哲學的較量，心態和境界的較量。」

第十八章

你能擺脫地心引力嗎?

謹慎敬畏地承擔起一切外在的偶然。
認識並安寧於一己存在之有限性,仍強自建立,
並不悲觀、焦慮,或做徒勞之無限追求。

—— 李澤厚

理智的最後一步就是意識到有無數事物是它力所不及的。

——帕斯卡（Blaise Pascal）

幾年以前，我遇到一位親戚。由於偶然的原因，他剛從領導崗位退下來。在我的印象中，他精明而富有教養，洞察為官之道，在人生的許多方面都是我的老師。他問我平常都在做什麼，我說主要是研究股票、期貨的投資策略和技巧。他對我花很大精力做這類事情似乎不以為然，在他看來，人算不如天算，股票、期貨交易的成敗主要取決於運氣和機遇。

當時，我對這一段話頗感震驚和疑惑。雖然他不是一個專業的投資者，但對股票、期貨市場是有所了解的。我懷疑，是不是人生的變化無常或者年齡的增長使他喪失積極進取的意志，過於強調偶然性的力量？

年輕氣盛的我立即提出了反駁，認為投機成敗的關鍵在於人自身的素質，機遇和運氣並不重要。當然，這個思想其實也不是我的發明。

這件事情已經過去很久，我依然在投機市場學習、思考和交

易。

　　隨著歲月的流逝，人生閱歷的豐富，市場認識的深化，我逐漸意識到，自己以前過於強調了投機主體的內在力量，輕視甚至貶低偶然性因素對投機者人生和交易的重大影響，是不明智的，也是不可取的。

　　孔子說：「不知命，無以為君子也。」李澤厚先生在《論語今讀》中認為，這兒的「命」是指偶然性。即一個人不懂得、不認識外在力量的這種不可掌握的偶然性，不足以為君子。

　　環境、機遇和運氣對一個人前途和命運的影響遠比我原來想像的重要。想想，歷史上多少英雄豪傑因為生不逢時或生不逢地，而湮沒在芸芸眾生之中？不顧環境、條件的限制，過於強調自我的意志、智慧和天賦的人，難免陷入幼稚和狂妄，付出慘痛的代價。

撼動成敗的外在因素

　　在股票、期貨市場，我親身經歷的無數次成功和失敗的交易表明，一個股票、期貨投機者的命運，確實受制於許許多多看似極為偶然的因素。一個意外的政策，一次自然災害，甚至一條消息、一句謠言，都可能在金融市場中引起軒然大波。市場價格激烈動盪，從一個極端走向另一個極端。投機者的命運就像天空中斷了線的風箏，只能隨風而動，不由自主。

　　2004年4月的某一天，因為美聯儲主席格林斯潘（Alan Greenspan）的一席談話，倫敦商品交易所的銅大幅暴跌，上海交易所自然也無法獨善其身，連續幾天跌停板。多頭只能眼睜睜看

著市場價格下跌而束手無策。據我所知，有好幾個大戶在這次突發性事件中遭遇重創。短短幾天，成百上千萬的資金，在風雲莫測的市場迴圈中，改名換姓，從多頭手裡轉向空頭口袋。

所以，輕視、貶低偶然因素的巨大影響力，投機者往往會走進思維的認知誤區。在交易成功時過於誇大主體的智慧與能力，而在遭受損失時竭力強調外在的偶然因素。顯然，這種自我評價的態度缺乏起碼的客觀性。投資大師巴菲特的朋友查理‧蒙格（Charles T. Munger）開玩笑諷刺過這種人：

「如果你是池塘裡的一隻鴨子，由於暴雨的緣故水面上升，你開始在水的世界之中上浮。但此時你卻以為上浮的是你自己，而不是池塘。」——《巴菲特開講》（*Warren Buffett Speaks*）

那麼，在股票、期貨交易中，制約投機者成功的外在、偶然因素有哪些呢？

社會政治、經濟環境——投機者的土壤

有人說，如果索羅斯當初不離開匈牙利，他現在可能只是布達佩斯大街上的一個計程車司機，而不是威震全球的金融大師。

投資大師巴菲特也說：

「如果你把我放在孟加拉的中部或者祕魯及其他地方，你會發現，我所具有的才能，在那片不適宜的土壤中將會長出什麼——我會在三十年後仍掙扎著謀生。我有幸在一個市場體系中

工作，這一體系碰巧給我所做的工作以可觀的回報——雖然這回報大得不成比例。」——《巴菲特開講》

　　在計畫經濟時代，中國根本沒有現代意義上的金融市場，經濟領域的投機活動被視為非法，甚至被看成一種犯罪。生活在那個年代的人們，即使有投機經商的天賦，也會被社會環境所摧殘和扼殺。

　　現今上海股票市場中赫赫有名的「楊百萬」，在1980年代，還只是一個偷偷摸摸的「黃牛」。如果中國不設立證券市場，或許他還提著裝滿國庫券的麻袋，在全國各地提心吊膽地奔走呢！

　　再比如，政治因素往往決定著一個國家和地區的匯率制度，也決定著金融領域的自由化、市場化程度。一個實施固定匯率制度的地區，外匯投機者就根本沒有生存的空間；一個金融市場開放程度低的國家，投機者只能參與中國市場而不能進行全球金融市場的交易。所有這一切當然會極大地禁錮市場參與者的發展空間。

　　可見，社會政治、經濟環境是投機者生存的土壤。中國金融領域要出現像巴菲特、索羅斯這樣對世界經濟有重大影響力的人物，還需要社會政治、經濟更加民主化、市場化，股票、期貨市場更有活力，更加公平、公正、公開。

政策因素——決定市場自由、命運

　　政府的一個政策或者任何大舉動，都可能對金融市場產生難以估量的作用，從而使投機者的命運產生戲劇性的變化。

　　投機大師索羅斯剛到美國時，由於他的歐洲背景而受美國投

資者青睞，專門為許多大公司從事歐洲市場的交易。1961年，美國甘迺迪總統上臺，為了制止資本外流，他頒布了一個法令，對美國投資者在國外的證券投資課以重稅。這對投機事業剛剛處於起步階段的索羅斯來說，無疑是當頭一棒，差一點使他丟了飯碗。

1980年代初期的幾年，索羅斯在外匯交易中損兵折將，毫無建樹。1985年，美國、德國、日本等發達國家為了遏制美元過度升值，召開了著名的「廣場會議」。各國政府聯手干預外匯市場，美元大幅貶值。國際金融領域的一次臨時性合作，使索羅斯一週之內賺取的利潤超過他前四年虧損的總和。

據說，索羅斯的筆記本上記載了世界上許多政要的名字，他也曾經自我吹噓，說他早上和一位總統共進早餐，晚上又和另一位總統共進晚餐。可見，索羅斯對政治因素對金融市場的巨大影響力是心領神會的。

智者千慮，總有一失。

1997年的東南亞金融危機中，以索羅斯為代表的國際對沖基金，在襲擊香港的股票和外匯市場時，顯然忘記了考慮政治因素的巨大力量。由於對以中國政府為強大後盾的香港特區政府，直接干預股市和匯市的可能性估計不足，導致了以索羅斯為代表的對沖基金損兵折將、狼狽不堪。

1995年2月23日，中國期貨市場發生了一件震驚中外的大事。被譽為中國「證券教父」的萬國證券公司老總管金生，在國債期貨市場的世紀豪賭中，一夜之間輸掉了整個公司，損失幾十億元，這就是有名的「327事件」。事情的起因就是財政部的一個貼息政策，即把國債期貨品種「327」合約的年利率由原來的9.50%提高到12.24%。這一舉動就把萬國證券送上了斷頭臺。

在中國期貨市場，1995年上海國債期貨出了問題以後，有關領導對即將上任的證監會主席周道炯指示：對期貨市場要冷靜觀察、嚴格限制，限制與套期保值無關的非生產、非流通的公有制單位，不准其進入。

在一個公有制占主體的經濟體制中，這一席話實際上為中國期貨市場今後幾年的發展定下了基調，也對中國期貨市場投機者的命運產生了深遠的影響。

國家在此前後出臺的一系列政策，包括禁止外匯期貨；限制金融機構、國有企業進入期市；完全停止新的交易品種上市；整頓、撤併交易所；取消大量期貨品種的交易等等，反映了政府對期貨市場未來發展的基本態度。隨後幾年，期貨市場的成交量逐年大幅下降，市場清淡，期貨經紀公司和投機者度日如年，掙扎在死亡的邊緣。

可見，沒有良好的政策環境和自由市場經濟體系提供的交易機會，投機者不但不可能從市場中賺到大錢，就連最基本的生存空間都有問題。

中國股市歷來有政策市之說。中國期貨市場，這十多年更是受到國家政策的牢牢鉗制。政策因素對股票、期貨市場的巨大影響，使中國股市、期市長期處於非正常狀態。在這種情況下，投機者即使有蛟龍入海、大鵬展翅的本領，又有何用？舉個例說，上海股市從2000年至今，五年來市場一直在下跌，上證指數從當初最高2200多點跌到前一段時間最低的998點，這幾年幾乎100%的市場參與者都是虧錢的，無非是虧多虧少，五十步笑百步而已。外在的、偶然性的因素一次又一次顯示出它的巨大力量。

所以在很多時候，投機者是可憐而渺小的，政策因素往往直

接決定了投機者的悲劇命運。在這種情況下，過分強調投機主體的內因，把交易成敗的原因完全歸之於個體的主觀因素，是非常不公平的。

市場本身——機會始於熱絡的行情

在期貨市場，不同的商品有不同的價格波動週期，可供投機者選擇的交易品種越多，市場蘊涵的交易機會就越多。一個高明的投機者會避開那些風險和利潤比例不合算的交易機會，選擇價格變化活躍、趨勢明顯的市場進行交易。如果市場中只有一、兩個單調的交易品種，投機者在完成一次交易活動以後，很可能因為市場中沒有良好的機會而無所事事，精力和資本就會白白浪費，投機者的獲利潛力受到極大的限制。

國外許多著名的投資經理，往往同時監控著全球幾十個市場，從中尋找最適合自己投資理念、交易體系和性格特點的品種。如此一來，投機者不但可以抓住最有利可圖的交易機會，也能減小市場交易中蘊涵的非系統風險。

華爾街的期貨專家史坦利·柯洛爾就是這樣一位資產組合多樣化的投機者。他同時跟蹤、交易二十六種不同的期貨合約，遍布全美各主要市場，外加香港和新加坡商品交易所。交易品種包括：食品和化纖、利率工具、複合能源、穀物、肉類、金屬和亞洲市場中的股指期貨。我們很難想像，如果沒有這麼多可以供他自由選擇的投機品種，柯洛爾先生是否還能取得令人敬佩的業績。

索羅斯的量子基金更是從全球每一個角落尋找有利可圖的機會，足跡遍布墨西哥、俄羅斯、東南亞、以色列、南非、中國，

更不用說美國、日本、歐洲等發達國家。如同有些嫉妒憎恨他的人所描繪：「哪裡有腥，那裡就有喬治。」

根據索羅斯大起大落的反射理論，股票、期貨及外匯市場偶爾都有可能出現過於離譜、瘋狂和愚蠢的走勢。市場價格變化和基本面狀況完全背離，就隱含著市場走向反面的契機，這也是索羅斯最感興趣的賺錢機會。

所以，索羅斯認為精明的投資者應該要有廣闊的視野，在多個市場、品種中尋找這種良好的交易機會。因為這種時機並不會天天存在，投機者必須不斷地從一個市場轉向另一個市場。

在全球金融一體化的今天，如果一個投機者沒有自由選擇市場交易的權力，而他生存的環境中可供投機的品種又單一稀少，那麼，索羅斯這種高明的交易理論也就毫無用處。

一般說來，在市場行情大起大落，價格變化劇烈的年月，國外投資基金經理的業績往往比較好；而在股票、商品和金融期貨的價格變化平緩、長期盤整的年月，投資基金的業績往往不盡人意。道理很簡單，投機者只有在市場價格的起落中才能賺取差價，一個死氣沉沉、交易清淡的市場，投機交易是難有作為的。這一點在中國期貨市場的表現也非常明顯。

從1994年到1997年，中國期貨市場交易品種多、投機氣氛濃、參與者眾，有人就賺到了大錢。

1995年下半年，我的一位朋友僅僅用幾個月時間就在期貨市場賺了2000多萬元，而當初投入的本金才300萬元。客觀地說，他的巨大成功，一方面固然因為他具有高明的交易策略和技巧；另一方面，在某種意義上說也是天賜良機。當時中國期貨市場的許多交易品種，如膠合板、綠豆、橡膠價格短時間內驚人的波動

給了他獲取暴利的機會。有一次，上海膠合板在即將跌停的最後一刻，我看見他入市放空，第二天，市場直接跌停。第三天，膠合板在擴大跌停板開盤，他迅速平倉。不到三天時間，他的這次交易回報就高達150%以上。

可見，一個投機者的成功，內在的知識、技巧、修養、境界固然重要，若沒有良好的市場機會，英雄也無用武之地。

而1997年至2002年，交易所紛紛撤銷，交易品種大幅壓縮，市場交易冷清，投機者基本處於虧本狀態。即使日常交易中有些盈利，也是入不敷出，勉強度日。在這種市場環境下，投機者要想獲取大的利潤是不現實的。

2003年以後，上海、大連、鄭州各商品交易所的行情變化大、成交活躍，又有許多投機者賺到了錢。

煮熟的鴨子也會飛？

在日常交易中，每當我做錯方向而賠了錢時，我從來不怨天尤人，誰要你技不如人呢？我要求自己進一步努力，提高自身的智慧、意志、境界，從而減少交易中犯錯誤的次數。

但是，這種單純的想法，有時候也會給自己帶來很多不必要的煩惱。即對自己的要求過於苛刻，把不應該自己承擔的責任全攬過來，求全責備，自我懲罰。其實，這種做法對自己是不太公平的，也會給交易帶來很大的精神壓力。

在前些年的中國期貨市場，一個投機者的成敗，並不完全取決於一個人的水準、技術、策略等主體的內在因素，還有許多非市場性、偶然的事件，嚴重地威脅阻礙投機者的成功。市場的不

規範，導致了許多投機者稍有不慎就會損失慘重，甚至一命嗚呼。

　　1994年底，我們國債期貨營業部的一位散戶，上午還有10多萬元，下午他趕上了國債期貨交易幾個月中最大的一次市場震盪，不僅把帳戶上的錢全部賠光，而且還欠營業部6萬多元。

　　在1996年的咖啡期貨交易中，我親眼看見一位朋友第一天剛剛在期貨經紀公司開了戶，存了10萬元，第二天帳戶上就剩不到5萬元，第三天一分不剩，第四天帳戶上竟然出現負數。咖啡期貨連續三、四個跌停板，他想給自己留點下次交易的本錢都不可能。一次交易，就把多年的積蓄賠得乾乾淨淨。

　　1998年，我的大學同學在北京綠豆的交易中，被關門打狗，市場連續四天漲停板，直到他爆倉。

　　2004年初的上海橡膠市場，多頭主力操縱失敗，短短幾天就暴跌了2000多點，許多投機者也跟著倒楣。

　　我的導師十多年前寫過一本書，叫《不公平競爭》，我當時很不理解，不公平的競爭為什麼還要去參與？當我在期貨行業奮鬥了多年以後，逐漸意識到中國期貨市場的競爭就是不公平競爭。要嘛我放棄，要嘛我只能改變自己去適應現實，不要天真地指望有一個理想、完美的交易環境。

　　在我的記憶中，曾經有好幾次，在期貨交易中方向判斷準確，行動也非常漂亮，結果卻沒有賺到錢。當時我簡直是氣急敗壞，心裡感覺噁心極了。我回憶起這些往事，只是想提醒自己，在下面的例子中，明明利潤就要到手的，最終我卻還是拿不到，為什麼我還要急著去做那些風險很大、很不確定的交易呢？所以，期貨交易不要太過於執著、太過於認真，不要太看重一時一地的得失，要以一種遊戲的態度來看待，心平氣和方能走得更遠。

案例一：萬國證券，擦身而過的幾百萬

1995年2月23日，在國債期貨327事件中，萬國證券在沒有足夠保證金的情況下，惡意透支交易，大量拋空，因此尾市七分鐘的交易被宣布為無效。那一天上午，我把大量的多單獲利平倉以後，一直看著盤面的變化。我原來的想法是，如果市場價格出現回檔，我準備把當天拋出的多單逢低再買回來一部分。沒有想到，尾市成千上萬的空單從天而降，一下子把327國債的價格從151元打到147.5元，我也不知道場內發生了什麼事情，但是我的第一感覺是迅速買進。我在148元買了2000手，市場價格跌到147.5元我又買了3000手。然而，收市以後，營業部的經理告訴我，我的那兩筆交易也是無效的，那5000手多單似乎根本就沒有存在過。

我的好幾百萬，因為這樣一個原因就莫名其妙地失去了。

案例二：蘇州紅小豆，我不是做對方向了嗎！

1995年8月，我在蘇州紅小豆509中做多虧了大錢。後來，紅小豆價格竟然跌到了每噸1600多元。在市場下跌的途中，紅小豆市場一直沒有出現過任何像樣的反彈。當時有人說，紅小豆比豬飼料都便宜。

我的多頭思維一直沒變，認為物極必反，市場早晚會有一波強勁的上漲行情。我在市場價格跌到2000元～2100元的時候，做了大量的多頭，希望能抓住市場可能出現的反彈，把前一段時間的損失奪回來。按照常理，我估計在這個位置做多不會有太大風險。

但是，那一年的蘇州紅小豆走勢真是怪異極了，市場一直籠罩在沉重的拋壓之下，不管紅小豆的價格多低，空頭就是肆無忌

憚地賣空。記得當時空頭的一個主要藉口是實盤壓力巨大，沒有多頭願意接貨。

面對讓人絕望的市場下跌，我無可奈何地只好在盈虧不大的情況下平倉離場。

後來，我聽說事情並不像空頭所說的那樣，真的沒有人想要紅小豆的現貨。安徽丁氏兄弟想接貨，交易所就是不讓。因為空方主力是蘇州當地的機構，和交易所關係密切，他們牢牢地把持著蘇州市場的走勢，只能賺錢而絕對不能輸。強龍壓不過地頭蛇。

據說，最後丁氏兄弟組織了幾百個民工，開著大卡車到交易所靜坐。可能是交易所和丁氏兄弟達成了某種妥協，蘇州紅小豆1995年最後一個合約，確實在臨近交割的幾天時間裡漲上去了。從2000元附近開始上漲，大約是在2900元左右摘牌的。

在1995年8月的那一段時間，我在紅小豆市場由於做錯方向，賠了大錢；現在，我做對了方向，卻因為交易所的原因，因為非市場的因素，沒有賺到任何錢。

在看似單純的期貨價格波動後面，竟然隱藏著如此險惡的利益爭鬥，誰能從市場盤面上看出這些難以想像的勾當？十年以後，我在一篇回憶蘇州紅小豆的文章中才完全了解其中的內幕，真是感慨萬分。

說到丁氏兄弟，我對他們的印象很深，因為1995年底北京綠豆9511的多逼空行情就是他們操作的。在北京綠豆9511的多空大戰中，做空的主力是我的一個朋友。1994年的時候，我們還在工人體育場一起玩牌，那時候，我完全看不出一年多以後，他有如此巨大的能量，竟然能夠動用幾個億的資金操縱綠豆市場。據說，他是在廣東豆粕交易中賺了一億多以後，才殺進北京綠豆市場的。

按照以往的慣例，每年綠豆期貨的11月合約總是一個空頭品種。因為根據交易所的規定，11月的倉單接了以後無法交到下一個月，只能到現貨市場去消化。所以，歷年的11月綠豆合約一直是投機多頭不敢碰的月份。1995年，我的朋友之所以選擇放空11月綠豆，可能就是根據這個規律。

　　結果，這一次安徽丁氏兄弟進場做多，他們大肆買進，不但接貨，而且把11月豆價抬高，多逼空。

　　北商所沒有蘇州商品交易所那麼黑，對多空雙方的搏殺，他們坐山觀虎鬥，誰也不幫。結果，我的朋友因為資金不足，在11月綠豆上被丁氏兄弟打敗，損失至少1.5億以上。

案例三：鄭州綠豆，多空搏殺的犧牲品

　　1999年初，鄭州綠豆在3400元附近的多空搏殺中，多頭主力看錯了方向，或者說資金實力不如空頭，在這場巨大的賭博中敗下陣來，市場價格連續跌停板，跌勢洶湧。由於多空雙方在這場戰役中投入的資金量龐大，持倉量達到幾十萬手，可謂豪賭。按照這種下跌速度，就連市場的一個散戶也能看出來，多頭主力將面臨滅頂之災，損失非常驚人。我拿著不少空單，正做著美夢，希望能在這次行情中大撈一筆。

　　但是，那時中國期貨市場的運作很不規範。每當市場出現大的分歧，多空對壘時，交易所要嘛偏袒一方；要嘛在多空主力之間來回穿梭，也不管誰對誰錯，各打五十大板，希望息事寧人，避免發生重大的風險事件。這種做法，固然阻止了市場矛盾的進一步激化，但由此也引起另外的許多問題。期貨市場基本的公平、公正、公開原則蕩然無存，主力之間倒是協調好了，中小散

戶的利益誰來保護？在多空主力的暗箱操作中，散戶往往成為他們談判的砝碼、犧牲品。

這次事件也一樣，雖然多頭在市場中輸了，由於他們的背景很不一般，最後，在眼看著巨輪就要沉沒的瞬間，奇蹟發生了。有一天早上，市場突然傳來消息，多頭主力竟然說動了交易所，做出了國內外期貨交易史上一件破天荒的事情：在當前這個價格，多空雙方的交易全部對沖，持倉量減為零。然後，市場重新開始交易。

眼看著馬上就要到來的巨大利潤突然沒了。當我一聽到這個消息，就知道自己又一次趕上了這世界上最倒楣的事情。

案例四：不爭氣的大豆市場

2002年前後，中國期貨市場經歷了幾年異常蕭條冷清的局面，誰也不知道國家對期貨市場的嚴厲監管要到什麼時候才結束。我這個以期貨為職業的操盤手，對市場的前途感到心灰意冷，毫無希望。然而，不知不覺中有些事情已經悄然變化，大連大豆行情首先出現了轉機。

從2001年開始，中國大豆市場在下跌了七、八年以後，在美國CBOT的影響下，小幅上漲，不知不覺中開始走上了持續好幾年的牛市之路。誰也沒有想到，大豆價格從2000元附近起步，最後竟然漲到了2004年令人目眩的4100多元。

但是，在2002年的時候，因為前幾年的熊市思維在很多人的頭腦中打下的烙印太深，許多人還不習慣市場價格轉牛。包括一些大豆主產區從事期貨交易多年的大型企業、機構，他們仍然認為這只是一次小小的市場反彈，所以，在市場價格剛剛開始上

漲，還沒有走出底部區域的位置，他們就開始做空。

根據CBOT的走勢圖，大豆市場的牛市已經來臨，我對大豆市場的後市非常看好。所以我在中國5月合約上做了不少多單，等待市場突破前幾年的高點，大約是2400～2500元這個區域，然後再加碼買進。

然而，2002年5月合約的走勢就是不爭氣，直到離交割只有一個多月的時間，持倉量依然高達30多萬手，居高不下，但市場價格卻沒有漲上去，還在2200多元徘徊。難道我對市場的判斷有重大的失誤？不是的，那麼市場到底發生了什麼事呢？

原來，中國空頭主力為了操縱市場行情，謀取暴利，竟然準備了100萬噸大豆現貨，想要通過實盤的壓力迫使多頭主力投降，而且還通過交易所對多頭旁敲側擊，警告其不要輕舉妄動。

最後，在各種壓力的作用下，大豆5月的期貨價格並沒有上漲多少，多頭卻破天荒地用20億元資金接下了近100萬噸的大豆倉單。這種情況非常令人驚奇，因為以多頭主力的實力，在5月合約的最後交易階段，完全可以讓市場價格上漲400～500元。反正，實盤100萬噸都已經接下來了，為什麼多頭不在投機虛盤上賺一筆錢呢？當然，那樣空頭主力就慘了。

又是交易所，害怕得罪某些人，費盡心機搞折中。

哎，我看好的多頭行情並沒有出現，又有人用貌似公平，其實卻非常偏心的策略把我還沒有到來的利潤悶死在半路上。

在隨後大豆市場這波洶湧磅礴的漲勢中，我成功在市場價格漲到2500元以後的行情中賺了大錢，那是憑我的理論和經驗，在趨勢行情突破以後牢牢地拿著多單不撒手，一直到3500元左右才平倉離場。其實回頭看來，如果我再堅持一段時間，還有不少利

潤。但是，我已經對此心滿意足了。

投機不過就是個遊戲

回想這幾次交易，雖然有些氣餒、無奈，但是對我今後的交易倒也有點好處。即對期貨交易的成敗，甚至對人生的成敗，也會看得淡一些。人生不過百年，期貨投機只是一個遊戲而已，何必太計較其中的是非得失，成功如何，失敗又如何？交易固然是為了賺錢，但是，風物長宜放眼量，過於急切的行動往往弄巧成拙。現在，我常常告誡自己，在期貨交易中，不要賭性太重，不要去做那些毫無把握的交易，珍惜自己已經擁有的東西。善待自己，善待人生。

小至一次具體交易中的意外事件，大至投機者面臨的國際政治、經濟環境，一個國家的民主化、市場化程度，都會對投機者的命運產生深遠的影響。一個高明的市場參與者，必須清醒地了解制約投機成敗的外在因素、偶然因素的巨大影響。只有當外在條件成熟、機會來臨時才勇敢出擊；而在時機不成熟、條件不具備時則隱忍修煉，耐心等待。否則，如果投機者一味猛衝猛打、鹵莽行事，不根據環境的變化，審時度勢，難免不被市場淘汰。

寫到這兒，我忽然想起漢代思想家王充在《論衡》中講的一個故事：

有一個人為了做官，辛辛苦苦地努力了一輩子，結果卻一無所獲。有人感到奇怪，就問他：「難道你這一輩子一次做官的機會都沒遇到？」他說：「我年輕時是學文的，但皇帝卻喜歡任用

年老的人。老皇帝去世後，新皇帝又喜歡學武的，我只好棄文學武。武藝剛學好，這位好武的皇帝又死了。後來的小皇帝又喜歡年輕人，而我已經老了。終於，我一輩子一次機會也沒遇上。」

機遇、運氣或者說偶然性，不但對股票、期貨市場的投機者意義重大，也對人生其他的許多方面有舉足輕重的影響。

讓我們聽聽《智慧書》（*The Art of Worldly Wisdom*）作者葛拉西安（Baltasar Gracian）的睿智之言吧：

「人人都夢想發財並自以為是天才，滿懷希望要大展鴻圖，但現實卻不能使人如願。對現實的清醒認識是對虛妄想像的折磨。要明智，懷抱最好的願望，做最壞的打算，這才能心平氣和地承受任何後果。目標高遠並不壞，但不能高不可及──認清你的範圍和自身狀態，並使你的設想符合現實。」

第十九章

李佛摩之死
生命本質的非理性之謎

譴責粗鄙無濟於事，因為它絕不會改變。

——歌德

忍受自我批評之苦的人屈指可數。

——謝立丹（Richard Brinsley Sheridan）

1940年11月，傑西‧李佛摩在曼哈頓的一家飯店喝得大醉之後，給他的妻子寫了一封信，信的結尾是這樣一句話：

「我的人生是一場失敗！」

然後，李佛摩在飯店的衣帽間裡，用手槍結束了自己的生命。據說，他身後留下的財產不足1萬美元。

一個曾經在股票、期貨市場數次大起大落，賺得過幾千萬美元，創造了一個又一個經典交易神話的傳奇人物；一個寫過《股票作手回憶錄》、《傑西‧李佛摩股市操盤術》（*How to trade in stocks*）這樣流芳百世的投機經典之作的交易大師，怎麼人生結局如此悲涼和淒慘？

天分與勤奮造就了李佛摩的傳奇故事，而這個故事的結局卻是如此離奇和荒誕。李佛摩的死，令多少投機領域的年輕人痛心疾首、扼腕嘆息，並由此感到前途灰暗。

一位網友的感慨與我心有戚戚焉：

無數個夜晚，當我立志把投機作為我人生最大的選擇時，在我的心頭總揮不去這樣的疑問：1929年的李佛摩不是聲望遠播，深具統治力和影響力了嗎？為何十年後，他不是更偉大了，而是自殺了呢？當時的他是如此強大，相信很難有人能從外部來撼動他，究竟是什麼導致了他的失敗？

　　作為一個投機客，他的天分與成就，驕傲如我不敢望其項背。絢爛奪目的一顆巨星隕落了，一尊我心中的神廟轟然倒下了！走時的寧靜彷彿只為注解他曾說的一句話：

　　「你可能是一時的國王，但你永遠無法打敗市場。」

李佛摩之死的哲學解釋——
對人生和投機事業的內在絕望

　　很多朋友曾經問過我，投機天才李佛摩為什麼最後會走向自殺之路？

　　剛開始時我對此不以為然，覺得這個問題根本沒有討論的必要。根據公開報導的一些資料，包括家族精神病史、妻子不忠、破產等都對李佛摩之死產生了深深的影響，當時我以為大約是這些偶然因素導致了李佛摩的自殺行為。

荒謬的英雄

　　後來看了二十世紀存在主義哲學家卡繆的《薛西弗斯神話》（ _Le Mythe de Sisyphe_ ），雖然關於薛西弗斯的人生是否是幸福的，我和卡繆的態度並不完全一樣，但是他的思想對我理解李佛摩的自殺頗有啟發，我也因此對李佛摩之死有了更深一層的體

會。

　　毫無疑問，由破產引起的一系列事情和李佛摩最後的死是有關係的。我們可以設想一下，假如最後十年李佛摩在投機市場的結果是另外一種情形，很可能就不會出現這一慘劇。但是，在李佛摩一生中破產的發生遠不止一次，在他的人生舞臺劇中，他曾經多次體會從輝煌耀眼的成功到一貧如洗、窮困潦倒的失敗過程。每一次他都憑著自己的天賦、智慧和頑強的意志，走出困境，東山再起，從來沒有被真正徹底地擊倒過。從一個投機者的角度看，應該說像李佛摩這樣經歷了大風大浪，心理承受力非同尋常的人，破產不會直接導致他的自殺，他自殺的根本原因，可能是在他的內心深處隱藏著某種更為深刻的東西。

　　卡繆說：「真正嚴肅的哲學問題只有一個：自殺。判斷生活是否值得經歷，這本身就是在回答哲學的根本問題。」

　　卡繆給我們描繪了這樣的一幅圖畫，來解釋他的人生哲理：風塵僕僕的薛西弗斯受諸神的懲罰把巨石推上山頂，而石頭由於自身的重量又重新從山上滾下山去，薛西弗斯又走下山去，重新把石頭推上山頂。

　　諸神認為再也沒有比進行這種無效無望的勞動更加嚴厲的懲罰了。但是薛西弗斯堅定地走向不知盡頭的磨難，他意識到自己荒謬的命運，但是他的努力不復停歇，他知道他是自己命運的主人，他的行動就是對荒謬的反抗，就是對諸神的蔑視。

　　薛西弗斯是個荒謬的英雄，他以自己的整個身心致力於一種沒有效果的事業。

　　在卡繆看來，薛西弗斯對荒謬的清醒意識「給他帶來了痛苦，同時也造成了他的勝利」。他爬上山頂所要進行的鬥爭本身

就足以使一個人心裡感到充實。應該認為，薛西弗斯是幸福的。

顯然，按照卡繆的人生哲學，沒有任何一種命運是對人的懲罰，只要竭盡全力就應該是幸福的。人有精神，但還有至關重要的身體，精神依靠身體去窮盡現在的一切，體驗生活的全部。人類的高貴之處就是在這毫無意義的世界裡重新獲得其地位。

所以，完全沒有必要消除荒謬，關鍵是活著，是要帶著這種破裂去生活。對生活說「是」，這實際上就是一種反抗，就是賦予這荒謬世界的意義。自殺是一種逃避，它想消除荒謬，但荒謬卻永遠不會被消除。卡繆反對自殺，他對生活充滿愛戀，和薛西弗斯一樣，他迷戀蔚藍的天空，遼闊的大海。他要窮盡這一切，他要對生活回答「是」。

卡繆曾經是二戰以後一代青年的精神導師。他明知不能根除世上的邪惡，面對注定是悲劇的人生，面對無情無義的荒謬世界，卻仍以薛西弗斯下山的堅定步伐走向荒謬的精神，激勵受到嚴重心靈創傷的戰後一代。

《薛西弗斯神話》詠唱的的確是一首「含著微笑的悲歌」。

但是，薛西弗斯真的是幸福的嗎？薛西弗斯在地獄中徒勞無功的勞動，其行為動機真的有價值嗎？

應該說，薛西弗斯的命運畢竟是一個悲劇。他對死亡的閃躲，依靠的是一種希望。薛西弗斯之所以遭受著巨大的痛苦卻依然活著，並不完全是因為生活本身的意義和價值，他是為了某種偉大的思想而生活。這種思想超越了生活，使生活昇華，賦予生活某種意義，但同時它在一定意義上又背離了生活本身。

作為一個天才的投機客，在李佛摩起起落落的人生中，我們是不是也可以看到非常類似薛西弗斯的形象？看到這樣一幅畫

面——

　　一張痛苦扭曲的臉，一個緊張的身體千百次重複一個動作：搬動巨石，滾動它並把它推之山頂。緊貼在巨石上的面頰；落滿泥土的肩膀和雙腳；完全僵直的胳臂以及堅實的雙手。經過努力之後，眼看著目標就要達到了，可是薛西弗斯卻一次一次看到巨石在幾秒鐘內又向著下面的世界滾下去，而他必須把這巨石重新推上山頂。他不得不重新向山下走去……

把投機視為生命，注定……

　　幾十年的交易生涯中，李佛摩的命運似乎也是這樣：一次又一次地從一筆小錢開始，通過在股票、期貨市場頑強努力的拼殺搏鬥，最終積累了成百上千萬美元。但是，一次又一次，因為各種各樣必然或者偶然的原因，稍不留意，他又迅速失去這些辛辛苦苦賺來的財富，陷入破產的境地，重新品嘗失敗的痛苦。

　　一個人在贏和虧、成功和失敗、希望和絕望之間一次一次地輪迴和搖擺，他的精神和物質生活，不斷地重演著從谷底到高峰的歷史怪圈，那是一種什麼樣的心境呢？這也就是筆者最初把這本書書命名為「獨自徘徊在天堂與地獄之間」的原因。其中的無奈、絕望、痛苦和沮喪的感受，也許只有一個親身在投機市場打滾多年的人才能真正體會個中滋味。

　　在早期的投機生涯中，李佛摩的內心深處，一直對投機結果的最終成功抱有堅定的信心和希望，他對自己的未來是樂觀的。這也許和他在對賭行的屢戰屢勝、少年得志、早期出色的戰績、被人譽為交易奇才等不無關係。他也確實擁有令古往今來所有投機者欣羨的交易天賦和市場洞察力。無論在交易中處於什麼樣的

困境，他總是能轉危為安、重新崛起。

從二十世紀初期到1929年的二十多年時間中，李佛摩在投機市場贏得了非常顯赫的聲名，擁有廣泛的影響力。以致於只要有一條他在賣空的傳聞，就會使某一種股票價格下跌。他的名字也經常被登在報紙的頭版頭條。

在李佛摩的投機生涯中，暫時的挫折，緊接的往往是一次更大的勝利，這使李佛摩更加執著地投身於這種戰勝市場的遊戲之中。在多次東山再起之後，李佛摩對失敗的判斷明顯帶有過多的樂觀主義色彩，自信空前膨脹。有人說，李佛摩式悲劇可能正來自於他的天才，少年得志的張揚，歷盡磨難，東山再起的豪邁，統統化為一個強烈的信念——人定勝天。

李佛摩曾經不止一次說過，他是把投機活動作為畢生事業追求的人，從某種意義上說，投機就是他生命的全部。

也許，正是因為受這種思想的支配和影響，1917年、1929年，李佛摩連續兩次在投機市場賺了幾百萬、幾千萬美元，功成名就以後，並沒有選擇急流勇退，也不是只拿一小部分的資金繼續在市場交易，而是還要把全部身家性命壓在市場之中。因為對他來說，生命就是投機，投機就是生命。

問題是複雜的，沒有這種執著和敬業，也許就沒有李佛摩以前的出色和輝煌。但是，這種思想如果過於執著，也是危險的，也隱含著他以後不幸的結局。

有人說：一個富有想像力的人，在他的生活中，總是看到自己的生活具有傳奇色彩，這就決定了他的生活方式。與其說他想創造美好的生活，不如說他想使他的生活成為一個美妙的故事。

李佛摩意識到了自己深刻的交易思想和無與倫比的市場洞察

力，足以戰勝任何市場變化的詭譎風雲。但是，也正是這一點，卻又是一個陷阱，一個他自己構築的人生陷阱。他對投機事業的狂熱和痴迷，在一定程度上，使他背離了生活本身最真實、最基本的現實性的一面，背離了人首先得活著這個最基本的常識。投機活動並不是生活的全部，投機成功只是幸福的一部分。而在李佛摩的世界裡，當他無意中把投機活動的輸贏視為他全部生命的意義所在時，生活的意義一下就變得狹隘，他眼中的世界也被禁錮了。一旦投機失敗，就意味著他人生的徹底失敗。

1930年，在李佛摩的人生和投機事業到了最高點以後，他開始走下坡。

1931年底，他財產的半數不見了。

1933年，剩下的另一半也不見了。

李佛摩在一些幾乎是必勝無疑的生意上，輸掉大約3000萬美元以上。

李佛摩：「我是人，也有人性的弱點。」

如果李佛摩是一個絕對理性的人，如果他在後來的交易中能嚴格地按照以往的市場認識、交易策略、風險控制從事投機活動，他的結局絕對不應該是破產。但是，世界上本來就不存在什麼絕對理性的人。人的本質中永遠蘊涵著非理性的一面，那是不可能徹底根除的。在某種意義上說，我們的理性很像是一個看家護院的管家，他可以非常自如地應對來自外部的挑戰，但是，面對後院這個非理性的「心中賊」，他並沒有足夠的權威性和控制力。

在李佛摩生命的晚年，他曾經考慮過這個問題。在《傑

西‧李佛摩股市操盤術》中他談到過，有人問，「你有這麼豐富的經驗，怎麼還讓自己幹這種蠢事呢？」他說：「答案很簡單，我是人，也有人性的弱點。」

李佛摩的天分、智慧和努力，從他一次一次地從市場中獲得成百上千萬美元的輝煌戰績中，完全可以得到完美的證明。所以在某種意義上，我們可以說李佛摩不是被市場打敗的。但是，交易本來就不僅僅是和外在的市場搏鬥，更艱難更令人畏懼的一點，往往是成功的投機者需要戰勝自己、戰勝自我的本能和情緒等人類內在非理性因素。

李佛摩的理論和思想無疑是深刻的、高明的，但是，在1930年代，所有的這一切，在他內心的自負、貪婪、恐懼、僥倖的人性，以及人的心理面前，卻變得那麼的蒼白無力，幾乎一錢不值。人類本質的非理性一面，在和理性面對面的直接交鋒中，很長時間占據著主導地位，李佛摩終於又被他自己打倒了。

希望總是和絕望、自信總是和自卑陪伴而生的。即使像李佛摩，這種一次次的成功和失敗的無窮迴圈，最終也會讓他對未來失去幻想與光明。他也會覺得自己是市場的陌路人，是一個無所依託的流放者，最終喪失了對未來世界的希望。

人生的晚年，李佛摩是那樣地鬱鬱不得志，悲慘而淒涼。投機市場的槓桿效應，放大的不完全是帳戶的資金和風險，更是人生的成敗得失。一個人用五倍的槓桿，他就承受了常人五倍的痛苦和喜悅，絕望和幸福。用十倍的槓桿，他就承受了常人十倍的痛苦和喜悅，絕望和幸福。所以說，李佛摩的股票與期貨生涯，既是濃縮的人生，更是放大的人生。很多時候，那種銘心刻骨的無助和孤獨感，是一般人無法完全體會到的。

在經歷了極度快樂和痛苦的往事以後，李佛摩終於產生了對戰勝自己的悲觀絕望，對戰勝市場的厭倦。無法掙脫地建立在人性的非理性因素之上的個性，注定了李佛摩是個充滿悲劇色彩的人物。

對李佛摩自殺時的心境，我的一位朋友有個非常精彩的比喻：「一個人一輩子如果只做這樣一件單調的事：把一堆散落在地上的磚砌成牆，然後，又把砌好了的牆重新推倒，再把它砌成牆，這樣無數次地重複。長此以往，即使是一個意志力極為堅強的人，也會對生命產生一種徹底的厭倦，進入一種絕望的境地。」

這種說法和《薛西弗斯神話》中的畫面是相似的。如果說薛西弗斯意識到了生活的荒謬以後沒有選擇自殺，以一個中國人的眼光看，是一種阿Q式的逃避。李佛摩則做出了另一種選擇，更願意一了百了，直接面對死亡，通過自殺來逃避，或者說解脫。

1929年，和李佛摩同時代的投資者格羅克·馬克斯（Clark Max），在大崩盤中一天就損失了25萬美元，他說過一句帶有黑色幽默的話，道出了市場交易極為殘酷的一面：

「經過個人奮鬥，我終於從一無所有轉為極端貧困。」

當年意氣風發，手中擁有幾千萬美元的投機天王李佛摩，恐怕做夢也不會想到，十年以後，這句話竟然會真真切切地應驗到他的頭上。

在成和敗、富和窮、貴和賤之間，永遠是那樣的迴圈輪迴，這是李佛摩的宿命？還是投機市場中所有人不可避免的必然悲劇命運？

人是一種複雜的動物。每一個人的人生哲學不會完全一樣，人生態度也是千差萬別。顯然，李佛摩無法像薛西弗斯那樣，在

意識到了自己荒謬的命運以後，依然堅定地走向不知盡頭的磨難。他也無法接受這樣的一種觀點：生命的意義在於過程，無論你是快樂的、不快樂的。所以，他選擇了自殺。

哀莫大於心死。在人生的最後幾年，李佛摩放棄了掙扎和努力，再也不願意繼續玩他自己過去那種非常嫻熟的拿手好戲：在幾個活躍的交易市場，魔術般地把一筆小錢再一次累積成數目不小的財富。

在某種意義上講，李佛摩的自殺源於他對投機事業、對這樣的生活產生的厭倦，還有對人生和投機事業的內在絕望。自殺，就是承認自己被投機市場超越，承認大多數人並不理解投機市場。既不可能戰勝市場，更不可能戰勝自己。

有人說：「用自己雙手結束自己生命的人，就是至死仍憑其情感行事的人。」言之有理。李佛摩的自殺和他1930年代的破產應該是同一個原因——他的個性和人格缺陷，也就是人類本質非理性方面的原因。

這一點，李佛摩可能也意識到了。所以，李佛摩在遺書上無奈並絕望地承認：

「我的人生是一場失敗！」

李佛摩破產的根本原因——
人類本質的非理性因素

李佛摩在寫出如此深刻的《股票作手回憶錄》以後，在功成名就的1930年代，為什麼最後仍然陷入破產的境地？

人們對此的說法不一。

誰打敗了股票大作手？

有人說：這是人性缺陷導致。如果說投機事業極其艱難，非常辛苦，那麼這個難點和苦處就是我們必須時刻克制情緒，來不得半點大意。而那些大師技藝精湛，屢戰屢勝，在他們評估所有條件都具備或者壓力過大的情況下，很可能孤注一擲，不遵守紀律。我想這是他們破產的直接原因。如果他們沒有孤注一擲，如果他們遵守紀律，是否還會慘遭破產的厄運呢？可以說技藝越是精湛、經驗越是豐富，獲得的勝利越多，人性考驗就越嚴峻。

有人說：李佛摩失敗的根源在於虛名。名號交易天才、渴望受人們敬畏、妄圖控制市場、成為股市國王，等等。

還有一位網友的回答是：李佛摩失敗的根源，源於他在多次東山再起之後，對失敗的判斷明顯帶有過多的樂觀主義色彩。

李佛摩的失敗必然違背了他從前遵守的原則，這一點是毫無疑問的。如此，人性的弱點又一次戰勝了出類拔萃的人，如同擊敗其他億萬普通民眾。

上面各個朋友的回答中，有一點是大家的共識，即沒有人認為李佛摩的失敗是因為他對市場的認識淺薄，或是他的交易策略和技巧有問題。也就是說，李佛摩的失敗，更多是因為人的心理、人性的因素，即他的內在精神方面的原因。作為交易天才的李佛摩，並不是市場打敗了他，而是他自己打敗了自己。

我們不知道李佛摩最後十年是怎樣做交易的，1929年他還擁有3000萬美元以上的資金，卻在短短幾年的時間裡賠得一乾二淨。我們手頭沒有1930年代他失敗交易的細節記錄，根據我自己的交易經驗、市場認識以及邏輯推斷，李佛摩後來的再次失敗，肯定是犯下了他自己過去堅決反對的下列幾類錯誤：重倉交易、

逆勢交易、頻繁的短線交易、出現虧損時沒有控制風險。還有一種可能是他逆勢操縱市場失敗，從本質上說，這種錯誤仍然是企圖對抗市場大趨勢的逆勢操作。

也許，那幾年的交易中，李佛摩只是犯下了上述幾類錯誤中的一種，也可能在不同時間，他把每一種錯誤都犯了。所有這些錯誤的性質以及可能的最壞後果，李佛摩心裡是完全明白的。這一點只要我們重新回憶一下《股票作手回憶錄》和《傑西·李佛摩股市操盤術》中有關內容，就可以看得清清楚楚。

絕大多數經濟學家和統計學家對於決策過程的研究，基本上以人是理性為出發點，並沒有考慮人是有情緒情感、有個性特徵、相互影響著的社會人。在他們看來，人們是否能夠做出最優決策，完全取決於決策任務本身，而與任何其他因素無關。在整個過程中，決策者是不受任何情緒、偏見和教條影響的絕對理性的人，他始終保持清醒的頭腦，完全按照理論上的邏輯判斷，並選擇哪個方案最好，哪個方案最差。

顯然，一個投機者在市場中的交易決策，不完全是經濟學家描繪的那種理想情形。這一點，從李佛摩身上就可以看得很清楚。如果李佛摩嚴格地遵循他自己早期對市場的認識、他的交易策略，應該說他根本就不會到破產的境地。他最後的失敗，和前幾次破產的情況大同小異，是他又一次違背了他自己的交易原則。他犯的錯誤，可以說是明知故犯。

知易行難，不受控的欲望

明明知道，卻做不到。就像《菜根譚》上說的：「明明知得，又明明犯著。知得是誰，犯著又是誰。」人性的這種困境和悲哀，

不得不讓我們去探索人類本質的理性與非理性這個無法回避的問題。

　　顯而易見，投機者的行為並不是一直處於理性的支配下，他在市場中的行為也具有不規則、不可控制的無意識的一面。有時候投機者很理性，有時候卻會受非理性的支配，做出不可思議、自己也不希望做的交易。例如，在股票與期貨交易中非常普遍的衝動性交易，就是一種典型的非理性行為。此時，投機者並不是受到平時深思熟慮的交易策略、原則的約束，而是受本能的欲望、情緒的控制，不由自主地行動。很多高明的投機客，他事先是知道並且反對這種交易決策模式的，甚至是深惡痛絕，但是，一個人的修養、境界未到一定程度，他就不可能完全控制住自己的行為。而且，我認為即使一個修養、境界很高的人，偶然地，他也會做出一些非理性的荒唐舉動。

　　很多年以前的某一天，我像一位修行多年的佛家弟子，似乎突然茅塞頓開，明白了怎樣從期貨交易中賺到錢。我帶著對自己是否真的能夠在市場交易中嚴格按照這套方法去交易的懷疑和擔心，恨鐵不成鋼地賭氣對自己說：「如果這一輩子我在期貨交易中最後沒有成功，並不是我沒有這個能力，而是我自己不想成功。因為我已經知道了在市場中贏錢的辦法：只要我有足夠的耐心等待，只在市場的走勢符合我的經驗和理論，只在我有把握的範圍內才行動，我就能賺到錢。而且，那樣的機會早晚會出現的。如果我的投機事業最終失敗了，肯定是因為我違背了自己的交易方法和經驗教訓，做了大量我自己也認為是錯誤的交易。例如，被市場走勢誘惑追漲殺跌，無法控制自己貪婪的交易欲望，逆勢交易，等等。」

我是明白了怎樣才能賺到錢，找到了我自己有把握的成功方法。但是，我不是個木偶，我是一個人，雖然我也想從投機市場賺到成千上百萬，但是我不具備那種絕對完全的理性，也沒有足夠的定力和恆心，為了實現自己賺1000萬或者一個億的目標，能夠絕對機械地、規規矩矩地遵守我心中已經想到的成功交易方法。

　　在市場中，有時候我的頭腦中會突發奇想，開始嘲笑自己：難道為了成功，我這輩子就一直按照這種呆板的交易策略，在股票、期貨市場日復一日、年復一年地等待和重複操作下去？那是多麼的枯燥乏味啊！

　　結果，我開始忘記自己進入投機市場的目的，忘記原來成功的方法，禁不住自己的好奇心，希望弄懂市場，而不是簡單地從市場中賺到錢。最終，我徹底迷失在探索市場奧妙的旅程中。

　　後來的幾年，因為沉溺於交易過程的快感，不知不覺中，我又開始偏離當年自己對自己的承諾和警告，做了許多自己現在想起來都感到痛苦的無謂交易。在這種情況下，可想而知，我的交易業績能有大的改觀嗎？哎，怪不得李佛摩說，投機者有時候犯錯誤，心裡是知道的。

　　我想，不只是我，許多有經驗的投機者都會有這樣的體會，在市場交易中，某一段時間、某一些交易要合乎邏輯和原則是很容易的。但是，在任何時間、任何情況下，投機者從頭至尾都要做到合乎邏輯的思考和行動，嚴格地遵守所有交易原則，那幾乎是一件不可能的事。也許只有神才能一絲不苟，具備絕對的理性吧！在市場認識和交易決策中，投機者永遠只存在有限理性，並且還有本質的非理性一面。

　　無論是我自己得到的教訓，還是李佛摩的失敗，背後可能都

有這樣的一種錯誤信念在起作用：投機者篤信的東西——那些高明的投機理論、交易策略和風險控制措施，是能夠自動地制約投機者的行動，能夠幫助人們走向成功。但是，包括我在內，大多數投機者沒有意識到，人的本質中有理性的一面，也有非理性的一面，後者常常會在無意中阻止他完全理性地行動和決策，使他背離成功的目標。所以，最終這些非常有價值的交易原則與策略並不能幫助大多數人遠離失敗。

人類永遠無法從根本上戰勝自己？

深入解剖李佛摩的悲劇案例，可能對我們理解市場交易為什麼如此艱難，大多數人為什麼最終必然失敗，具有非常典型的意義。要尋找這個問題的答案，我們不得不了解一點哲學。

人為什麼一半是天使，一半是野獸？這個永恆的斯芬克斯[1]之謎，從古至今，從東方到西方，困擾著所有的哲人。人的斯芬克斯之謎，實際上也就是人的本質的理性和非理性之謎。

顯然，理性並非就是人性、人的本質的代名詞。當然，我也不同意叔本華的非理性主義哲學，把非理性作為人性、人的本質的代名詞。他認為：

「生命的本質便是那不能遏止的盲目衝動。」

「人的全部本質就是意志。是一個饑餓的意志。人世的追逐、焦慮和苦難都是由它而來的。意志是人生苦難的泉源。」

「人是『貪欲之我』。欲求是無休無止的。滿足是短暫的，缺

---

1. 最初源於古埃及的神話，它被描述為長有翅膀的怪物，通常為雄性。傳說有三種斯芬克斯——人面獅身的Androsphinx，羊頭獅身的Criosphinx，鷹頭獅身的Hieracosphinx。

乏卻是經常的。」

「欲求與掙扎是人的全部本質。」

在我看來，人的本質是理性和非理性的某種混合物。生命活動中只有以理性或者以非理性為主的活動，沒有純粹理性或者非理性的活動。在大多數時候，人是理性的，人的理性力量能夠控制、戰勝非理性的本能、意志、欲望。但是我也沒有這麼樂觀，也不同意下面這種觀點：「理性在人的精神屬性中處於主導和決定地位，理性指導和支配非理性，它規定著人的精神本質。沒有理性，人就不將成其為人。」

非理性，作為不受人的目的和意識所支配的一切精神屬性和精神活動，是一種沒有自覺意識到的意識，包括情感、意志和欲望等等。我認為，雖然不是絕大部分時間，但是在很多情況下、在很多時候，我們內在的非理性往往能夠衝破理性的約束和禁錮，大搖大擺地走出來支配、左右我們的思想和行為。在投機市場，這一現象非常普遍。投機者在市場中的頻繁交易，也許只是因為對他而言，從心理深處就是認定要採取某種行動的本能而買進賣出。沒有任何其他理由，這就是最好的理由，難道還有比讓自己心理愉悅更為重要的嗎？所以，在理論上看起來十分合理高明的交易原則，在市場參與者無比複雜的內心世界面前，往往變得十分蒼白無力。

投機者的智慧和理性並沒有足夠的力量把人類本能中衝動、貪婪的欲望徹底消滅，進入一種澄明之境。冰山的頂端是有意識的理性部分，是成功投機的基本原則；沉沒在水中的絕大部分，則是無意識的非理性世界，潛伏著給投機者帶來毀滅性影響的巨

大可能。

佛洛伊德（Sigmund Freud）的心理學中提出了這樣一種觀點，雖然我不知其是否科學，但對投機者提高交易的警覺性，應該是極有意義的。佛洛伊德認為：「凡是被禁止的東西，一定是被欲望的。如果不是人們願望做的事，禁止就是不必要的。嚴厲禁止的事，一定是願望的。凡是恐懼的東西大概也都是被欲望的，恐懼是無意識欲望的一種假面具。」

期貨交易有很多禁忌：不能逆市交易，不能重倉交易，要及時止損等等。江恩的交易規則更有二十八條之多。

顯然，按照佛洛伊德的說法，這些對投機者生死攸關的交易原則，竟然時時刻刻都要提防來自內心深處虎視眈眈的敵人攻擊，本質上卻是投機者最喜歡去違反的東西。這是一件多麼可怕的事情啊！

李佛摩在1930年代的教訓，讓我想到，只有當理性能夠認識非理性的時侯，理性才稱得上是理性；如果理性只能認識理性，只能停留在自身之內，以為自己是萬能的，那麼走向滅亡就必然是理性本身。

因此，最為重要的不是在人的理性與非理性本質之間妄自取捨，而是在更高的意義上重新理解它們之間的關係。通過探索投機活動中的非理性因素，幫助我們深刻領悟市場交易中的局限性、危險性和悲劇性的一面，從而揚棄我們對未來投機結果膚淺的樂觀主義，無疑是一件非常有價值的事情。

芝加哥商業交易所的廣告有這樣一段話，用來描述一位差勁的投資者的特點：

圖盧茲‧勞特雷克從事商品期貨交易時間是否太短了？不，而是太情緒化了。勞特雷克是一位優柔寡斷的人，情緒起伏不定，觀點東遊西擊。這樣的個性不適合從事期貨交易。

　　個性？背後不就是人的理性和非理性的某種調和嗎？確實，正是建立在讓人難以完全意識和控制的非理性因素之上的個性，那種不能完全說清楚，也不是一成不變地僵死的東西，往往決定了一個投機者的最終命運。李佛摩的個性，就是李佛摩的結局。這也就是哲人們常說的：性格決定命運。

投機活動是一項事業嗎？

　　過去的幾年中，我常常接到一些從事期貨交易多年的朋友來電或者信件，委婉地請求我幫忙找個工作，最好是和期貨有關的。至於工作的地點、性質、待遇全不計較。

　　我完全想像得出來，不是這些朋友的處境異常艱難，到了一貧如洗，甚至債臺高築、絕望的邊緣，他們是絕對不會向我開這種口的。所以，每每聽到這樣的消息，我心裡就非常難過和悲涼，有時候半夜驚醒，還深深地為這些朋友未來的前景擔憂。

　　投機市場不可能白手起家，每個人只要進來玩一把，或多或少都得帶著一筆交易的本金。只不過有的人錢多些，有的人錢少些。在我剛進入期貨市場的那一段時間，常常可以聽到這樣的故事：有些財大氣粗的老闆，往往把成捆成捆的現金裝進大的密碼箱，甚至是麻袋，扛到期貨公司當作保證金。

　　潮起潮落，十年一夢。當初這些懷著強烈的發財希望進入市

場淘金的人，最後結果如何呢？對此我不完全清楚。但是，使我感觸最深的情形是，每一年期貨公司的老總們請客戶吃飯時，我總是發現，自己熟悉的面孔越來越少，新的面孔卻越來越多。我也在一次一次的空難中遍體鱗傷，卻是極少數幾個倖存者之一。

有人說：「股票市場是有經驗的人獲得很多金錢，有金錢的人獲得很多經驗的地方。」

我認為，在期貨交易中，對於大多數人來說，結局比股票市場還要殘酷和荒誕，簡單地把上面的那一句話改幾個字，也許非常接近於投機交易的最終結果：「期貨市場是有經驗的人獲得更多經驗，有金錢的人變得一無所有的地方。」

有一位從事期貨交易多年的朋友，坦率地說出了市場中包括他自己在內的大多數人的悲涼結局：「我的十年期貨歷史如果用錢來衡量，很失敗。用一個比喻不知恰不恰當：我是跟著紅軍一路從江西出發，走到瓦窯堡時還是個士兵，連個班長都沒有混上。常於夜深人靜時自問：失敗之人自有失敗之理，人說十年磨一劍，為何你十年竟磨不出一把菜刀？」

我也一直在思考，我所從事的工作——股票與期貨市場的投機活動，到底是一種什麼樣性質的事情呢？一百年以前就有人把自己的全部金錢、生命壓在股票、期貨市場，把投機活動作為畢生的事業追求。一百年以後，還會有這樣的人，做著同樣的事情。別人如此，十多年以前，我自己不也曾經是這樣想、這樣做的嗎？

投機活動算得上是一項事業嗎？或者甚至可以問一下，算得上是一項工作嗎？

投機者，無論是股票還是期貨領域，作為市場價格波動風險

的承擔者，從社會的角度而言，是有價值、有意義的。沒有投機活動，股票與期貨市場就會如一灘死水，無法存在。所以，投機作為一個社會行業而存在的理由，應該是沒有疑義的。投機活動對社會經濟發展做出的貢獻，就像丁聖元先生所說的：

　　不論曾經親身參與期貨交易、股票交易的人們最終交易結果如何，他們都為中國金融市場改革做出了重要貢獻。亞當·斯密有一個「看不見的手」的著名論斷：「一般地說，他並不企圖增進公共福利，也不知道他所增進的公共福利是多少。在他使用他的資本來使其產出得到最大的價值的時候，他所追求的僅僅是個人的利益。在這樣做時，有一隻看不見的手引導他去促進一種目標，而這種目標絕對不是他個人所追求的東西。」

　　從個體角度來說，人們的盈虧得失曾經時時導演著他們的人生悲喜劇，但是從集體的角度來說，他們集體的努力，恰恰為全社會建設了一個計畫經濟從未有過的金融市場，而這個金融市場對中國市場經濟建設絕對是不可或缺的，甚至是市場經濟的核心組成部分。因此，儘管不是有意為之，大家參與期貨市場或者股票市場的集體行為依然是一件功德無量的善舉。

　　但是，對於市場參與者個體來說，投機到底意味著什麼呢？
　　有人認為，投機活動是一項事業，和競技體育一樣，是有志者實現自我的最好方式，無論身處何地，無論什麼背景，在市場裡基本平等。雖然成功者少之又少，但參與者即使不成功，也不枉來一場。
　　有一位網友說：「我不知道做了十年期貨的老同志是不是都

很成功、很富有，尤其不知道他們的成功與富有是不是從盤面上拼打出來的，但在精神上他們一定是富有的。」

我不太同意這樣的看法。

一個投機者的市場交易活動，顯然不能說是在從事一種物質勞動，因為他並不生產或者說創造什麼。那麼，他是不是在從事一種精神生產，就像音樂、美術、創作、科學研究等等？好像也不是。作為精神勞動，無論多麼抽象，最後總能通過某種物化，或者文字等有形的方式，呈現給大家。無論結果是美是醜、是成功還是失敗。

投機和一般的工作確實不太一樣。一個人投機活動的結果，只是帳面上資金數位的增增減減，具有很大的虛擬色彩，很難直接體現為一種有形的物質形態，作為對你付出的智力、體力、精力的肯定或者承認。成功了還好，你可以把贏來的金錢轉換成生活中非常具體的東西，但是，失敗者呢？他們可能會變得一無所有。投機者除了失去金錢，往往還失去了寶貴的時間，很可能還有身心健康。

如果問一個投機十多年的失敗者，這麼多年你有什麼收穫？難道他能這麼回答：「這十多年我很辛苦，沒有過一天好日子，頭髮也白了，心也操碎了，終於把100萬賠得乾乾淨淨了？」

做了十多年期貨交易，偶爾回憶起如夢一般的往事，常常感慨萬分。如果拋開金錢上的輸贏得失，還有什麼能夠證明我曾經在期貨市場拼殺搏擊了十年，嘗遍人生百味？除了腦海中還殘存的一些模糊的記憶以外，可能也就是各個股票、期貨的歷史圖表上，還依稀打著我的一些印痕。多年以前，某個股票的最高點是我買的；某個期貨合約某一天的最低價是我拋出來的，等等。難

道這就是我過去十多年付出的一切？

泰戈爾在一首詩中寫道：「天空不留下鳥的痕跡，但我已飛過。」

以前我不太理解這句詩的涵義，似懂非懂。在投機市場摸爬滾打了十多年以後，我深深體會到，這句詩用來描繪市場中大多數投機者的某種尷尬境遇，真是貼切極了！

如果在別的行業幹了幾十年，總有一點成就感、滿足感。做一個老師，會有教書育人的快樂；做一個學者，也許會寫幾本書，不管書的內容有沒有價值和意義；做一個工人，他能夠從親手生產出的產品裡，看到自己的勞動價值……

總之，在其他領域，一個人只要努力，或大或小，一般會有回報，總可以有所成就。但是投機行業卻未必。就像有一位網友的文章所說的：

期貨是個不容易進更不容易出的奇怪行業。表面上，他不需要你風吹雨淋，低三下四地求人應酬，還多少可以與白領沾點邊，但實際上期貨是一個深得沒邊、苦得沒邊的行業，也許你用一生的時間都無法接觸到它的本質。

從本質上說它不過是一種生意而已，但卻絕非一般的生意！任何投資都有風險，但風險的降臨都不會像期貨那樣來得如此之快。一個房地產項目投資週期可能要三年才知道結果，但期貨投資也許只要三天就會讓謎底揭曉，極端的時候只需要幾分鐘你已經死去。就刺激性而言，沒有什麼行業像期貨市場，一年之內，會讓你經歷一生的傳奇！

其他的行業不會給你這麼多的機會，在有限的生命中去體會

太多的成功與失敗，只有期貨可以讓你在幾十年的人生經歷中體驗如此多的高峰與低谷，讓你有這麼多的機會去學習如何善待成功與失敗，如何善待你自己。

期貨會讓你很極端，贏的時候你會覺得自己是天才，輸的時候你又會感到自己是傻瓜。沒有單的時候很無聊，有單的時候你更著急。總想看透明天，卻永遠看不透。在這個市場一天，你就一天不能平靜，永遠都在黑夜裡探索，在無助中期盼。期貨人是很孤獨的，其痛苦與喜悅都無法與人分享。

千萬不要以為期貨可以使你一夜暴富，它其實更容易使你一夜暴死。期貨投資的精彩之處在於——它不僅使你贏得很精彩，同樣可以使你敗得很精彩。總之，一旦你進入期貨，一旦你以期貨為伍，就注定這一生不平淡。

期貨交易的巨大槓桿效應，確實會給人們造成一種巨大的錯覺，尤其是對年輕人，認為這是一個施展個人才華最好的舞臺。這麼多進入期貨市場的朋友，哪個不是抱著賺大錢目的來的？哪一個不把自己想像為中國的索羅斯、巴菲特？經過一輪一輪的大浪淘沙，究竟有幾個幸運兒最後真的能夠如願以償？

期貨交易要賺大錢，不但要有心，也要有緣，或者說有運。在這條道路上根本沒有捷徑可尋。

很多投機者因為討厭市場價格波動的偶然性、不確定性，為了躲避交易結果和帳戶資產的大起大落，往往從內心深處就迫切地希望，試圖通過遵守一些簡單、機械的交易法則，就做到賺大錢，虧小錢，找到一條持續、安全、穩定的成功之路。

我的經驗告訴我，投機交易的獲利過程是不規則的，除了投

機者自身的天賦和智慧等必要條件以外，成功還需要依靠運氣、機遇的幫助，市場交易中並沒有長期、穩定、持續的獲利模式存在。

這一點，從我自己的一些獲利交易中就能看得非常清楚。

有時候是市場價格形態的突破，讓我賺了一筆；有時候是盤內感覺，讓我賺了一筆；有時候是週K線的某種形態特點，讓我賺了一筆；有時候是市場收盤價格的提醒，讓我賺了一筆；有時候是市場外面的某個突發事件引起的市場混亂，讓我賺了一筆。

有時候，你在市場裡好長時間賺不到一分錢；有時候，錢來得又快又輕鬆。有時候，你可能做什麼都不順利，盡趕上倒楣事，喝涼水都塞牙。有時候，你又可能像個絕頂高手，買什麼賺什麼，市場成了你的提款機。

期貨交易的獲利並不是循序漸進，一點一點非常有規律地積累起來的，而是有某種跳躍性、偶然性。

當然，如果投機者沒有足夠的市場經驗，不理解交易的基本原則，沒有良好的心理素質，那麼大好機遇來了也未必能把握住。

我自己的經驗教訓和這麼多年我身邊一些朋友的遭遇，讓我認識到，期貨交易並不是一個適合大眾參與的遊戲。懷著不切實際的暴富念頭進入市場，更是一個人生活的悲劇的開始。由此引起的個人、家庭不幸結局的例子，我看到的已是太多太多！

孔子在《論語》中說：「富而可求，吾亦為之。如不可求，從吾所好。」意思是說：如果發財可以追求到的話，就是做個市場的看門人，那我也幹。如果並非如此，那還是幹我願意幹的事情吧。

在西方發達國家，大眾參與期貨交易的方式往往是間接的，

一般是通過期貨投資基金，交由非常專業性的人來操作。目前，中國期貨市場參與者的結構很不合理，大約80%的投機者是資金量很小的散戶。散戶的市場認識、交易策略、心理承受力往往是非專業的，期貨市場的殘酷和凶險，最後必然會把他們之中大多數人淘汰出局，使其受到嚴重的傷害。

我早已看透了這一點。所以，每次接到一些資金量不大，卻強烈要求跟我學做期貨的朋友電話或信件，我總是耐心地勸說他們放棄這種努力和嘗試，不要去碰期貨。當初我寫這本書的主要目的之一，也是想給那些急切地要做期貨的朋友一個嚴肅的風險警告。

讓我哭笑不得的是，隨著本書第一版的出版發行，大量的讀者朋友似乎對我書中揭示的交易風險視而不見，大量取經拜師，試圖學習期貨交易祕訣的人卻接踵而至，踏破門檻。

我還能說什麼？

人啊人，也許永遠不能真正地遏止住非理性的一面：貪婪、希望、一相情願、僥倖……

面對這一切的無奈，本文的結尾，我把張愛玲寫的一首詩送給那些矢志不移的年輕朋友，權當我的美好祝願吧！

非走不可的彎路

在青春的路口，曾經有那麼一條小路若隱若現，召喚著我。

母親攔住我：「那條路走不得。」

我不信。

我就是從那條路走過來的，你還有什麼不信？

「既然你能從那條路走過來，我為什麼不能？」

「我不想讓你走彎路。」

「但是我喜歡，而且我不怕。」

母親心疼地看我好久，然後歎口氣：「好吧，你這個倔強的孩子，那條路很難走，一路小心！」

上路後，我發現母親沒有騙我，那的確是條彎路，我碰壁，摔跟頭，有時碰得頭破血流，但我不停地走，終於走過來了。

坐下來喘息的時候，我看見一個朋友，自然很年輕，正站在我當年的路口。我忍不住喊：「那條路走不得。」

她不信。

「我母親就是從那條路走過來的，我也是。」

「既然你們都可以從那條路走過來，我為什麼不能？」

「我不想讓你走同樣的彎路。」

「但是我喜歡。」

我看了看她，看了看自己，然後笑了：「一路小心。」

我很感激她，她讓我發現自己不再年輕，已經開始扮演「過來人」的角色，同時患有「過來人」常患的「攔路癖」。

在人生的路上，有一條路每個人非走不可，那就是年輕時候的彎路，不摔跟頭，不碰壁，不碰個頭破血流，怎能煉出鋼筋鐵骨，怎能長大呢？

投機與人生

承認世界本來存在的必然性和偶然性，對於外在的成敗也就無所縈懷。
如果我們做到這一點，在某種意義上，我們也就永不失敗。

　　有幾位至交的朋友出於好意，曾經希望我在書的結尾部分，
對期貨交易的結果做出樂觀一點的肯定。我淡然一笑。其實，從
我內心深處而言，我對期貨交易的結局是並不悲觀的。但是，我
不願意把自身的這種感受，用一種淺薄的樂觀主義口吻說出來，
傳染給將要或者已經進入市場的朋友們。

　　人生不過百年，百年以後「孔丘盜蹠俱塵埃」。孔丘是最崇高
的大聖人，盜蹠則是最聞名的大盜。不管是大聖人還是大盜賊，
都難免一死，死後都一樣化為塵埃。期貨投機的成敗，甚至人生
的成敗，從這個意義上理解的話，是不是會輕鬆一些呢？

　　「人生到處知何似？應是飛鴻踏雪泥。泥上偶然留指爪，鴻飛
那復計東西？」

　　當然，超然並不意味著我們將無所追求，將碌碌無為。

　　天行健，君子以自強不息。

　　作為一個投機者，一方面應該明確自己的有限性，另一方面

也應該了解自己的可能性。在一個充滿著無可計量的偶然性的風險市場，大膽鹵莽，肆意妄為，缺乏謹慎敬畏、如履薄冰的心境和態度是危險的。但是，我們也不必因此心灰意冷，過於悲觀。我們確實無法左右、改變外在世界發生的一切，但通過掌控自身的理智、欲望和情緒，通過對內在自我的調整，我們也不會完全失去對生命、對個人投機命運的把握和主宰。

　　從一定意義上說，我們也只能一心一意地盡力去做我們知道是我們應該做的事，而不計成敗。這樣做，就是「知命」。孔子說：「不知命，無以為君子也。」要做儒家所說的君子，知命是一個重要的必要條件。知命也就是承認世界本來存在的必然性和偶然性，這樣，對於外在的成敗也就無所縈懷。如果我們做到這一點，在某種意義上，我們也就永不失敗。

知我笑我，一任其便

身為一個有十多年操盤經歷的作手，我知道自己在交易中曾經一次又一次地犯過許多愚蠢的錯誤，也為之付出了慘痛的代價。我有沒有足夠的勇氣、信心對自己的內心深處進行透徹的解剖？

書寫成目前這個樣子，完全是我自己料想不到的。我第一次見到本書的責任編輯丁鋒先生時，送去的其實是另外一本書——《期貨交易的策略和技巧》的書稿。那本書前面的部分內容，簡單介紹了我在股票、期貨交易中的一些個人經歷。沒有想到，丁鋒先生在讀完關於我個人交易經歷的那部分內容以後，非常感興趣。希望我能把它進一步擴展，成為一本單獨的書，系統介紹、回憶我的投機生涯中讓人感興趣的交易故事。

我聽了以後頗為忐忑不安，有兩方面的擔憂。

一是我不知道自己能不能寫好這種帶有一定文學感染力的投資書籍。年輕時我也是一個文學青年，記得1985年我高考的語文成績是我們縣的第一名。但這種文學激情、衝動隨著年齡的增長已然退化。後來，我學的又是哲學，更是理性積澱多於感性張揚。讓我寫點邏輯性、說理性強的文章，我還勉勉強強。所以，我非常擔心自己寫的內容，有沒有可讀性，是否能符合讀者的口

味。

二是寫個人傳記、經歷的書往往會牽涉很多敏感的話題。我不是名人，但一個人的投資成敗肯定會和很多人有關係。我在書中對這些人、事的描寫到什麼程度合適呢？我當時心中無數。更讓我感到為難的是，身為一個有十多年操盤經歷的作手，我知道自己在交易中曾經一次又一次地犯過許多愚蠢的錯誤，也為之付出了慘痛的代價。我有沒有足夠的勇氣、信心對自己的內心深處進行透徹的解剖？自己拿著刀為自己開刀，並不是件輕鬆的事。輕描淡寫、不痛不癢地批評一下自己，不觸及人的內心世界，在我看來顯得非常虛偽，對讀者也沒有任何意義，我不想寫這樣的書。那麼，我能無情地去揭開自己的傷疤，不怕寒磣地讓大家看一下嗎？這是我當時最為擔心的問題。

現在，經過一個多月的日夜煎熬，書已成型，即將面對讀者的審視，我又陷入了某種忐忑不安的心緒。不過，這會兒我倒有點想開了，管它呢！知我笑我，一任其便。

在書的最後，我想真誠地感謝幾位朋友。

沒有《魚來了》的作者周密小姐的提示、啟發，我在寫作《期貨交易的策略和技巧》一書時，根本不會涉及我個人經歷方面的內容，當然更不會有目前這本書。在我年初寫作開始時，周密是我的第一個讀者，沒有她的肯定有加，一次又一次的鼓勵，我也許根本就沒有寫下去的動力。所以，我非常感謝她的無私幫助。

第二位我想感謝的是丁鋒先生。和丁鋒認識雖然只有短短的一個多月時間，剛開始接觸完全是作者和編輯這種純業務的關係。然而，第一次見面，我們就一見如故，並很快培養出了良好的私人友情。丁鋒目光犀利，見解深刻。在本書寫作過程中，從

最初的立意，到每一章節的內容安排、題目設計，丁鋒先生都給了我許多非常有價值的建議。有些部分的內容，我在寫作時思路曾經陷入混亂、無序的狀態，丁鋒先生畢竟是編輯方面的專家，經他一提醒、點撥，我才理清了自己的頭緒。沒有丁鋒先生強烈的責任心和高效的工作效率，沒有他的深刻見解和編輯指導，沒有他的鞭策鼓勵，這本書根本不可能被讀者看見。

1998年以後的幾年，隨著中國期貨市場的日漸蕭條、冷落、邊緣化，我的人生和事業也進入低潮，甚至陷入了某種困境。在那段艱難的歲月，我的妻子仍以她的樂觀、寬容、善良支援著我那看不見光明前景的事業，使我這顆在市場中受到嚴重創傷的心靈得到一絲慰藉，也堅定了我繼續學習、思考和交易的信念。對她付出的一切，我還有什麼好說的呢？我的兒子心遠、女兒心騏，他們天真無邪、稚嫩頑皮、活潑可愛的笑臉，給了我交易和寫作巨大的精神力量。

我的同學林春騰、楊春志，還有兩個妹妹——我的妹妹以及我妻子的妹妹，都曾經給予我們無私的幫助。大恩不言謝，我只能銘記在心！

最後我想感謝的，是我的兩位師兄，北京教育學院方中雄院長和廣西大學法學院教授，民進中央委員魏敦友博士後。我的同學，中國工商銀行殷紅處長。在過去的幾年中，他們對我的生活和事業給予了巨大的支持。純潔的同學友誼，永遠是塵世間珍貴的情感奇葩！

壽江

作手

獨自徘徊天堂與地獄，一個操盤手的告白

作　　　者　壽江
主　　　編　郭峰吾

總 編 輯　李映慧
執 行 長　陳旭華（steve@bookrep.com.tw）

社　　　長　郭重興
發 行 人　曾大福

出　　　版　大牌出版／遠足文化事業股份有限公司
發　　　行　遠足文化事業股份有限公司
地　　　址　23141 新北市新店區民權路 108-2 號 9 樓
電　　　話　+886- 2- 2218 1417
傳　　　真　+886- 2- 8667 1851

封面設計　兒日設計／倪旻鋒
印　　　製　成陽印刷股份有限公司
法律顧問　華洋法律事務所　蘇文生律師

定　　　價　480 元
初　　　版　2016 年 10 月
二　　　版　2019 年 3 月
三　　　版　2021 年 6 月

本書經廈門墨客知識產權代理有限公司代理，由作者壽江授權遠足文化事業股份有限公司／大牌出版，出版、發行中文繁體字版。

國家圖書館出版品預行編目（CIP）資料

作手：獨自徘徊天堂與地獄，一個操盤手的告白 / 壽江著 . – 三版 . -- 新北市 : 大
牌出版 , 遠足文化事業股份有限公司 , 2021.6 ; 362面 ; 14.8×21公分
ISBN 978-986-0741-03-2（平裝）
1. 期貨交易　2. 期貨操作　3. 投資分析

563.534
110005865